Biographische Miniaturen zum Leben von Caroline Schlegel-Schelling, Jakob Michael Reinhold Lenz, Franz Fühmann, Eduard Mörike, Róža Domašcyna und Christiane Goethe vereint dieser Band. Die Essays sind in den Jahren 1978 bis 1998 parallel zu Sigrid Damms großen historisch-biographischen Büchern und ihren Gegenwartsromanen entstanden. Sie sind wie diese von der besonderen Art des Umgangs mit Dokumenten bestimmt, der Einfühlsamkeit und Lebensklugheit des Fragens nach Hintergründen und der erzählerischen Meisterschaft, mit der Sigrid Damm Lebenswelten und individuelle Persönlichkeiten aus Authentischem – aus Zeitzeugnissen, Briefen, Tagebuchaufzeichnungen, Bildnissen u. a. – zurückzugewinnen und zu verlebendigen versteht.

Zwei Reden aus den Jahren 1987 und 1992 – »Lenz, eine geheime Lernfigur« und »Der Kopierstift hinter dem Ohr des Soldaten« – vermitteln dazu aufschlußreiche Einblicke in die ›Werkstatt‹ Sigrid Damms, zeigen die Wege ihrer unbeirrten Spurensuche, sprechen von den Hintergründen ihres »Hungers nach dem Aktenmäßigen, dem Archivierten«.

insel taschenbuch 2585
Sigrid Damm
Atemzüge

Sigrid Damm
Atemzüge

Insel Verlag

Umschlagfoto: © Joachim Hamster Damm 1999

2. Auflage 2012

Erste Auflage 1999
insel taschenbuch 2585
© Insel Verlag Frankfurt am Main und Leipzig 1999
Alle Rechte vorbehalten, insbesondere das der Übersetzung,
des öffentlichen Vortrags sowie der Übertragung
durch Rundfunk und Fernsehen, auch einzelner Teile.
Kein Teil des Werkes darf in irgendeiner Form
(durch Fotografie, Mikrofilm oder andere Verfahren)
ohne schriftliche Genehmigung des Verlages reproduziert
oder unter Verwendung elektronischer Systeme verarbeitet,
vervielfältigt oder verbreitet werden.
Hinweise zu dieser Ausgabe am Schluß des Bandes.
Vertrieb durch den Suhrkamp Taschenbuch Verlag
Umschlag: nach Entwürfen von Willy Fleckhaus
Satz: Hümmer GmbH, Waldbüttelbrunn
Druck: Druckhaus Nomos, Sinzheim
Printed in Germany
ISBN 978-3-458-34285-4

Atemzüge

Die Kunst zu leben

Caroline Schlegel-Schelling in ihren Briefen

Als die ersten Meldungen 1789 aus dem revolutionären Paris nach Deutschland dringen, schreibt eine junge Frau: »Ich weiß nicht, wohin ich mich wenden soll, denn die heutigen Zeitungen enthalten so große unerhört prächtige Dinge, daß ich heiß von ihrer Lektüre geworden bin.« Wenig später geht die Schreiberin des Briefes, es ist die sechsundzwanzigjährige Caroline Böhmer, nach Mainz, dorthin, wo die Französische Revolution auf deutschen Boden übergreift. »Wer kan sagen, wie bald mein Haupt eine Kugel trift!« fragt sie, »ich ginge ums Leben nicht von hier – denk nur, wenn ich meinen Enkeln erzähle, wie ich eine Belagerung erlebt habe, wie man einen alten geistlichen Herrn die lange Nase abgeschnitten und die Demokraten sie auf öffentlichen Markt gebraten haben – wir sind doch in einem höchst interreßanten politischen Zeitpunkt, und das giebt mir außer den klugen Sachen, die ich Abends beym Theetisch höre, gewaltig viel zu denken.«

Der Teetisch, von dem hier die Rede ist, ist der Georg Forsters, des deutschen Jakobiners. Mit ihm, beeindruckt und beeinflußt durch seine große Persönlichkeit, erlebt diese Frau die Mainzer Republik. Die außergewöhnlichen zeitgeschichtlichen Umstände prägen in eigentümlicher Schärfe ihre Persönlichkeit, ihre Individualitätsauffassung und ihr Selbstwertgefühl.

Als Frau gezwungen, Zeitgeschichte und eigenes Dasein in enger Beziehung zu sehen, kommt sie in der Auseinandersetzung mit dem weltgeschichtlichen Gehalt der Französischen Revolution bei sich selbst an. Konsequent und beharr-lich ringt Caroline ihr Leben lang darum, sich als Mensch zu verwirklichen. Sie wagt zu leben. Das ist ihre unerhörte Kühnheit.

Wer war Caroline? Wie war sie? Bildnisse gibt es viele; von Zeitgenossen und Nachgekommenen, gehässige und gemeine in der Überzahl, freundliche und überschwengliche vereinzelt. Meist hat sie als Frau Interesse erregt, kaum als Mensch. Generationen von Spießern verleumden sie mora-lisch. Anlaß: Die neunundzwanzigjährige Frau, seit fünf Jahren ist ihr Ehemann tot, verfügt frei über sich, und aus der Liebesbeziehung zu einem Angehörigen der französi-schen Revolutionsarmee geht ein Kind hervor. Das stellt sie in »eine Linie mit einer beliebigen Straßendirne«, wie Sche-rer 1874 schreibt, und für Jansen ist 1889 alles klar: Caro-line huldige unter Goethes Einfluß, den er ausschließlich unter dem Aspekt betrachtet, daß er im »Concubinat mit Fräulein Vulpius lebe«, dem »Cultus der freien Liebe«. Selbst der verdienstvolle erste Herausgeber von Carolines Briefen, Georg Waitz, verzeiht ihr diese »lichtscheue Buhl-schaft« nicht. Erst die Essays von Ricarda Huch und Helene Stöcker machen dem ein Ende. Am nachhaltigsten in der Öf-fentlichkeit wirken aber die vielen, in der ersten Hälfte des 20. Jahrhunderts meist von Frauen verfaßten, kitschig-süß-lichen Darstellungen von Carolines Leben. Wollen sie Unge-rechtigkeiten beseitigen, so ist ihre Wirkung doch in anderer Weise verheerend: Die klischeehafte und sentimentale Dar-stellung verzerrt diese historische Gestalt nicht minder. Auf all das werden wir nicht eingehen. Vorurteilen und Dumm-heit kann man nicht begegnen, in dem man sie wieder und wieder zitierend mitschleppt. Versuchen wir, uns Caroline ungezwungen und unvoreingenommen zu nähern.

Wir wollen kein neues Bildnis hinzufügen. Als Heutige begegnen wir ihr, treten mit ihr ins vertraute Gespräch, sehen Eigenes im Fremden, uns Erfülltes im Abstand der Zeit, in der gesellschaftlichen Revolutionierung; Unerfülltes, wo Caroline durch ihr vorurteilsloses Handeln, ihr politisches und ästhetisches Feingefühl, ihre lebhafte Empfänglichkeit uns »Maßstäbe für die Menschlichkeit« setzt. Nicht weil sie mit großen Männern, dem Philosophen Schelling, dem Essayisten und Übersetzer August Wilhelm Schlegel, verheiratet war; nicht weil historisch interessante Persönlichkeiten wie Georg Forster, Friedrich Schlegel und Novalis ihre Freunde waren; nicht weil sie Goethe, Schiller und Herder kannte, wenden wir uns ihr zu. Unsere Lesart zielt auf sie selbst, ihre Auseinandersetzung mit der Welt und mit den Genannten. Wir heben auch nicht ihre Arbeiten hervor. In die Archive müßten wir gehen, ihre Schriftzüge in den Übersetzungen August Wilhelm Schlegels, in den Arbeiten Schellings entziffern, ihr Romanprojekt besehen, versteckte Fußnoten in den Werken Schlegels beachten, z. B. das Vorwort seiner 1928 veröffentlichen »Kritischen Schriften«, wo er von einigen Aufsätzen sagt, sie seien »nicht ganz« von ihm, sondern »zum Teil von der Hand einer geistreichen Frau, welche alle Talente besaß, um als Schriftstellerin zu glänzen, deren Ehrgeiz aber nicht darauf gerichtet war«. Den Namen der Autorin aber nennt er nicht. Hier handelt es sich um Carolines Briefe über Shakespeares »Romeo und Julia«, die Schlegel wörtlich übernommen hat. Wir müßten spekulieren, welchen Anteil Caroline an der Arbeit über die Dresdner Gemäldegalerie hat, an jenen Gedanken vor allem über Raffaels Sixtinische Madonna. Wir müßten nachvollziehen, welche Ratschläge sie Gottfried August Bürger für seine Dichtungen und Übersetzungen gab, mit welchen Vorschlä-

gen für Kürzungen sie Friedrich Schlegel bei der Entstehung
seines Romans »Lucinde« zur Seite stand. Wir müßten un-
tersuchen, wie sie Ironie handhabt, z. B. im Spottgedicht auf
Fichtes »Wissenschaftslehre«, in der Parodie auf Friedrich
Schlegels Dissertationsthesen. Und schließlich ihre meist unter fremdem Namen erschienenen Rezensionen lesen! Wir
müßten ihre ruhmlose Arbeit als Lektorin, als Sekretärin
Schlegels und Schellings, als Redaktionsassistentin der Zeitschrift »Athenäum« betrachten.

All das könnten wir tun, wir tun es aber nicht. Hieße es
doch, Geschichte zu beschreiben, wie es über Jahrhunderte
üblich war und ist, nach Taten, meßbaren Leistungen im
Bereich der Politik, Ideologie, Kunst. So gesehen hat Caroline keine Chance. Ihre Leistung ist nicht meßbar. Liegt ihr
Wert in ihrem einfachen Dasein? In der Tat. Carolines Kunst
war die Kunst, in den ihr historisch aufgezwungenen engen
Grenzen ihr Leben bewußt zu gestalten. Entschieden ergreift sie die Möglichkeiten, niemals nach vorgeformten
Normen und gängigen Werten fragend. Unser Ziel ist daher, Einblick in Carolines Entwicklung zu gewinnen; zu
ergründen, welche inneren und äußeren Kräfte es sind,
die sie befähigen, so selbstbewußt ihr Leben zu gestalten,
ihre wirklichen Bedürfnisse unverstellt zum Maßstab ihrer
Handlungen zu machen. Und welche ihrer nicht theoretischen, sondern praktisch vorgelebten Maximen Einfluß
auf die ihr Nahestehenden haben, sie eine bedeutende literarische Strömung, die Jenaer Frühromantik, entscheidend
mitprägen lassen; sie befähigen, ihren Freunden und Geliebten nehmend und gebend geistige Partnerin und produktive
Anregerin zu sein.

Als »politisch-erotisch« bezeichnet Friedrich Schlegel
Carolines »Natur« und fügt hinzu, »doch möchte das Ero-

tische wohl überwiegend sein«. Caroline, die »ihre Privat-
begebenheiten« in die »Stürme der großen Revolution«
verwickelt, äußert sich nie zu Fragen der sozialen und juri-
stischen Gleichstellung der Frau, wie es etwa die von Georg
Forster bewunderte Engländerin Mary Wolstonecraft oder
zeitgleich in Deutschland Rahel Levin tut. Oder in Frankreich Olympe de Gouges, die 1789 eine der »Déclaration
des droits de l'Homme« entsprechende »Déclaration des
droits de la Femme« vorschlägt, die alle männlichen Vor-
rechte abschaffen soll.

Caroline war keine Vertreterin der Emanzipation im engen Sinne des Begriffs, wie er damals und auch heute oft
gebraucht wird. War sie deshalb nicht für die Befreiung der
Frau? Lassen ihre Urteile über Geschlechtsgenossinnen
nicht sogar auf Emanzipationsfeindlichkeit schließen? In
scharfer Form tadelt sie Frauen, die in der Öffentlichkeit
auftreten. So Philippine Gatterer und Friederike Münter,
zwei Göttinger Dichterinnen, denen sie »Mangel an Origi-
nalität und Klarheit des Denkens vorwirft« und deren wenig bescheidene und unweibliche Art ihr mißfällt. So Sophie
La Roche, deren Dichtung und den um ihre Person betriebe-
nen Kult Caroline unausstehlich findet. Über die Tochter
des Aufklärers Schlözer, der mit einundzwanzig Jahren eh-
renhalber von der Göttinger Universität die Doktorwürde
verliehen wird, schreibt die achtzehnjährige Caroline: »Was
sagst Du ... zu der sonderbaren Erziehung? ... Es ist wahr,
Dortchen hat unendlich viel Talent und Geist, aber zu ihren
Unglück, denn mit diesen Anlagen und den bizarren Pro-
jecten des Vaters, die sie zu der höchsten Eitelkeit reizen
werden, kan sie weder wahres Glück noch Achtung erwarten.«

Caroline erkennt sehr klar – und das Schicksal dieser Dorothea Schlözer wie das vieler Frauen bestätigt ihr –, daß der Ausbruchversuch, »im Zwek des Weibs« nicht den »Hauptzweck des Menschen« zu sehen, unter den gegebenen historischen Umständen oft mit Verzicht auf eine Familie, auf Kinder bezahlt werden muß, er überdies – um die Aufmerksamkeit der Öffentlichkeit auf die Frauen zu lenken – mit allerhand äußeren Auffälligkeiten und Verschrobenheiten kompensiert wird und selten über ein Mittelmaß hinausgelangen kann.

War Carolines Vorurteil die Furcht, »unweiblich« zu sein, wie Friedrich Schlegel sagt? Bittere, sozial harte Erfahrungen, die sie politisch und moralisch denunzierten, haben ihren Blick für ein mögliches historisches Wirkungsfeld geschärft, für die starre Rollenzuweisung durch die Gesellschaft, der sie wie keine andere entrinnen kann. Sie weiß: »Man schäzt ein Frauenzimmer nur nach dem, was sie als Frauenzimmer ist.« Und ist froh, daß ihr »Herz ein Gewand über die Vorzüge des Kopfs wirft, daß mir beides Aeußerungen als Verdienst anrechnen läßt«. Caroline ist entschieden für die Emanzipation, aber für die von Frau und Mann. Und sie will dabei nichts Lebenswichtiges verloren sehen, z. B. die Frau als Mutter, als freundschaftliche Partnerin ihrer Kinder. Können sie die Kinder allein nicht ausfüllen, wie die Clausthaler Jahre ihr bestätigen werden, so hat sie doch in ihrem Verhältnis zu ihnen immer etwas ganz Wesentliches gesehen. Wenn wir uns vergegenwärtigen, daß heute, fast zweihundert Jahre danach, Simone de Beauvoir im Kind den Hauptfeind der Emanzipation sieht, wird deutlich, daß Caroline Grundfragen der menschlichen Emanzipation berührt.

Schelling spricht von Caroline als dem »seltenen Weib von männlicher Seelengröße, von dem schärfsten Geist, mit der Weichheit des weiblichsten, zartesten, liebevollsten Herzen vereinigt«. August Wilhelm Schlegel sieht in ihr »männliche Selbständigkeit mit weiblicher Lieblichkeit vereinigt«. Sind diese Urteile von feststehenden Rollenvorstellungen geprägt, so zielen die durch Carolines Persönlichkeit ausgelösten Gedanken des jungen Friedrich Schlegel auf Emanzipation überhaupt. Den Androgynenmythos modernisierend, proklamiert er die Vereinigung von Männlichem und Weiblichem zur harmonischen, »vollen ganzen Menschheit«. Will Friedrich Schlegel, sich gegen die einseitige Sicht der Frau als Geschlechtswesen wendend, nicht die Wertsumme der in ihr ruhenden geistigen und sittlichen Kräfte mobilisieren, in der Aufhebung der starren Rollenzuweisung die Emanzipation von Frau und Mann anstreben? So wie Clara Zetkin es im Jahre 1920 sieht: »Freieste Mitarbeit der Frau auf allen Gebieten des gesellschaftlichen Lebens bedeutet eine reichere, vielseitigere Qualität der Leistungen. Gerade weil wir Frauen unsere geistige, unsere sittliche Eigenart haben, nicht mißratene Kopien der sogenannten, Herren der Schöpfung, sind, sondern weibliche Menschen, gerade deshalb vermögen wir eigene, neue, andere Werte in das Gesellschaftsleben einzusetzen. Das gesellschaftliche Leben würde nicht an Fülle, sondern auch an Mannigfaltigkeit, an Vertiefung und Verfeinerung gewinnen, wenn die Frau als ein frei entwickelter Vollmensch auf allen Gebieten mitwirken könnte.«

In den ihr gegebenen Verhältnissen sieht Caroline keine Möglichkeit, öffentlich zu wirken, sich als »Vollmensch« zu entfalten. So nimmt sie die unscheinbare Rolle der Anregerin, Gesprächspartnerin, der Mitarbeiterin an; wechselt die Gegenstände ihres Interesses mit dem Wechsel der Männer, denen sie in Freundschaft oder Liebe verbunden ist.

Mit feinem Gespür setzt Caroline sich immer wieder gegen das Drängen der Freunde nach literarischer Betätigung zur Wehr. »Lassen Sie sich weder [durch] Wilhelms Treiben noch ihre Arbeitsscheu den Gedanken verleiden, selbst Beyträge zu geben«, schreibt Friedrich Schlegel ihr 1797, sie zudem zu einem »Romänchen« überredend. Novalis sagt ihr 1799: »Möchten doch auch Sie die Hände ausstrecken nach einem Roman.« Sehr viele Frauen betätigen sich schriftstellerisch, im Kreis der Frühromantiker Sophie Bernhardi, die Schwester Tiecks; Sophie Mereau, die spätere Frau Brentanos; Dorothea Veith, Friedrich Schlegels Lebensgefährtin. Aber: Brentano z. B. macht Sophie, die in den drei Jahren ihres Zusammenlebens drei Kinder gebar, den Vorwurf, sie habe seinen »poetischen Tod« verschuldet. Dorothea gibt sehr bald eigene literarische Versuche auf und arbeitet ausschließlich, um für die Familie Brot herbeizuschaffen und Friedrich das Schreiben zu ermöglichen. Er sucht daraufhin seine für das Schaffen notwendige schöpferische Anregung in einer sexuellen Beziehung zu einer anderen Frau. Die unternommenen Versuche einer gleichberechtigten Entwicklung beider Partner scheitern am eigenen Unvermögen, an der Unvereinbarkeit von Lehre und Leben, Denken und Handeln, am grauen bürgerlichen Alltag mit seinen schwierigen materiellen Existenzbedingungen. Aufschluß über die reale Haltung zur geistigen Entwicklung der Frau gibt eine Bemerkung Friedrich Schlegels über Caroline. »Nun, sage ich, kann sie tun, was wir alle wollen – einen Roman schreiben. Mit der Weiblichkeit ist es nun doch vorbei ...«, schreibt er 1798 an Schleiermacher. Fünfunddreißig Jahre alt ist sie da! Caroline ist auf die Vorschläge ihrer Freunde nicht eingegangen, hat allen Verlockungen eigener schriftstellerischer Tätigkeit widerstanden. Ob wir ein

»Romänchen« von ihr, hätte sie es geschrieben, heute mit Interesse und Gewinn lesen würden? Dorotheas Roman »Florentin« z. B. ist – wie viele Produkte ihrer Zeitgenossinnen – von geringerem Gewicht. Carolines nicht für die Öffentlichkeit gedachte Briefe aber, diese intimen, unverstellten Selbstaussagen, an Freunde und Nächste gerichtet, lesen wir als erregende Dokumente einer ungewöhnlichen Persönlichkeit, die unter den widrigsten Bedingungen die »Kunst zu leben« erlernt und ausübt. Nicht der literarische, artifizielle Wert der Briefe interessiert uns vorrangig, wenngleich er außerordentlichen Genuß bereitet. Uns interessiert die in den Briefen gespeicherte Lebenserfahrung Carolines im Sinne von Novalis, der einmal denjenigen einen großen Menschen nennt, dessen Tagebuch das größte Kunstwerk sei.

Am 2. September 1763 wird Dorothea Caroline Albertine Michaelis in Göttingen geboren. Ihr Vater ist Professor an der dortigen Universität, gehört zu den angesehensten Leuten der Stadt, besitzt das prächtigste Haus. Er ist Mitglied der Pariser Akademie, empfängt in seinem Heim Gotthold Ephraim Lessing, Benjamin Franklin, Alexander von Humboldt, Johann Wolfgang Goethe. Das geistige Klima der Stadt Göttingen ist in den siebziger und achtziger Jahren von fortschrittlichen und demokratischen Ideen geprägt. Hier wirken der bekannte Schriftsteller und Naturwissenschaftler Lichtenberg und der Altertumsforscher Heyne. Caroline wächst in Göttingen auf. Von ihrer Kindheit wissen wir wenig. Nie hat sie sich rückblickend dazu geäußert. Sehr glücklich war sie offenbar nicht.

Carolines Mutter, die Tochter des Oberpostmeisters in Göttingen, hatte in rascher Folge neun Kinder geboren, vier bleiben am Leben. Körperlich überanstrengt durch die ständigen Schwangerschaften, wenig geistvoll und ohne Humor, schafft sie im Haus eine engherzige und kleinliche Alltagsatmosphäre. Ihr Ehrgeiz ist, die Töchter zu perfekten Hausfrauen zu erziehen. Zwei Jahre ist Caroline in einem Gothaer Internat. Auch über diese Zeit wissen wir nichts. Die Briefe der Fünfzehnjährigen zeigen ein durchschnittliches, wohlerzogenes junges Mädchen. Ein affiges kleines Geschöpf, abgerichtet zu Tändeleien, sich in Eifersuchtsszenen gefallend. Im Zeitstil verfaßt sie die Briefe an ihre Freundin in französisch. Ausflüge, Gesellschaften, Klatsch über Freundinnen und Freunde, sehr wahllose Lektüre bestimmen ihren Gesichtskreis. Der Aufklärungsgeist, verwandelt und reduziert auf handhabbare Lebensregeln des Kleinbürgertums, nimmt sich in ihren Briefen bis etwa 1788 merkwürdig philiströs aus. Caroline drapiert sich mit Ansichten von Tugend und Vernunft, trägt sie als Phrasen vor. Moralisierend erteilt sie der jüngeren Schwester Lehren, für die ihr jegliche Lebenserfahrung fehlt. So preist sie den Trost des guten Gewissens, warnt vor der Philosophie des Lebensgenusses. Altklug schreibt die Achtzehnjährige: »... und wäre die Stimme der Leidenschaft auch noch so stark, so würd ich mich dennoch besiegen, denn die Redlichkeit meiner Gesinnungen und gutes Herz sind mir mehr wehrt als zeitliches Glück.« Zehn Jahre später sind die in Gemeinplätzen des Aufklärungsstils vorgetragenen Schicklichkeitslehren aus ihren Vorstellungen verschwunden. Der Stil ist offen, natürlich.

Aber bereits in den Briefen der noch kindlichen Caroline gibt es ungewöhnliche Töne. Hellwach reagiert sie auf die demokratischen und aufklärerischen Ideen, die ihr im Haus des Vaters und dem der Freundin Therese Heyne begegnen. Michaelis fördert Carolines geistige Entwicklung, läßt sie

Texte abschreiben und übersetzen, gibt ihr zu lesen, spricht mit ihr. Elternhaus, Freundeskreis, die Atmosphäre der Göttinger Universität lassen sie mit wesentlichen geistigen und künstlerischen Leistungen der bürgerlichen Klasse in Deutschland vertraut werden. Ist das die Voraussetzung, daß sie sehr bald den Kontrast zwischen verkündetem Ideal und realer gesellschaftlicher Situation spürt?

Vorerst führt diese Wahrnehmung sie zu einer oppositionellen Abgrenzung von der ihr traditionsgemäß zugedachten Rolle. »Ich würde, wenn ich ganz mein eigner Herr wäre«, schreibt die Achtzehnjährige, »weit lieber gar nicht heyrathen, und auf andre Art der Welt zu nuzen suchen.« Sie ist nicht ihr eigner Herr, hat nicht über ihr Leben zu bestimmen. Ihr Vater verheiratet sie. Das tut selbst ein so aufgeklärter Geist wie Moses Mendelssohn, der seine Tochter Dorothea, die spätere Lebensgefährtin Friedrich Schlegels, sehr fortschrittlich erzieht. Aber als sie siebzehn Jahre ist, verheiratet er sie mit einem um viele Jahre älteren, reichen Bankier. Carolines Vater, mit drei Töchtern »gestraft«, bestimmt für die Älteste einen jungen Mann aus dem näheren Freundeskreis, den dreißigjährigen Johann Franz Wilhelm Böhmer. Caroline kennt ihn seit der Kindheit, sie waren Nachbarn. Böhmer hat in Göttingen Medizin studiert und wird im Jahr 1784 als Berg- und Stadt-Medicus nach Clausthal berufen.

Caroline muß mit ihm gehen. Vier Jahre lebt sie neben Franz Böhmer in Clausthal, dem kleinen, sechstausend Einwohner zählenden Bergmannsstädtchen im Harz. Sie versucht sich einzuleben – »Ich für mein Theil werfe mich alle Tage mehr in Clausthal herein, ohne mich in die hiesige Form zu gießen« – und fühlt sich doch als ein »elendes Geschöpf, das mit Gleichgültigkeit das Morgenlicht durch die

Vorhänge schimmern sieht, und ohne Satisfaction sich niederlegt«. – »Ich bin zwecklos«, klagt sie. Von Fontane oder Flaubert wissen wir grausam genau, wie solche von den Eltern geschlossenen Ehen aussehen können. Was wissen wir von dem, was in Caroline vorgeht? Niedergeschlagen versucht sie, sich mit engen Lebenstheorien Ruhe zu verschaffen. Da die »Zärtlichkeit für Böhmer nicht das Gepräge auflodernder Empfindungen« trägt, wird ihr »Glück bleibend sein, weil es nicht übertrieben ist«. Ihre Wünsche seien »mäßig«, die »Glückseligkeit« aus »Kleinigkeiten« zusammengesetzt. Dreiundzwanzig Jahre ist sie alt, als sie resignierend schreibt: »Früh genug wird die Stunde kommen, die den Zauber bricht, wo das große Intereße des Lebens verschwindet – ein Tag dem anderen ohne Sturm und ohne Ruh folgt.«

Die harmonisch-versöhnende Beruhigung wechselt mit dem Aufschrei. »Mein Herz war ein unwirthbares Eyland«, lesen wir betroffen. Und was hätte sie in der Tat von ihrem Leben zu erwarten gehabt? Ein kleines Glück durch Anpassung? Das Schwinden »des großen Interesses des Lebens« als Bedingung der Erträglichkeit dieses engen Lebens? Verzweifelt wehrt sie sich dagegen, im »Zwek des Weibs« den »Hauptzwek des Menschen« zu sehen. Drei Kindern gibt sie in den Clausthaler Jahren das Leben. »Ich bin nicht mehr Mädchen, die Liebe giebt mir nichts zu thun als in leichten häuslichen Pflichten ... Auch bin ich keine mystische Religions Enthousiastin – das sind doch die beyden Sphären, in denen sich der Weiber Leidenschaften drehn. Da ich also nichts nahes fand, was mich beschäftigte, so blieb die weite Welt mir offen – und die – machte mich weinen.« Tiefe Resignation, »mein Loos ist geworfen«, wechselt mit offener Auflehnung gegen ihr Schicksal. Sie ist sich bewußt, daß sie

»fähig« ist, »eine größre Rolle zu spielen«, die zu »höhern Hofnungen« berechtigt.

Es ist nicht allein die Leere in der inneren Beziehung zu ihrem Ehemann, die sie unglücklich macht, sondern zweifellos auch der Wechsel aus der weltoffenen Stadt Göttingen in das biedere Kleinstädtchen. In Clausthal gibt es kaum ein geistig-literarisches Leben. »Die Gesellschaften hier sind in 4 Abscheerungen geteilt, eine hölzerne Wand zwischen jedes Part nach den 4 Himmelswinden zu: die Weiber, die Männer, die Mädchen, die Junggesellen.« Caroline hat sich bereits in Göttingen über das Bornierte und Philisterhafte des Bürgertums lustig gemacht, als sie z. B. anläßlich von Goethes Besuch schrieb: »Und alle unsre schnurgerechten Herren Profeßoren sind dahin gebracht, den Verfaßer des Werther für einen soliden hochachtungswürdigen Mann zu halten.« In Clausthal schärft sich in dieser Hinsicht ihr Blick außerordentlich. Ironisch und sarkastisch porträtiert sie Spießigkeit und politische Unwissenheit der Honoratioren der Stadt. »Heut hab ich wieder visitirt«, heißt es, »bey Vetter Schichtrupp unter andern; dessen Frau – ein gutes Vieh – wie eine leibhaftige Tellermünze aussicht. Er ist fürchterlich unwißend. Hatte mal von amerikanischen Krieg gehört, wußte [nicht] ob ihn Hänschen oder Gretchen führt.« So scharfsichtig Caroline ihre eigene Klasse beurteilt, so wenig hat sie einen Blick für das Los der untersten Schichten, für soziale Gegensätze, die in einer Bergarbeiterstadt wie Clausthal fast unmöglich zu übersehen waren. Im eigenen Hause, in den unteren Räumen, befindet sich die Praxis ihres Mannes, in der auch die Bergleute ein und aus gehen. Nichts davon spiegelt sich in ihren Briefen. Sie hat daran keinen inneren Anteil genommen. Sie lebt im oberen Stockwerk des Hauses. Getrennte Sphären? In der Clausthaler

Zeit bekommen die Kinder und die Bücher eine existentielle Bedeutung für Caroline. Als die Schwester statt Bücher bestickte Uhrbänder schickt, klagt sie: »Ich bitte Dich um Brod, und Du giebest mir einen Stein.«

Caroline liest wahllos, schlingt alles in sich hinein. In der Göttinger Zeit »Werther«, den die Siebzehnjährige las, »Iphigenie«, die die Zwanzigjährige im Manuskript kennenlernte. Bürgers Gedichte, Wielands »Oberon«, Shakespeare und Pope und oberflächliche Aufklärungsromane. Für alle begeisterte sie sich, wie die meisten ihrer Zeitgenossen, ohne Unterschied. Daran ändert sich auch in Clausthal wenig. In einem Brief an ihren Freund Meyer, den Hof-Bibliotheks-Rat in Göttingen, wünscht sie sich »etwas amüsantes gut zu lesen, wenn man auf dem Sopha liegt. Das muß kein Foliant seyn, sondern was man mit einer Hand hält … Zweytens möchte ich etwas zu lesen, wenn man auf dem Sopha sitzt und einen Tisch vor sich hat …« Diese heitere Art der Zweiteilung wird in der Clausthaler Zeit dort, wo Caroline Bücher nach Antworten für eigene Lebenshaltungen befragt, von einem sich differenzierenden Urteil über Literatur abgelöst. Ihre Abneigung gegen Religiöses verstärkt sich, sie wird allergisch gegen alle Spuren der Empfindsamkeit, lehnt Richardson ab, parodiert sehr witzig und entschieden Sophie La Roche. Die Unvereinbarkeit zwischen Aufklärungsidealen und Lebensrealität stärkt ihre Affinitäten zum Sturm und Drang. Wenig später sind Ton und Stil ihrer Briefe davon geprägt. In den Clausthaler Jahren ist Literatur ihr »Ersatz für die Welt«. In ihrer Einsamkeit bemalt sie – wie Werther – »die Wände, zwischen denen sie gefangen sitzt, mit bunten Gestalten und lichten Aussichten«, hoffend, »… über der gemalten Welt so leicht und gern sich selbst zu vergessen«.

1788 wendet sich unerwartet Carolines Leben. Ihr Mann zieht sich bei der Ausübung seiner ärztlichen Tätigkeit eine Blutvergiftung zu. Nach seinem Tod verläßt sie Clausthal. Die »weite Welt« steht ihr offen. Die gewonnene »Selbständigkeit«, die sie zunächst als den »wahren Werth des Lebens« empfindet, konfrontiert sie nun mit sozialen Härten und bornierten gesellschaftlichen Vorurteilen, denen eine alleinstehende Frau mit zwei Kindern ausgesetzt ist. Die Briefe Carolines aus den Jahren 1788 bis zur Mainzer Zeit belegen eindrucksvoll, daß gerade der ihr von den Verhältnissen auferlegte Zwang, sich illusionslos ein Bewußtsein ihrer Lage und ihrer tatsächlichen Möglichkeiten zu schaffen, eine wesentliche Voraussetzung ihrer Persönlichkeitsentwicklung ist. In ihren eigenen Lebenserfahrungen liegt der Keim zur Bereitschaft, die Ideen der Revolution aufzunehmen.

Caroline geht zunächst nach Göttingen zurück. Der Sohn, der ein halbes Jahr nach Böhmers Tod geboren wird, stirbt in den ersten Lebenswochen. Mit ihren beiden Töchtern, der dreijährigen Auguste und der zweijährigen Therese, wohnt sie äußerst beengt im Hause ihrer Eltern. Ein von der Mutter geführter Kleinlichkeitskrieg über die Erziehung der Töchter und Carolines »freie« Lebensweise – sie verkehrt z. B. mit Gottfried August Bürger und mit Meyer – verleidet ihr das Leben. Vor allem die Angst, die Entwicklung ihrer Kinder zu gefährden, läßt sie nach Marburg gehen.

Im Hause des unverheirateten Bruders glaubt Caroline, »den Rheingegenden näher«, den »freyen Boden« zu wählen, für ihre Kinder eine bessere Atmosphäre, für sich mehr Freiheit und Ruhe zu finden. Auch das erweist sich als Illusion. Immer stärker wird ihr Drang, »den Weg der einmal erlangten Freiheit unverrückt zu gehen«, nach eigenem

Ermessen und eigenen Vorstellungen zu leben, sich dieser »künstlichen Existenz« zu »entreißen«. – »Binnen eines Jahres muß das auch geschehen«, schreibt sie im Juli 1791 entschlossen. Caroline hat wenig zu verlieren und viel zu gewinnen. »Wir sind stolze Bettler«, schrieb sie schon 1789 an Meyer, den Briefvertrauten dieser Jahre, »laßen Sie uns lieber einmal eine Bande zusammen machen, einen geheimen Orden, der die Ordnung der Dinge umkehrt, und wie die Illuminaten die Klugen an die Stelle der Thoren setzen wollen, so möchten denn die Reichen abtreten und die Armen die Welt regieren.«

Auf welches totale Unverständnis Carolines Streben nach Unabhängigkeit stößt und wie sensibel sie mit dem Wort vom »stolzen Bettler« den Zusammenhang von privat-persönlichen und gesellschaftspolitischen Dingen trifft, zeigt der kurze Briefwechsel mit den Gothaer Freunden Luise und Friedrich Wilhelm Gotter vom November 1791. Gotter hat für Caroline eine »gute Partie« gefunden, den Superintendenten Löffler, dessen Frau gerade gestorben ist. Caroline lehnt – nach drei Tagen Bedenkzeit – ab. Die Gothaer Freunde empören sich. Gotter schreibt ihr: »An den Thoren meiner Vaterstadt hängt an einem schwarzen Pfahl eine schwarze Tafel mit der gastfreyen Aufschrift: Allhier werden alle Bettler in das Zuchthaus gebracht. – Das ist ein bißchen arg, ich räum' es ein. Aber daß eine hübsche Frau einem wohlgekleideten Manne, der Miene macht, sich ihrem Hause zu nähern, die Tür vor der Nase zuwirft und zum Fenster herausruft: Gebt euch keine Mühe! Ich bin nicht zu Hause, ich mache nicht auf – das ist ärger, als das Willkommen der Gothaischen Policei.« – »... allzu schwärmerische Begriffe von Freiheit« werfen ihr die Freunde vor. Sie sehen in ihr einen »Blaustrumpf«. Gotter vergleicht Caroline mit der »entkörperten Dame Biron«, deren »Sophistereien« sich dann auch durch einen Mann in »Seifenblasen« verwandelt haben.

Caroline sieht die Dinge anders. Die Begründung ihrer Ablehnung und Verteidigung eigener Lebensvorstellungen in den Briefen an Meyer gehören zu den aufregend-schönsten Dokumenten, die sie uns hinterlassen hat. Freilich, so kühne und radikale Töne finden sich nur in diesen Briefen am Beginn der neunziger Jahre, in Parallelität zu allgemeinen Hoffnungen auf gesellschaftliche Veränderungen. Drei Jahre später schon, nach der Zerschlagung der Mainzer Republik, haben die durchlebten Erfahrungen ihren Individualitätsanspruch heftig ins Wanken gebracht. Der Versuch, sich als Frau eine eigene Existenzgrundlage zu schaffen, wird nicht wiederholt, scheitert an ökonomischen und moralischen Zwängen der gegebenen Gesellschaft. Die eingegangene Ehe mit August Wilhelm Schlegel ist unter diesem Aspekt bereits ein Ausdruck der Resignation. »Nun geht es doch aber endlich ... im graden Gleise, wie Ihr lange gegangen seid ...«, wird Caroline nach der Heirat mit Schlegel im Sommer 1796 an Luise Gotter schreiben, gegen deren Lebensvorstellungen sie sich 1791 heftig zur Wehr setzt; »Ihr hattets gut mit mir im Sinn und wolltet mich auch wieder ins Gleis bringen«.

Das Heiratsangebot löst sich für Caroline am Beginn der neunziger Jahre zuletzt in die Frage auf: »willst Du gebunden seyn, und gemächlich leben, und in weltlichem Ansehn stehn bis ans Ende Deiner Tage – oder frey, müßtest Du es auch mit Sorgen erkaufen. Die träge Natur lenkte sich dorthin – und die reine innerste Flamme der Seele ergriff dieses – ich fühle was ich muß – weil ich fühle was ich kan ... auch den Verfügungen des Himmels zum Troz folg ich meinem

Geschick.« Sich ihrer selbst bewußt werdend, bezieht Caroline in ihrer Persönlichkeitsauffassung allgemeine Züge bürgerlich-demokratischer Lebensgesinnung sehr entschlossen auf die weiblichen Mitglieder der Gesellschaft. Sie grenzt sich von »weltlichem Ansehn« und »materieller Sicherheit« ab, wenn dafür der Preis der Selbstverleugnung, der Genügsamkeit und Begrenztheit zu zahlen ist. »Wer wollte sich aufopfern, ... – das geschieht nur dem, der Lücken zu füllen – Leere zu verbergen hat.« Sie verteidigt eine reiche und erfüllte Subjektivität. »... ein jeder muß wissen, um welchen Preis er sein Leben gibt ... Wer sicher ist, die Folge nie zu bejammern, darf tun was ihm gut dünkt.« Caroline tat es. In ihrem weiteren Leben, das reich an Wechselfällen und ungewöhnlichen Ereignissen ist, wird sie »Folgen« nie »bejammern«. Selbst in schwierigsten, scheinbar ausweglosen Situationen läßt sich dieser leidenschaftlich nach Verwirklichung seiner selbst strebende Mensch nie treiben. Entschlossen ergreift Caroline die jeweiligen Umstände, in die sie gezwungen wird, versucht sich in ihnen zu entwickeln, sie zu beherrschen; das Leben und seine Werte immer von neuem überprüfend.

Die Anziehungskraft der Stadt Mainz ist für Caroline groß. Sie entschließt sich, im April 1782, dorthin zu gehen. Weder Eltern noch Bruder haben ihr Vorschriften zu machen, sie braucht »nicht länger die Ansprüche derer zu tragen, die keine an sie hatten«. Finanziell muß sie sich äußerst beschränken, sie mietet ein billiges Zimmer in der Welschen Nonnengasse, stickt Halstücher und macht Übersetzungen, um sich und Auguste zu ernähren. (Die kleine Therese war in Marburg an einer Infektion gestorben.) In Mainz erwarten Caroline Freunde, die Familie Forster. »Jeden Abend bin ich dort um Thee mit ihnen zu trinken, die interreßantesten Zeitungen zu lesen, die seit Anbeginn der Welt erschienen sind – raisonniren zu hören, selbst ein bischen zu schwazen – Fremde zu sehen u. s. w.«

Caroline begegnet Georg Forster zu einem Zeitpunkt, da er seine umfassenden natur- und völkerkundlichen Forschungsergebnisse immer stärker für die Politik nutzbar macht und den kühnen Schritt von der Erkenntnis zum Handeln, von der Theorie zur revolutionären Tat vorbereitet. Nicht zuletzt ist dies das Ergebnis seiner dreimonatigen Reise, die ihn durch die Länder der bürgerlichen Freiheit, durch Brabant und Flandern, nach England und Frankreich führte, wo ihn in Paris das Erlebnis des freiheitlichen Enthusiasmus des revolutionären Volkes auf dem Märzfeld nachhaltig bewegte. Caroline geben die Reden am Teetisch »gewaltig viel zu denken ... wir sind doch in einem höchst interessanten politischen Zeitpunkt ...«. Für ihre Entwicklung war die Begegnung mit der starken Persönlichkeit Georg Forsters außerordentlich bedeutsam. Ohne ihn und die Mainzer Jahre ist ihre schöpferische Rolle im Kreis der Jenaer Frühromantiker kaum denkbar.

»Er ist der wunderbarste Mann«, schreibt Caroline über Georg Forster, »ich habe nie jemanden so geliebt, so bewundert und dann wieder so gering geschäzt.« Auch an anderer Stelle sind ihre Urteile über Forster scheinbar extrem widersprüchlich. Was fasziniert sie an ihm, was stößt sie ab? Es ist das für Caroline unbegreifliche Mißverhältnis zwischen seinem gewinnenden und anziehenden Wesen als Gelehrter und Politiker, als Mensch und Freund und seinem in ihren Augen unwürdigen und ihn erniedrigenden Verhalten als Mann.

Schon als Fünfzehnjährige hat Caroline Forster im Hause

ihrer Freundin Therese Heyne kennengelernt. Forster war nach seiner Weltumseglung mit Cook ein berühmter Mann, und Caroline, die seinen »Doktor Dodd« gelesen hat, nennt ihn einen »Enthusiasten« und will seinen »Eifer für alles Große« erkennen. Sie fühlt sich von der Interessantheit seiner Persönlichkeit angezogen und ist glücklich, als er ihr, Gast im Hause ihres Vaters, einen bunten Stoff von seiner Reise aus Otahaiti schenkt.

Drei Jahre danach, 1781, weilt Forster wieder in Göttingen. Dieses Mal ist es die Freundin Therese, die ein Stück buntes Zeug von den Südseeinseln erhält. Wenig später wird sie Georg Forsters Frau. Nicht ohne Neid hat Caroline auf sie geblickt. »Außerordentliche Schicksaale sind für Theresen gemacht – sie haben ihren Grund in ihr selbst.« Das Verhältnis Carolines und Thereses zueinander ist zeitlebens spannungsgeladen. »Auf ihre Freundschaft hab ich nie gerechnet – es giebt keine unter Weibern«, so Caroline; aber sie hält Therese für ein »außerordentliches Geschöpf«, »ich liebe sie, weil sie mir merkwürdig ist«. Caroline hat Therese immer verteidigt, selbst als diese, um ihre eigene Haut zu retten, Verleumdungen über Caroline in die Öffentlichkeit bringt. Ja, sie sei »intolerant«, gesteht sie dem gemeinsamen Freund Meyer, aber »da steht ihr ein Grad von Energie im Wege, der ihr verbietet tolerant zu seyn«. Großzügiger kann man kaum urteilen.

Als Caroline im Sommer 1790 für vier Wochen Gast in Forsters Haus in Mainz ist, erfährt sie von der Ehekrise und der Liebe Thereses zu Huber. (Forster selbst war nicht da, befand sich, geflohen vor dem »häuslichen Unglück«, auf jener erwähnten Reise.) Caroline vermeidet jedes sittenrichterliche Urteil, ergreift aber entschieden Thereses Partei. »Forster ist unerträglich«, schreibt sie an Meyer. »Sie haben ihr jüngstes Kind an den inokulirten Blattern verlohren. – F. sorgt indeß für Ersatz, und das ist zehnfach ärger – und wenn Sie das nicht für ein Leiden halten, wenn sie F. billigen können, der doch wißen muß, daß er seines Weibes Herz nicht besitzt, – nun so sind Sie ungerecht – wie die Männer alle.« Caroline macht Forster Vorwürfe, daß er Therese das Recht auf ein Leben mit einem anderen Mann verweigert, nach Kenntnis der Lage blind sein will, »nicht die Stärke [hatte], sich loszureißen«.

Als sie dann Forster in Mainz nach einiger Zeit wieder begegnet, läßt sie sich nicht mehr einseitig von Thereses Meinung beeinflussen. »Im Anfang drückte es mich, mich theilen zu sollen, zwischen der Neigung für ihn und meinem Gefühl für Therese, aber, nachdem ich klar eingesehen habe, daß alles grade so seyn muß, wie es ist, und nicht anders seyn kan, vereinige ich es recht gut, und bin gegen keinen mehr ungerecht.« Trotzdem hat sie Forsters Verhalten nicht gebilligt, der gegen den Willen seiner Frau ein Leben zu dritt will, selbst nachdem er erfährt, daß die beiden letztgeborenen Kinder nicht die seinen sind. Unverständlich war Caroline: Er, der das Recht auf Individualität vertritt, verweigert es dem ihm nächsten Menschen.

Den Widerspruch zwischen Proklamation und Lebensrealität aber hat sie nicht auszutragen, und so gewinnt die vielseitige Persönlichkeit Forsters für sie eine große Anziehungskraft. Ihr leidenschaftliches, von den Philistern als Sophisterei abgetanes Streben nach einem reichen, erfüllten Leben findet sie in seinen Anschauungen auf beglückende Weise bestätigt. »Nur der Geist, welcher selbst denkt, und sein Verhältnis zu dem Mannichfaltigen um sich her erforscht, nur der erreicht seine Bestimmung«, hat Forster in dem in Schillers »Thalia« veröffentlichten Aufsatz »Die

Kunst und das Zeitalter« geschrieben. In ästhetischer Hinsicht begründet er die Bedeutung der Künstlerindividualität; von Caroline wird er sicher auf ihr Recht auf Individualität und Subjektivität bezogen. Zumal das keine Theorie bleibt und Forster der geistig ausgehungerten jungen Frau genug Nahrung gibt, um im Spiegel der Literatur das eigene Gesicht zu finden. Er bringt Caroline vor allem die große Revolutionsliteratur nahe, macht sie auf Mirabeau aufmerksam, gewinnt sie für die Übersetzung von Mirabeaus Briefen, die er aus dem Kerker an Sophie Menieur schrieb, gibt ihr Condorcets Werke zu lesen.

In der aufgeschlossenen, progressiven Atmosphäre im abendlichen Zirkel – sie lesen gemeinsam die Briefe Héloises an Abaelard, debattieren über Wielands Übersetzungen, sind bitter von Goethes »Großkophta« enttäuscht – gewinnt Carolines Persönlichkeit an geistigem Profil. Die Lektüre wird zielgerichtet, ihr Urteil sicherer. »Gelesen hab ich schon viel, und was mehr ist, viel Gutes«, schreibt sie. Im Forsterschen Kreis ist sie keineswegs nur Nehmende, sondern ebenso Gebende. »Es ist ein gescheutes Weib, deren Umgang unsern häuslichen Zirkel bereichert«, schreibt Georg Forster am 8. Mai 1792 an Lichtenberg.

Was sie aber vielleicht an Georg Forster am meisten fasziniert, ist seine Fähigkeit, sie aus dem engen Bereich des nur Literarischen herauszuführen, ihr den Blick für soziale und politische Vorgänge zu schärfen. Im Strudel sich überstürzender geschichtlicher Ereignisse, im Zwang der Alternative, sich zur feudalen Reaktion zu bekennen oder den revolutionären Kräften anzuschließen, arbeitet sich Caroline zu entschieden republikanischen Positionen durch. Sie, die in der Clausthaler Zeit kein Wort zur sozialen Not und zu den unmenschlichen Lebensbedingungen der Bergarbeiter sagte, wird nun unter Forsters Einfluß auf das Problem der Emanzipation der Massen aufmerksam, spürt, daß die unteren Schichten mit ihrer Moralität die Basis der Nation darstellen. Im Dezember 1792 schreibt sie an Meyer: »Allein können Sie im Ernst darüber lachen, wenn der arme Bauer, der drey Tage von vieren für seine Herrschaften den Schweiß seines Angesichts vergießt, und es am Abend mit Unwillen trocknet, fühlt, ihm könte, ihm solte beßer seyn? Von diesem einfachen Gesichtspunkt gehn wir aus ...« Caroline spricht von »wir«; wie Forster beurteilt sie – und das tun wenige Intellektuelle damals – die revolutionären Vorgänge in Frankreich und Mainz unter dem Gesichtspunkt, welche Erleichterungen sie dem einfachen Volk bringen. Mit bewunderndem Blick auf das Selbstbewußtsein der Vertreter des revolutionären Frankreich charakterisiert Caroline zugleich die Halbheit und politische Unreife der Deutschen, die Schwäche und Unsicherheit des Bürgertums, wenn sie schreibt: »Der Mittelstand wünscht freilich das Joch abzuschütteln – dem Bürger ist nicht wohl, wenn ers nicht auf dem Nacken fühlt. Wie weit hat er noch bis zu dem Grad von Kentniß und Selbstgefühl des geringsten sansculotte drauſsen im Lager.« Die wenigen erhaltenen Briefe aus Mainz – übrigens die einzigen Zeugnisse eines weiblichen Zeitgenossen überhaupt – belegen eindrucksvoll die Entwicklung von Carolines weltanschaulichem und politischem Urteil. Die erste Äußerung finden wir im Juli 1792 in bezug auf die »Zusammenkunft des Deutschen Reichs«, die – so schreibt Caroline – »für unseren bürgerlichen Sinn« kein Fest »seyn konte«. Sie meint das makabre Schauspiel, das sich der zum Bersten mit Fremden gefüllten Stadt Mainz in den Julitagen bietet. Während einige Dutzend Meilen westwärts auf französischem Boden die Zeichen der Revolution eine neue Welt verkünden, krönt der Mainzer Kurfürst Joseph von Erthal, einer der reaktionärsten deutschen Fürsten, in Frankfurt – am dritten Jahrestag des Sturmes auf die Bastille – Deutschlands letzten Kaiser, den vierundzwanzigjährigen Franz II., lädt ihn und den König von Preußen, Herzöge, Minister und Gesandte als seine Gäste nach Mainz ein.

Wenig später vereinen sich ebendiese feudalen Machthaber zur Strafexpedition gegen das revolutionäre Frankreich, und der Krieg beginnt, mit dem Österreich und Preußen die Restauration der Monarchie in Frankreich betreiben wollen. »Für das Glück der kaiserl. und königlichen Waffen wird freylich nicht gebetet«, schreibt Caroline. Eindeutig antifeudal ist ihre Haltung, »die Despotie wird verabscheut«. – »Das rohte Jacobiner Käppchen« aber lehnt sie ab, von »reife(r) edle(r) Unparteylichkeit« spricht sie Anfang August. Diese gemäßigte politische Haltung entsprach durchaus Forsters derzeitigem konkreten Engagement in Mainz – er war vorerst kein direkter Parteigänger des Klubs.

Die Sympathie des Kreises für die Französische Revolution aber war stark. Der dreiundvierzigjährige Goethe, der mit Herzog Karl August am Rheinfeldzug teilnimmt, verbringt im August 1792 zwei Abende in Forsters Haus. »Man fühlte«, schrieb er in seinen Erinnerungen, »daß man sich wechselseitig zu schonen habe: denn wenn sie republikanische Gesinnungen nicht ganz verleugneten, so eilte ich offenbar, mit einer Armee zu ziehen, die eben diesen Gesinnungen und ihrer Wirkung ein entschiedenes Ende machen sollte.« Wenig später unterliegen die Aggressoren und erleben das Fiasko ihrer abenteuerlichen Politik. Die preußische Armee, die bestgedrillte der Welt, wird am 20. September 1792 bei Valmy von schlecht ausgerüsteten Sansculotten besiegt, und die französischen Revolutionstruppen treten zum Gegenangriff an. Die Armee unter Führung General Custines dringt vor. »... leider sind wir nicht weggenommen worden« – so Caroline am 16. Oktober –, »bis Worms drang Custine vor, und hat sich jetzt bei Speyer verschanzt.«

»Wir können noch sehr lebhafte Szenen herbekommen, wenn der Krieg ausbrechen sollte – ich ginge ums Leben nicht von hier«, hatte Caroline im April 1792 geschrieben, und jetzt, im Oktober, kurz vor dem Einmarsch der Revolutionstruppen, bekräftigt sie es für sich und den Forsterschen Kreis noch einmal: »Wir bleiben ... wir sind nicht reich und ich bin arm.« Der Hintergrund für ihre Bemerkung ist die fieberhafte Hast, mit der Hocharistokratie, Adlige und französische Emigranten die Stadt verlassen, Geld und Gut mit sich nehmend. Caroline berichtet, wie einen Tag nach der Flucht des Kurfürsten sich der erste Mainzer Bürger mit der dreifarbigen Kokarde auf die Straße wagte. (Sie habe das »nie, nie getan«, wird sie später in Jena sagen.) Die franzosenfreundliche Stimmung der zurückgebliebenen Bevölkerung begünstigt die kampflose Übergabe der wichtigsten Festung des Rheinlandes an die Heere der Revolution. Am 19. Oktober erlebt Caroline mit ihrer kleinen Tochter den Einmarsch der Revolutionstruppen.

Was tut Caroline in den entscheidenden Monaten in Mainz? Sie macht keine Geschichte, betrachten wir es unter dem Aspekt der meßbaren Leistung, sie hat keinen unmittelbar tätigen Anteil an der Mainzer Revolution. Das Statut des Jakobinerklubs sieht die Mitgliedschaft von Frauen nicht vor. Sie haben die Rolle des Zuschauers zu spielen, ihre politische Tätigkeit beschränkt sich auf die Teilnahme an offiziellen Ereignissen, auf Beifallskundgebungen im Klub, auf das Mitfeiern von Festen. Hat Caroline an den Sitzungen der Klubisten teilgenommen? Wir wissen es nicht. Aber sicher erlebt sie die Pflanzung des Freiheitsbaumes im November 1792 und am Neujahrstag 1793 Forsters »Anrede an die Gesellschaft der Freunde der Freiheit und Gleichheit«, erlebt, wie Adelsbriefe und die deutsche Reichsverfassung in das Feuer geworfen werden, während »die Kanonen donnerten, eine schmetternde Musik ertönte, und mehr als 10 000 Menschen Ça ira und das Marseiller Lied sangen«, wie ein Zeitgenosse berichtet. »Abends brannten Pechkränze um den Baum, die Franzosen tanzten bis in die Nacht um denselben und sangen die Carmagnole.« Auch Caroline tanzte die Carmagnole.

Friedrich Schlegel, dem sie später ihre in dieser Zeit geschriebenen Briefe zeigt, spricht von einer direkten Teilnahme. »Ich wünschte auch«, schreibt er an seinen Bruder, »sie hätte öffentliche Angelegenheiten für immer den Männern überlassen.« Und er empört sich über den Einfluß des »ansteckenden allgemeinen Taumels der Eitelkeit, der Sinnlichkeit, der Neuheit und der Weiblichkeit, die sie nie verläßt«, und wundert sich – freilich im nachhinein, vom 24. November 1793 ist sein Brief – über Carolines »Glauben an die Ewigkeit dieser kurzen Republik«.

Nicht das »Maß« der Teilnahme ist entscheidend, sondern die Schlußfolgerung, die Caroline für ihre Persönlichkeitsauffassung zieht. Gerade die begrenzte weibliche Lebenssphäre zwingt sie, sehr schnell und radikal in der Bejahung der sozialen Umgestaltung der Gesellschaft, in der emotionalen und gedanklichen Verarbeitung der von Frankreich ausgehenden revolutionären Veränderungen, die Chancen der Veränderung des »ganzen Menschen«, insbesondere seiner ethischen Wertvorstellungen wahrzunehmen.

Die Zeit in Mainz wird für Caroline eine der erregendsten

ihres Lebens. Das Bekenntnis zu republikanischen Ideen geht für sie einher mit dem Abstreifen herkömmlicher, ihr als Mädchen und Frau eingeschärfter Moralauffassungen. Tabus verlieren ihre Gültigkeit. Die seit fast einem halben Jahrzehnt allein lebende junge Frau geht eine Liebesbeziehung zu einem mit Forster befreundeten neunzehnjährigen Offizier der französischen Revolutionsarmee ein. Mit Georg Forsters Beitritt zum Mainzer Jakobinerklub am 5. November ändert sich seine Lebensordnung und die des ihn umgebenden Kreises radikal. Er gibt »alles Angenehme seiner ruhigen Existenz« auf, wissend, wie er seinem aus Mainz geflüchteten Freund Sömmering schreibt, daß er sich »für eine Sache entschieden hat, der er ... sein häusliches Glück, sein ganzes Vermögen, vielleicht sein Leben aufopfern muß«. Am 21. November weist er in seiner Rede »Über das Verhältnis der Mainzer gegen die Franken« nach, daß die Bedingungen für revolutionäre Aktionen gegeben sind, und wendet sich von nun an voll den praktischen revolutionären Aufgaben zu.

»Ich bin nicht fanatisch, ich sah aber, daß dieses Forsters Weg war«, schreibt Forsters Frau Therese am 20. November 1792 an ihren Vater. Wenig später, am 7. Dezember 1792, verläßt sie mit ihren Kindern Mainz. Thereses Weggang ist der erste Schritt, den Caroline »ohne Rückhalt misbillig(t)«. – »Sie, die über jeden Flüchtling mit Heftigkeit geschimpft hat, die sich für die Sache mit Feuereifer interreßirte, geht in einem Augenblick, wo jede Sicherheitsmaasregel Eindruck macht, und die jämmerliche Unentschiedenheit der Menge vermehrt – wo sie ihn mit Geschäften überhäuft zurückläßt – zwey Haushaltungen ihn bestreiten läßt, zu der Zeit, wo alle Besoldungen zurückgehalten werden.« Forster selbst hat die politische Seite der Sache noch etwas schärfer formuliert. Am 4. Dezember 1792 schreibt er an Huber, auch diesen beschwörend, daß Therese seiner »Ehre« das »Opfer« ihres Bleibens bringen müsse: »Publikum und Klub werden sagen:... wir sind verloren, denn Forster schickt seine Frau und Kinder schon fort; und er hat auch nur das Maul aufgerissen, wie die anderen, um uns im Stich zu lassen, jetzt, da es gilt.«

Mit Thereses Weggang gibt es einen Einschnitt in Carolines Leben. Von nun an sorgt sie für Forster, für seine Wirtschaft, wohnt wohl auch in seinem Haus. Sie durchlebt mit ihm gemeinsam die vier schwierigsten Monate bis zum März 1793, in denen der Kampf um die Mainzer Republik ein Kampf auf Leben und Tod der Stadt und des sie umgebenden Landes ist. Caroline sieht, wie Georg Forster als »öffentlicher Beamter vor dem Volk« konsequent seinen eingeschlagenen Weg zu Ende geht.

»... Forsters Betragen wird gewiß von jedem gemißbilligt werden«, schreibt Schiller am 21. Dezember 1792 an Körner, »und ich sehe voraus, daß er sich mit Schande und Reue aus dieser Sache ziehen wird. Für die Mainzer kann ich mich gar nicht interessieren, denn alle Schritte zeugen mehr von einer lächerlichen Sucht, sich zu signalisieren, als von gesunden Grundsätzen ...«

Die meisten Zeitgenossen, selbst die fortschrittlichen, »konnten einen Menschen nicht begreifen«, wie Forster am 1. Januar 1793 in einem Brief schreibt, »der zu seiner Zeit auch handeln kann und finden mich verabscheuungswerth, nun ich nach den Grundsätzen wirklich zu Werke gehe, die sie auf meinem Papier ihres Beifalls würdigten«. Einsam und unverstanden geht Forster seinen Weg. Sein Vater verstößt ihn, sein Schwiegervater sagt sich von ihm los, die Verbindungen zu Deutschland sind fast vollständig abgebrochen.

Caroline hält zu ihm. Sie bekennt sich – und darin unterscheidet sie sich von der überwiegenden Mehrheit der deutschen Intellektuellen – gerade in der Phase seiner direkten revolutionären Tätigkeit unbeirrt zu ihm. Vielleicht weil sie die Reichweite seiner Taten nicht ermessen konnte? Weil sie niemanden hatte und hier eine Aufgabe fand? Ihre Briefe belegen, daß sie sich durchaus der Kühnheit dieses geschichtlichen Experimentes bewußt war, wenngleich sie, wie alle Mainzer Revolutionäre, die Stärke der Reaktion und die Aufrüstung der Preußen völlig unterschätzte. Aber gerade aus ihrer weiblichen Sphäre heraus, die von der Erfahrung geprägt war, Denken und Handeln zu vereinen, bewundert sie Georg Forsters Fähigkeit, »so zu handeln, wie er dachte«, und den »Adel, die Intelligenz, Bescheidenheit und Uneigennützigkeit« seiner Haltung. Forster lehrt sie verstehen, daß die Mainzer Revolution nicht – wie er sagte – in »ihrer gegenwärtigen Beziehung auf Menschenglück und Unglück« zu betrachten ist, sondern als »eins der großen Mittel des Schicksals, Veränderungen im Menschengeschlecht hervorzubringen«.

Was nun ist Caroline für Forster? Von »armen Weibern, die mit der Revolution nichts zu tun hatten«, spricht er. Wird Caroline später ihre Bindungen zu den Brüdern Schlegel und zu Schelling auf der Basis gleichberechtigter Partnerschaft im Gespräch und in der Arbeit knüpfen, so bringt die Mainzer Zeit selbst ihr nicht das Glück einer solchen Beziehung. Die politische Situation überstürzt sich, verlangt rasches, allzu rasches Handeln, die persönlichen Lebensumstände der beiden sind zu verschieden und Forster durch seine Ehekrise, die für ihn eine Tragödie ist, zu sehr auf sich selbst zurückgeworfen.

Er schätzt sicher Carolines Klugheit, empfindet ihre Gegenwart als anregend und wohltuend, zumal, da sie für ihn und sein Haus sorgt, am Teetisch – an dem nur sie beide verblieben sind – die einzigen Gäste empfängt, die er in dieser Zeit zu sich lädt, den französischen Revolutionsgeneral Doyre und seinen Adjutanten, Leutnant Crancé. Ob Caroline Forster bei der Arbeit mit Abschriften oder dergleichen half, wissen wir nicht. Einen echten Gesprächspartner bei seinen weitreichenden und komplizierten politischen Entscheidungen sieht er in Caroline nicht. Und das kann sie ihm – als Frau ausgeschlossen von der aktiven und verantwortlichen Tätigkeit – auch schwer sein. Doch die Einsamkeit, über die Forster in seinen Briefen klagend spricht (er wünscht sich einen Freund, der seine »Ideen über die gegenwärtige Lage der Sache anhört und mit Teilnehmung prüft«), hat nicht ihre Ursachen in Carolines Verhalten und seiner Ehekrise, sie ist vor allem die Einsamkeit des zu früh Gekommenen.

Im Januar bereits steht der Ausgang der Revolution fest. Forster selbst sagt es in seinen Briefen. Die Aktionen der französischen Armee in Mainz sind nicht entschieden genug. Custine, ihr Führer, wird dafür im August 1793 in Paris von den Jakobinern guillotiniert. Caroline spricht von der »jämmerlichen Unentschiedenheit der Massen«, Forster bezeichnet die Ursache: »allein ihre lange Knechtschaft trägt die Schuld aller ihrer Mängel und Gebrechen«. Hat Caroline am 17. Dezember 1792 noch geschrieben: »Ich bleibe hier – man gewöhnt sich an alles, auch an die tägliche Aussicht einer Belagerung«, so will sie ab Ende Januar Mainz verlassen. Auch Forster hofft, aus dem »politischen Geschäft aussteigen zu können«, geht dann aber unbeirrt seinen Weg. Hat er mit Caroline davon gesprochen? Hätte sie ihn allein gelassen? Deutlich ist ab Januar auch ein Umschwung in

Carolines politischen Ansichten erkennbar: Der Enthusiasmus wird von Enttäuschung abgelöst. Als Georg Forster am 25. März 1793 im Auftrag der Mainzer Revolutionäre nach Paris aufbricht, zögert sie nicht länger. Wenige Tage später verläßt sie mit ihrer kleinen Tochter die Stadt Mainz. Am 30. März, am gleichen Tag, da Georg Forster von der höchsten Institution der bürgerlichen Revolution in Paris den Anschluß des rheinisch-deutschen Freistaates an die Frankenrepublik fordert, haben die gegenrevolutionären Armeen des Königs von Preußen das Rheinland von Bingen bis Worms erobert und belagern Mainz. Vier Monate trotzt die Stadt, dieses letzte Bollwerk der Revolution auf deutschem Boden, der Reaktion. Am 23. Juli 1793 fällt Mainz in die Hände des Absolutismus zurück.

Georg Forster, der große deutsche Jakobiner, stirbt, neununddreißig Jahre alt, an der skorbütischen Gicht, im Januar 1794 im Pariser Exil. Wenig später, am 28. Juli 1794, fällt Robespierre durch die Guillotine, und mit ihm schwinden die Hoffnungen auf eine grundsätzliche Veränderung der sozialen Verhältnisse. Die praktische geschichtliche Bewegung beginnt von ihren Idealen abzufallen, die »Bourgeois-Orgie« (Engels) setzt ein.

Die Begeisterung für die Französische Revolution und die Zukunftshoffnungen, die diese in ihrer jakobinischen Phase erweckte, werden von Zweifel und Enttäuschung abgelöst. Die durchlebte Erfahrung, daß die Ideale der Revolution unabgegolten bleiben, durch die Realität widerlegt werden, »der hochtönendsten Phrase über all die erbärmlichste Wirklichkeit entspricht« (Engels), weist, zumal unter deutschen Verhältnissen, einem revolutionären Charakter keinen Handlungsraum mehr zu. Wo ist ein Held? Die von dem jungen Friedrich Schlegel bewunderten »Götter der Revolution«, Robespierre, Mirabeau, Forster, sind nicht mehr. »In den Frauen liegt jetzt das Zeitalter, nur unter ihnen gibt's noch interessante Charaktere, jede eine andere Art Disharmonie.« Der unmittelbare Anlaß für diese kühne Behauptung Friedrich Schlegels ist die Begegnung mit Caroline. Hatten bereits die Briefe, die diese Frau mit seinem Bruder wechselte, ihn angezogen, »ich bin bereichert durch die Briefe der B.«, schrieb er, so löste die persönliche Bekanntschaft ein starkes und nachhaltiges Erlebnis aus. »Alle seine Krankheit und Zerrissenheit heilte und vernichtete der erste Anblick dieser Frau, die einzig war, und die seinen Geist zum erstenmal ganz und in die Mitte traf. Die Vergötterung seiner erhabenen Freundin wurde für seinen Geist ein fester Mittelpunkt und Boden einer neuen Welt«, bekennt er später in dem Roman »Lucinde«. Politisches Schicksal, menschliche Reife und Ausstrahlungskraft der Weiblichkeit fesseln ihn gleichermaßen an Carolines Persönlichkeit.

Der einundzwanzigjährige Student, der bisher verächtlich von den Weibern sprach, begegnet Caroline im Spätsommer 1793 unter merkwürdigen Umständen in dem kleinen Städtchen Lucka bei Leipzig. Caroline ist schwanger, erwartet hier, verborgen vor der Gesellschaft, die Geburt eines Kindes.

Sie durchlebt eine der schwersten Krisensituationen ihres Lebens, die brutale und erniedrigende Zeit ihrer politischen Verfolgung. Waren ihre Aktionen in Mainz als Frau beschränkt, so trifft sie die Wut der feudalen deutschen Reaktion bei der Niederschlagung der Mainzer Republik und bei der Verfolgung der deutschen Jakobiner mit gleicher Härte wie die Revolutionäre. Ihre Anwesenheit in Mainz, ihre Bekanntschaft mit Georg Forster sind Anlaß genug, sie auf ihrem Weg nach Frankfurt gefangenzunehmen. Zusammen mit den Mainzer Klubisten wird sie in Königstein im Taunus eingekerkert. Der preußische König hält sie für die Frau des Jakobiners W. Böhmer. Er war Sekretär bei Custine, dem französischen Befehlshaber der Stadt Mainz. Der Kurfürst von Mainz hingegen läßt sie als Geisel festnehmen, offensichtlich, um sie gegen Forster auszutauschen. Auf dessen Kopf sind hundert Dukaten gesetzt. Caroline weiß nicht, in welcher Gefahr sie schwebt. Sie hat kaum eine Vorstellung von der Grausamkeit der Reaktion. In Mainz herrscht Lynchjustiz, die auch Frauen und Kinder der Klubisten trifft. Eine Neunzehnjährige, die im Mainzer Theater bei der Aufführung jakobinischer Dramen mitgewirkt hat, wird z. B. mit Gewehrkolben zusammengeschlagen. Zwei Tage später erliegt sie ihren Verletzungen. Goethe, der an der Belagerung von Mainz auf der Seite der Reaktion teilnimmt, wird Zeuge solcher Mißhandlungen. In der »Campagne in Frankreich« schildert er: »Aus einem Wagen« wird ein »Erzklubist« herausgerissen, man schleppt ihn »auf den nächsten Acker, zerstößt und zerprügelt ihn fürchterlich; alle Glieder seines Leibes sind zerschlagen, sein Gesicht unkenntlich«.

Nach dem Erleben der Mainzer Republik ist die Gefangenschaft, die unverhüllte Begegnung mit der Reaktion für Caroline eine bleibende und tiefgreifende Erfahrung. Sehr klar erkennt sie die Zusammenhänge: »Königstein bildet eifrige Freiheitssöhne.« An Gotter schreibt sie in einem Brief, der nicht durch die Zensur geht: »Sie scheinen den Aufenthalt in Königstein für einen kühlen Sommertraum zu nehmen, und ich habe Tage da gelebt, wo die Schrecken und Angst und Beschwerden eines einzigen hinreichen würden, ein lebhaftes Gemüth zur Raserey zu bringen ... Sie sprechen von Formalitäten, die sezen Anklage, Vertheidigung,

41

Untersuchung voraus – wo fand dergleichen Statt? Räuber-
formalitäten übt man an uns ... Mir müssen Sie es wenigstens nicht sagen, die ich 160 Gefangne sah, welche durch
deutsche Hände gingen, geplündert, bis auf den Tode geprü-
gelt worden waren ...«

Während der Gefangenschaft bekommt Caroline Gewißheit, daß sie ein Kind trägt. Die Befreiung aus der Haft wird
für sie eine Frage auf Leben oder Tod. Denn das Bekannt-
werden einer unehelichen Schwangerschaft bedeutet nach
den damaligen Gesetzen die Vernichtung ihrer Existenz:
Entzug des Erziehungsrechtes für die neunjährige Auguste
und Verlust des Witwengehaltes und damit ihrer materiellen
Existenzgrundlage. Die notwendige Geheimhaltung der
Schwangerschaft hat zudem auch einen politischen Aspekt.
Der Vater des Kindes nämlich, Jean Baptiste Dubois Crancé,
ist Angehöriger des französischen Freiheitsheeres. Er, Neffe
eines Jakobiners, des Deputierten des Nationalkonvents
Crancé, erlebt an der Seite des französischen Generals
Doyre, mit dem er ebenfalls verwandt ist, die Mainzer Republik und verteidigt zu der Zeit, da Caroline mit anderen
Klubisten in Königstein gefangen ist, die belagerte Stadt.
Caroline kann den Kanonendonner hören und sieht den Widerschein des Feuers, mit dem Mainz in Flammen geschos-
sen wird. Nicht nur als »Straßendirne« wie später, als Hure
von Besatzern wäre sie in den Dreck gezogen worden.

Verzweifelt wendet sich Caroline an ihre Freunde um
Hilfe. Die ihr bisher am nächsten Stehenden lassen sie im
Stich. August Wilhelm Schlegel ist es schließlich, der neben
der persönlichen Sympathie den politischen Mut aufbringt,
sich für Caroline einzusetzen. Durch Wilhelm von Hum-
boldts Vermittlung kommt die Gefangene zunächst von
Königstein nach Kronberg. Carolines jüngster Bruder be-

42

wirkt dann durch eine Bittschrift an den König von Preußen – er stellt sich freiwillig als Arzt zum Dienst in den preußischen Hospitälern zur Verfügung – die Freilassung, die am 5. Juli erfolgt. Caroline ist bereits im fünften Monat schwanger. August Wilhelm Schlegel bringt sie nach Leipzig und dann in das südlich von Leipzig gelegene, schon zum Herzogtum Altenburg gehörende Städtchen Lucka. Er gibt seinem Bruder Friedrich den Auftrag, sich um Caroline zu kümmern und ihm, den seine Stelle als Hauslehrer nach Amsterdam zurückruft, ständig von ihrem Ergehen zu berichten.

Am 3. November 1793 schenkt Caroline einem Sohn das Leben. Friedrich Schlegel bezeichnet ihn heiter-übermütig als »kleinen citoyen« und will an »seiner Oberlippe Spuren einer moustache« entdeckt haben. Caroline teilt dem Vater die Geburt des Kindes mit und spricht mit Achtung von ihm: »Ich kann diesen Mann nie gering schätzen, werde mich des Verlorenen immer mit Liebe erinnern.« Sie fürchtet für das Leben des Geliebten in Frankreich, denn Crancé ist als Neffe eines Jakobiners in Gefahr. Sie zittert, wenn sie in die Zeitungen sieht: denn »schon mehr wie ein bekannter Kopf« sei ihr »entgegen gefallen«. Crancé erkennt das Kind an und hat »alles gethan, was in seiner Gewalt stand, um das Schicksal des Kindes auf die Zukunft zu sichern, und auf den Fall, daß er selbst noch in dem blutigen Abgrund unterginge«. Er fiel, nachdem er als Kriegsgefangener in die Hände Preußens geraten und später ausgetauscht worden war, im April 1800 beim Rheinübergang. Caroline hat einen schrecklichen Tiefpunkt ihres Lebens überwunden. »Mein Leben ist mir wieder so lieb«, schreibt sie und bekennt sich zu ihrem Sohn, »dem Kind der Glut und Nacht«, und zu ihrer Liebesbeziehung zu Crancé: »wenn ich die

43

Folge vor mir sehe – kan ich den Ursprung bereun?« Mut und Selbstbewußtsein gehören zu einer solchen Äußerung. Beides erlernt Caroline unter schwierigsten Bedingungen.

Den Zeitgenossen bleibt die Geburt des Kindes und Carolines Beziehung zu dem Franzosen verborgen. So kann z. B. ein von unbekanntem Verfasser 1793 erscheinendes tragikomisches Schauspiel mit dem Titel »Die Mainzer Klubisten zu Königstein oder Die Weiber decken einander die Schanden auf«, das mit Klatsch und Halbwahrheiten die Mainzer Republik als einen üblen Haufen eitler Schwätzer und liederlicher Weiber darstellt und vor allem die Frage debattiert, wer es mit wem »getrieben« habe, von Carolines Schwangerschaft nichts berichten. Die politische Inhaftierung aber zerrt Caroline auf unangenehme Weise an das Licht der Öffentlichkeit, als Revolutionsnärrin verschrien und als Abenteuerin verleumdet, ist sie einem »gehässigen Publikum schmählich überantwortet«.

Wird der geniale Forster als Scharlatan verunglimpft, so werden gegen eine Frau keine politischen Argumente vorgebracht. Sie trifft neben der direkten Verfolgung durch die reaktionäre Staatsmacht die Härte der moralischen Verleumdung. Nur in bezug auf ihre Verbindung zu Männern wird ihre Rolle in Mainz bestimmt: Gerüchte werden verbreitet, sie sei die Mätresse Custines, die Geliebte Georg Forsters gewesen. Leider haben an diesen Verleumdungen gerade auch fortschrittliche Kreise einen entscheidenden Anteil: Therese Forster, die sich damit allerdings verzweifelt gegen ungerechte, ebenso borniert moralisierende Angriffe der Gesellschaft gegen sich selbst zur Wehr setzt, der Dresdner Kreis um Körner und nicht zuletzt Friedrich Schiller. »Die Würde der Frauen« sieht er in ganz anderem; sein idealistisches Frauenideal im gleichnamigen Gedicht zeugt davon. Nachdrücklich und gehässig verurteilt er – der Caroline nur »Dame Luzifer« nennt – die Einmischung der Frauen in die Politik überhaupt. Sein berühmt-berüchtigtes Xenion auf Georg Forster bezeugt es auf makabre Weise: »O ich Thor! ich rasender Thor! und rasend ein jeder / Der auf des Weibes Rath horchend den Freiheitsbaum pflanzt.«

Wird vom Beginn der frühromantischen Bewegung gesprochen, so steht das Zusammentreffen der Brüder Schlegel, Carolines, Schellings und Tiecks im Sommer 1797 in Dresden und dann die Jenaer Gemeinsamkeit im Blickpunkt. Lucka, die kleine Stadt im Altenburgischen, wird kaum genannt. Und doch war jene Freundschaft und geistige Partnerschaft zwischen der selbstbewußten jungen Frau, die ihre »Privatbegebenheit« in die »Stürme einer großen Revolution verwickelt« hatte, die im Widerschein der französischen Revolutionsereignisse auf Mainzer Boden sich selbst fand – und dem Philologiestudenten, der sich anschickt, die Schlußfolgerungen der Französischen Revolution für die Umgestaltung der deutschen wie der politischen Welt überhaupt zu ziehen, der geistige Kopf einer neuen literaturpolitischen Bewegung zu werden, sehr bedeutsam. Unter dem Eindruck dieser Begegnung setzt sich Friedrich Schlegel zum einen mit der Revolution in Frankreich und mit der Wirkung und Leistung Georg Forsters auseinander; zum anderen beginnt er, als einer der ersten in Deutschland, die Konsequenzen aus den revolutionären Entwicklungstendenzen der Epoche hinsichtlich einer zukünftigen Rolle der Frau zu ziehen. Beides trifft weltanschauliche und ethische Grundlagen der frühromantischen Bewegung.

Friedrich Schlegel, den 1791 die Revolution »vornehmlich mittelbar als Vehikel des Gesprächs mit sehr vielen

Leuten« interessierte, wendet sich ihr 1793, also in jenem Jahr der Begegnung mit Caroline, zu. Es ist genau die Zeit, da sich demokratische Gruppierungen mit breiterer Massenbasis durchsetzen und in der mit plebejischen Schichten verbündeten Jakobinerdiktatur ihren politischen Höhepunkt erreichen. Es ist die Zeit, da sich die Mehrzahl der deutschen Intellektuellen – abgeschreckt durch den revolutionären Terror – von den Ereignissen in Frankreich und Mainz abwendet.

Der junge Friedrich Schlegel bekennt sich nachdrücklich und öffentlich in einem großen Aufsatz zu Georg Forster. Es gehört Mut dazu. »Die Freiheitsfreunde hüllten sich seitdem in tiefes Schweigen, ... sie gingen traurig herum, mit gebrochenem Herzen, mit geschlossenen Lippen«, so charakterisiert Heine später das politische Klima. Wer auf sein Fortkommen bedacht ist, schweigt lieber. Lichtenberg, aufgefordert, über seinen Freund Forster zu schreiben, bekennt in einem privaten Brief: »O wie gerne, wie gerne hätte ich ihm ein paar Bogen gewidmet, wäre ich noch das kinderlose und wegen der Zukunft unbekümmert frei denkende und frei schreibende Wesen, das ich ehemals war. Jetzt muß es beim frei Denken sein Bewenden haben.« Forsters Schicksal teilte auf andere Weise auch Gottfried August Bürger. Verfemt von seiner Stadt Göttingen, die zu betreten auch Caroline verboten ist, stirbt er im Juli 1794, sechsundvierzig Jahre alt. Lichtenberg beobachtet mit dem Fernglas aus seiner Wohnung das einsame Begräbnis des Dichters. Caroline bewegt Bürgers Tod sehr. »Armer Mann«, schreibt sie noch im Mai 1794 an Meyer. »Wär ich dort, ich ginge täglich hin, und suchte ihm diese letzten Tage zu versüßen, damit er doch nicht fluchend von der Erde schiede.« Ebensolchen Anteil nimmt sie an Forsters Schicksal. Bis zu seinem Tod steht sie mit ihm im Briefwechsel. »Seine Festigkeit als Bürger verläßt ihn nicht, unverbrüchlich gehört er seinem neuen Vaterland . . .«, schreibt sie kurz vor Forsters Tod aus Lucka, nachdem sie Nachrichten von ihm aus Paris bekommen hat.

Die wenigen erhaltenen Briefe Carolines aus dieser Zeit geben Auskunft, daß ihre politische Haltung entschieden republikanisch geblieben ist, »weder ihr Herz gebrochen« noch »ihre Lippen geschlossen sind«. Den in Paris weilenden August Wilhelm attackiert sie geradezu, wie aus Äußerungen Friedrichs zu schließen ist. »Auch denkt er etwas anders über meine Freunde, die Republikaner . . . Seine Partheylosigkeit über diesen Gegenstand ist ein Reiz mehr seiner Unterhaltung. Ach ich werde ihm noch Leidenschaftslosigkeit ablernen . . .« Lenkt Caroline als Augenzeugin der Mainzer Ereignisse und von Forsters Handeln den jungen Schlegel auf dessen Schicksal, so schwärmt sie ihm auch von Mirabeau vor und weist ihn auf Condorcet hin. »Friz, es gibt 2 Bücher, die Sie lesen müßen«, schreibt sie ihm, »und das Eine derselben knüpft sich in meiner Erinnerung an die Materie vom Wißen an. Das ist Condorcet.«

Hat Forster Carolines Begierde, zu wissen, zu erkennen, gefördert und gelenkt, so wird ihr im Zusammensein mit Friedrich zum erstenmal das Glück zuteil, Anregende und Gebende zu sein. Ohne dessen Herausforderung wäre es nicht denkbar. Der junge Schlegel stärkt auf schönste Weise durch seine Bewunderung, die sicher auch Verliebtheit ist, durch seine Gier nach partnerschaftlichem Gespräch und Beisammensein Carolines Selbstbewußtsein und Selbstwertgefühl. Er ist es auch, der sie zu eigenen Arbeiten ermuntern will und ihr als erster den Kunstcharakter ihrer Briefe bewußt macht. Und das in einer seelisch und körperlich äußerst schwierigen Lebensphase, da sie gesundheitlich stark angegriffen, politisch und moralisch von der Gesellschaft geächtet, »bürgerlich tod« ist, da Caroline das Kind eines Mannes erwartet, mit dem sie nicht zusammen leben will und kann.

»... ein fester Mittelpunkt und Boden einer neuen Welt...« ist Caroline für den jungen Schlegel. Unter dem Eindruck ihres politischen und menschlichen Schicksals wird die Französische Revolution für ihn Ausgangspunkt einer Debatte über dringende Fragen der Emanzipation, der Moral und der Gesellschaftsethik; zunächst in den Schriften »Über die weiblichen Charaktere bei den griechischen Dichtern« und »Über die Diotima«; dann in dem Romanfragment »Lucinde«, dessen Grundidee in den Jahren 1793 und 1794 entsteht. Er verteidigt darin die Ideale der Französischen Revolution als Verteidigung der Liebe gleichberechtigter Partner. Dieser Gedanke enthält zum einen über die Zeit hinausreichende Elemente eines neuen Menschenbildes, zum anderen gibt er die theoretische Grundlegung für das historische Experiment des freilich nur kurzen Zusammenlebens der Jenaer Frühromantiker. Der Widerspruch zwischen öffentlichem Urteil über Caroline und dem, was er erlebt und erfährt, über ihre politischen Anschauungen, ihre Auffassungen von Liebe und Freundschaft, ihr Verhältnis zum Kind, ihrem unter schwierigsten Bedingungen vertretenen Recht auf Selbstbestimmung ihrer Persönlichkeit, sind ihm wesentlicher Impuls, und viele Ansichten Carolines finden wir in seinem Romanfragment wieder. »Es ward Grundsatz«, heißt es in »Lucinde«, »die gesellschaftlichen Vorurteile, welche er bisher nur vernachlässigte, nun ausdrücklich zu verachten.« Friedrich Schlegel formuliert seine Auffassungen über Liebe, Ehe, die Stellung der Frau und der

Geschlechter zueinander sowohl in der Auflehnung gegen die herrschende Moral als auch gegen ein idealistisches Frauenideal, wie es z. B. Friedrich Schiller vertritt. Schlegel sieht in der Frau zunächst den Menschen und akzeptiert sie als ein gleichgestelltes Wesen, als soziale Persönlichkeit. Zugleich proklamiert er – für seine Zeit unerhört – ihre vollkommene sexuelle Gleichberechtigung. Als Freundschaft und Sinnlichkeit sieht Caroline die Liebe. In Mirabeaus Briefen an Sophie Menieur findet sie das »in schönster Weise« bestätigt. Auch Friedrich Schlegel drängt auf eine Synthese von Sinnlichkeit, Empfindung und vollster Bewußtheit. Er vereint in Polemik gegen eine einseitig radikal-sinnliche »Emanzipation des Fleisches« wie auch gegen eine nur seelisch-schwärmerische Liebe beides zu einer Utopie der schöpferischen menschlichen Selbstverwirklichung. Im Namen der »Freiheit, Gleichheit und Brüderlichkeit« fordert er eine harmonische Entwicklung, sieht er in der Einheit von Weiblichkeit und Männlichkeit die Allegorie der »vollen ganzen Menschheit«.

Das Weibliche ist für Friedrich das Zielstrebige, Organische, die Weitergabe des Lebens. Als er Caroline begegnet, ist sie hochschwanger. Die Geburt des Kindes und ihr Glück über den Sohn erlebt er mit. Was ihn nicht minder beeindruckt, ist ihr partnerschaftliches Verhältnis zu ihrer elfjährigen Tochter. Ton und Umgangsformen Carolines nimmt Friedrich später auf, als er, der Sechsundzwanzigjährige, seiner kleinen zwölfjährigen Freundin bezaubernde Briefe schreibt, Briefe, wie sie kaum jemals ein Erwachsener an ein Kind gerichtet hat.

In Schlegels Liebes- und Eheauffassung spielt das Kind eine entscheidende Rolle. Bisher war das in der Literatur so noch nicht ausgesprochen worden. In der Ehe, die wie bei Fichte und Jean Paul auch bei Friedrich Schlegel mit der Liebe gleichgesetzt wird, finden beide Partner in dem die Zukunft verkörpernden Kind ihren sozialen Auftrag. Entschieden greift Schlegel dabei die bestehenden Eheformen an, sieht in ihnen allenfalls »provisorische Versuche und entfernte Annäherungen zu einer wirklichen Ehe«, bezeichnet sie, wie später die Junghegelianer und Marx, als »Konkubinate«. – »Da liebt der Mann in der Frau nur die Gattung, die Frau im Mann nur den Grad seiner natürlichen Qualitäten und seiner bürgerlichen Existenz, und beide in den Kindern nur ihr Machwerk und Eigentum.« Nur die Natur allein hat für ihn das Recht, den Menschen zu binden. Caroline verfolgt Entwurf und Ausführung des Romans »Lucinde« mit großer Anteilnahme. Manuskriptteile gehen hin und her. Caroline macht Änderungsvorschläge, korrigiert, streicht. War die Grundkonzeption 1793/94 entstanden, so wurde das Werk erst Jahre später in der unwahrscheinlich kurzen Zeit von vierzehn Tagen niedergeschrieben. Der relativ große Zeitraum zwischen Entwurf und Ausführung ist folgenreich. Geschieht die Konzipierung noch ungebrochen unter dem Aspekt, die durch die Revolution angeregten Emanzipationsbestrebungen in einem großen zukünftigen Gesellschaftsentwurf leidenschaftlich zu debattieren, so fällt die Schreibphase schon in die Zeit des Zweifels an den Ergebnissen der Revolution. Insofern geht das Programm der »Lucinde« in Schlegels Intention »viel weiter«, als der »überhastet aufs Papier gewühlte, auf den engen Bezirk von Liebe, Ehe und Sexualität beschränkte erste Teil erkennen läßt«.

Der Versuch, in der »Lucinde« eine neue Moral auf der Grundlage der Gleichberechtigung zu gründen, scheitert. Die politische Revolution ließ sich nicht durch die ästhetische ersetzen. Dennoch: Friedrich Schlegel rüttelt mit seinem Angriff auf existierende und überkommene Moralnormen heftig am morschen feudal-bürgerlichen Überbau. Die Reaktion auf den 1799 veröffentlichten Roman »Lucinde« zeigt, daß er als Oppositionsschrift aufgenommen wird. Nicht das Künstlerisch-Ungelöste, Fragmentarische ruft Erregung hervor, sondern pharisäerhaft tritt man für eine angeblich beleidigte Moral ein. Trafen Caroline borniertе Vorurteile, so fällt auf Friedrich nun ebenfalls der Vorwurf der Sittenverderbnis. Wie eng aber politische und moralische Sphären zusammenhängen, zeigt uns auf kuriose Weise das Reskript der Zensurbehörde der Universität Hannover an den Prorektor der Universität Göttingen vom 26. September 1800, in dem beiden die »Ehre« widerfuhr, gemeinsam genannt zu werden: Caroline und Friedrich werden aus Göttingen »verbannt«, dürfen die Stadt nicht betreten. Sie: wegen ihrer politischen Vergangenheit, er: wegen seiner »sittenverderblichen Schriften«.

Die Freundschaft zwischen Caroline und Friedrich ist für beide ein tiefes und beglückendes Erlebnis. »Die Überlegenheit ihres Verstandes über den meinigen habe ich sehr frühe gefühlt«, bekennt der junge Mann unverstellt und schreibt: »Ich bin durch sie besser geworden. ... Welches Weib! ... Alles, was von ihr kommt, ist mir merkwürdig. ... Ich habe bei Weibern nie etwas von diesem Triebe nach dem Unendlichen gefunden...« Das schöpferische Verhältnis aber sollte keinen Bestand haben. Kaum vier Jahre danach verkehren beide, im selben Hause lebend, nur in »höflicher Korrespondenz offener Zettelchen«. Die Gründe für die tiefe Entfremdung, die von seiten Friedrichs zu unglaublichen Gehässigkeiten, aber auch von Carolines Seite zu Unsachlichkeiten führen, sind vielschichtig und differenziert. Keinesfalls – wie leicht lösen solche Klischees die Probleme – ist es allein der Einfluß von Schlegels Gefährtin Dorothea. Unterschiedlicher Lebensstil, persönliche Entfremdung (Carolines Abkehr vom Bruder August Wilhelm und ihre Liebe zu Schelling), Friedrichs Existenzsorgen, sein Scheitern in der Öffentlichkeit, schließlich die Negierung früher vertretener Grundpositionen, die Wendung zur Religion sind Ursachen. Hinzu kommt, daß Friedrich in einer bestimmten Phase seiner Entwicklung Caroline als die große Anregerin brauchte, ihre Rolle für ihn dann aber zu Ende gespielt ist.

»Was ich bin und sein werde, verdanke ich mir selbst; daß ich es bin, zum Teil Ihnen«, gesteht er Caroline am dritten Jahrestag ihres Kennenlernens freimütig. Egozentrik nicht verbergend. Die ganze Wahrheit ist wohl, daß er die schon früh an sich gestellte Frage, ». . . ich weiß aber nicht, ob ich sie selbst verehre oder ihr verschönertes Bild in dem Spiegel einer edlen männlichen Seele«, zugunsten des letzteren beantwortet.

Schon in Lucka, Ende 1793, Anfang 1794, denkt Caroline über ihr zukünftiges Leben nach. Ungewöhnlich für ihre Zeit ist ihr Bekenntnis zu dem unehelichen Sohn. Entschlossen entwirft sie Pläne für ein Leben mit beiden Kindern. Sie lehnt sowohl das Heiratsangebot des Franzosen Crancé ab, als auch seinen Vorschlag, den Sohn zu Verwandten nach Frankreich zu bringen und zu adoptieren. Ihre Vorstellungen, abgetrennt von der Welt zu leben (»hätte ich eine Hütte in einer freundlichen Gegend – ich verstünde so gut allein zu leben mit meinen Kindern«), sind nicht von Dauer. Es zieht sie in ein geistig-kulturelles Zentrum. Prag, Berlin, Riga, Dresden sind in ihren Überlegungen. Aber alles scheitert an finanziellen Fragen, und so geht sie zunächst zu ihren Freunden nach Gotha. Ein Jahr lebt sie dort. Diese Zeit ist die deprimierendste ihres Lebens. Am Ende hat sie alle selbstbewußten Pläne aufgegeben. Sie heiratet, wohl wissend, daß dies die einzige Chance ist, wieder Fuß in der Gesellschaft zu fassen. Als »Ungeheuer« bezeichnet Friedrich Schlegel in der »Allegorie der Frechheit« die öffentliche Meinung. Caroline sollte dies am eigenen Körper spüren. »Unter Menschen ist die Frölichkeit meiner Ruhe von mir gewichen«, schreibt sie aus Gotha. »Das politische Urtheil, das hier so schneidend ist, wie an irgend einem Ort, gilt als Vorwand, um sich erklärt von mir zu wenden ... meine Existenz in Deutschland ist hin, ... beinah alles ist wahr geworden, was ich damals voraussah, als ich überlegte, ob es besser sei zu sterben oder zu leben.« Gotters, bei denen sie wohnt, geraten »in Verlegenheit durch ihre Gegenwart«. Die Gothaer Gesellschaft beginnt das Haus zu meiden, obwohl Caroline »den Mund nicht öffnet über Politika«. Verzweifelt klagt sie: »Wer kent mich, wie ich bin – wer kan mich kennen. Man hält mich für ein verworfnes Geschöpf, und meint, es sey verdienstlich, mich vollends zu Boden zu treten.« Der von Gotter im Zusammenhang mit Carolines Ablehnung des Heiratsangebots gebrauchte makabre Vergleich vom Bettler vor den Gothaer Stadttoren bekommt eine beängstigende Realität. Man läßt sie spüren, wohin sie ihre »Sophistereien« gebracht haben. »Ich bin ja ausgestoßen und muß wenigstens ins Freye blicken können – in einen Spiegel, der mich nicht entstellt zurückwirft.« Ein solcher Spiegel ist für sie in dieser Zeit die Begegnung mit dem Großonkel ihres Sohnes, dem französischen Revolutionsgeneral Doyre. Nach dem Fall von Mainz wird er von den Preußen gefangengenommen und kommt durch Gotha. In einem anderen

Spiegel erkennt sie sich unverstellt: in der Begegnung mit August Wilhelm Schlegel, dem Freund, der ihr so uneigennützig in ihrer verzweiflungsvollen Lage in Königstein geholfen hat. Im Frühjahr 1795 geht Caroline, die die politisch bornierte, spießige Atmosphäre in Gotha nicht mehr erträgt, zu ihrer Mutter nach Braunschweig. Sie hofft, endlich ihre finanzielle Lage zu klären. Vergeblich! Im Sommer desselben Jahres besucht sie August Wilhelm. Im Spätsommer zieht er nach Braunschweig. Ein Jahr später heiraten Caroline und August Wilhelm. Für den achtundzwanzigjährigen Schlegel, der am Beginn seiner beruflichen Karriere steht, gehört Mut zu diesem Schritt. Sein Bekenntnis zu der Verfemten ist nicht ohne Risiko. Der Bruder drängt ihn, »Carolines politische Lage würde dadurch ganz verändert werden. Mit einem neuen Namen würde sie eine neue Person annehmen.« So selbstverständlich, wie uns das spätere Wirken beider im Jenaer Kreis erscheint, war es nicht. »Ich bin entschlossen, Deutschland zu verlassen«, schrieb Caroline unter dem Eindruck ihrer Aufnahme in Gotha. Nun steht die Frage der politischen Emigration für beide. »Geben Sie mir doch auch nur einige Nachricht über Euer Amerikanisches Projekt«, bittet Friedrich. »... Das war doch hoffentlich nur eine flüchtige Phantasie, daß Ihr ... Euch dem Revolutions-Riesen in den Rachen stürzen wolltet?« Als Friedrich Schiller Schlegel nach Jena einlädt, lösen sich die Probleme. »Schlegel konnte Dich retten, aber doch nicht führen kann er Dich«, warnt Therese Forster und schreibt: »Die bloßen gesellschaftlichen Verhältnisse sind Dir gefährlich.« Eben jene gesellschaftlichen Umstände sind es, die Caroline eine Vernunftehe eingehen lassen. Nach all dem Erlebten hat sie nicht die Kraft, sich eine eigene Existenz zu schaffen. Die Ehe macht ihr die Rückkehr in die Gesellschaft möglich und gibt ihr und ihren Kindern Sicherheit. Selbstkritisch enthüllt sie später die Motive ihrer Bindung an Schlegel. »Schlegel hätte immer nur mein Freund seyn sollen, wie er es sein Leben hindurch so redlich, oft so sehr edel gewesen ist.« Ich »hätte behutsamer seyn sollen«, schreibt sie 1803, »die Heyrath mit ihm nicht einzugehen ... Es ist zu entschuldigen, daß ich nicht standhafter in dieser Überzeugung war, und die Ängstlichkeit andrer, dann auch der Wunsch, mir und meinem Kinde in meiner damaligen zerrütteten Lage einen Beschützer zu geben, mich überredeten ...« Vier Jahre lebt sie mit August Wilhelm Schlegel zusammen, drei weitere in formaler Ehe. Durch Goethes Vermittlung wird sie 1803 ohne Prozeß und große Formalitäten durch Herzog Karl August geschieden. »... Du verdankst ihr mehr, als Du ihr je erwidern kannst«, schreibt Friedrich seinem Bruder August Wilhelm über Caroline, und Alexander von Humboldt spricht von dem »entschiedenen Einfluß«, den Caroline auf dessen Bildung ausgeübt.

Wie leben Caroline und August Wilhelm zusammen? Der scharfzüngige und bissige Heine schreibt in der »Romantischen Schule«, A. W. Schlegels Geburtsdatum habe er in »Spindlers Lexikon der deutschen Schriftstellerinnen« gefunden, damit auf Schlegels Impotenz anspielend! Hat August Wilhelm Schlegel in seinen vielen Beziehungen zu berühmten Frauen nicht immer wieder verzweifelt Selbstbestätigung gesucht, Erniedrigungen und Demütigungen in Kauf nehmend, als er z. B. nach der Trennung von Caroline zwölf Jahre mit Germaine von Staël zusammen lebt, als Sekretär, Ideengeber, Bediensteter, niemals als ihr Mann? Nach dem Tod dieser Frau schließt der einundfünfzigjährige August Wilhelm mit der siebenundzwanzigjährigen Sophie

Paulus einen Ehevertrag. Er bleibt nur Papier, nach zwei Tagen trennen sie sich. Die Jahre des Zusammenlebens mit Caroline – für Schlegel die fruchtbarsten und produktivsten überhaupt – waren ausgefüllt und harmonisch. Einmal schreibt Caroline polemisch gegen Schillers Anschauung, die Frauen (= Blumen) brauchten die Liebe eines Mannes, um »zu gedeihen«: »... denken Sie nicht, daß ich diese verleugne«, aber »es braucht nicht eben die zu diesem oder jenem Mann zu sein...« – »Ich kann ohne Liebe leben, aber wer mir die Freundschaft nimmt, der nimmt mir alles, was mir das Leben lieb macht.« Das ist ein Schlüsselsatz für Carolines aus dem Leben gewonnene Erfahrung über die Liebe, genauer gesagt, über Erotik und Sexualität. Natürlich äußert sie sich an keiner Stelle ihrer Briefe über ihre intimen Beziehungen, über ihre Wünsche und Bedürfnisse. Ob Carolines erster Ehemann sie außer zur Mutter von drei Kindern auch zu seiner Partnerin und Geliebten werden läßt, können wir nicht wissen.

Ihre Witwenzeit dann gibt ihr keinerlei Rechte auf sich selbst, will sie nicht ihre beiden Kinder gefährden. Man hätte sie ihr entzogen, hätte sie ein uneheliches Kind zur Welt gebracht. In den damaligen Ehen ist es durchaus üblich, daß die Frau im Rhythmus von ein oder zwei Jahren den körperlichen Belastungen einer Schwangerschaft ausgesetzt ist. Auch Caroline graut, als sie vor der Frage steht, aus sozialen Erwägungen die Ehe mit Löffler einzugehen, vor erneuten Schwangerschaften. »... und was die kleine Familie betrifft«, schreibt die Freundin beschwichtigend, »die da noch kommen soll, so hat mich Deine geschäftige Einbildungskraft, die diese schon Dutzendweise herum laufen sieht, herzlich zu lachen gemacht.« Die Kindersterblichkeit ist hoch, und die vielen Schwangerschaften fördern keineswegs das Bedürfnis der Frau, ihren Körper in erotischer Beziehung zu ergründen und Bedürfnisse zu entwickeln. Zudem werden ihr ja überhaupt keine Rechte zuerkannt. Als Friedrich Schlegel in der »Lucinde« eine vollkommene sexuelle Gleichberechtigung der Frau proklamiert, schreien die Spießer, aber nicht nur sie, schockiert und laut auf, am lautesten vielleicht die, die unter dem Ladentisch erstandene »Wollustliteratur« genüßlich lesen. Und Schlegel hat auch noch die Kühnheit, Ursachen zu benennen: »Prüderie ist Prätention auf Unschuld, ohne Unschuld. Die Frauen müssen wohl prüde bleiben, solange Männer sentimental, dumm und schlecht genug sind, ewige Unschuld und Mangel an Bildung von ihnen zu fordern.« Wenn Caroline in der Atmosphäre von Mainz überkommene Tabus abstreift und neue Maßstäbe einer Sittlichkeit in der freien Verfügung über sich selbst findet – vielleicht war die kurze Beziehung zu dem jungen Franzosen die erste, die sie als Frau beglückte –, so sind die Folgen für sie so lebensbedrohend, stürzen sie in eine so tiefe Krise, daß auch dieses Erlebnis nicht dazu angetan sein konnte, für Caroline die intime Beziehung zu einem Mann als etwas Notwendiges und Schönes zu sehen. Freundschaft aber ist für sie lebenswichtig. Die ersten dreieinhalb Jahre ihrer Wohn- und Arbeitsgemeinschaft mit August Wilhelm Schlegel sind für Caroline die beglückendsten im Hinblick auf Bekanntschaften und Freundschaften, die sie schließt, im Hinblick auf den schöpferischen Kreis, den sie – unermüdlich tätig – in ihr Haus zieht; die produktivsten, da sie an den Konzeptionsbildungen einer kühnen literarischen Bewegung junger Leute Anteil hat. Es sind die Jahre, die ihren Namen untrennbar mit der Frühromantik verbinden.

Am 8. Juli kommen Caroline und August Wilhelm in Jena an und beziehen eine Wohnung am Löbdergraben nahe dem Roten Turm. Heiter-übermütig ist der Ton, in dem Caroline – glücklich über Aufgeschlossenheit und Achtung, mit denen man ihr begegnet – von der ersten Jenaer Zeit berichtet. Goethe macht ihr seinen Besuch. Sie lernt Schiller kennen, erlebt Fichte im Jenaer Klub.

Als sie im Dezember einige Tage in Weimar weilt, begegnet sie Herder, Wieland, Corona Schröter. In das Haus am Frauenplan wird sie geladen. »Göthe gab ein allerliebstes Diner, sehr nett, ohne Überladung, legte alles selbst vor, und so gewandt, daß er immer dazwischen noch Zeit fand, uns irgend ein schönes Bild mit Worten hinzustellen.«

Zuweilen parodiert sie in ihren Berichten den Klatschstil, zuweilen aber läßt sie sich selbst zu einem klatschhaften Ton hinreißen, vor allem, wenn sie über Frauen urteilt, z. B. über Charlotte von Kalb oder Christiane Vulpius. Die einzige Äußerung, die sich in ihren Briefen zu Goethes Zusammenleben mit Christiane findet, zeigt, wie wenig Caroline, die so vorurteilslos an die Dinge des Lebens heranging, sich in diesem Fall über das allgemeine Zeiturteil erheben kann. »Was ich sah, paßte alles zum Besitzer – seine Umgebungen hat er sich mit dem künstlerischen Sinn geordnet, den er in alles bringt, nur nicht in seine dermalige Liebschaft, wenn die Verbindung mit der Vulpius (die ich flüchtig in der Comödie sah), so zu nennen ist. Ich sprach noch heute mit der Schillern davon, warum er sich nur nicht eine schöne Italiänerinn mitgebracht hat?« Carolines und August Wilhelms Ehrgeiz ist es, ihr Jenaer Heim zum Mittelpunkt des gesellschaftlich-literarischen Lebens werden zu lassen. Die Atmosphäre der ersten Mainzer Monate im Hause Forsters, die lebhaften Debatten der Gleichgesinnten über Politik und Literatur sind Caroline noch in lebhafter Erinnerung. Geistige Kultur, frauliche Entschiedenheit, Attraktivität und menschliche Wärme Carolines tragen dazu bei, daß ihr Haus das Zentrum frühromantischer Gemeinsamkeit wird, es hier zur ersten Gruppenbildung in der deutschen romantischen Literatur kommt. Energisch zieht sie junge Leute in ihr Haus. Goethe ist dem Kreis freundschaftlich verbunden. Fichte steht ihm nahe. Als poetische und philosophische Lehrmeister sehen die jungen Leute diese beiden.

Caroline bewundert an Goethe zeitlebens nicht nur seine Werke, sondern vor allem die Vitalität und Harmonie seiner Persönlichkeit, die Kunst, sein Leben bewußt zu gestalten. Die produktive Haltung des Kreises zu Goethe hat Caroline nicht unwesentlich mitbestimmt, z. B. als sie die Brüder Schlegel für die »Iphigenie« begeistert oder August Wilhelms Arbeiten über »Hermann und Dorothea« und die »Römischen Elegien« fördert. Auch zum »Wilhelm Meister«, der dann Anlaß heftiger Streitigkeiten des Kreises und der Angriffe auf Goethe wird, hat sich Caroline nur bejahend geäußert. Sie liest den Roman, den Goethe bei seinem ersten Besuch in Carolines Haus, hinter den Pferdesattel geschnallt, mitbrachte. Während sie an Goethes Werk und Persönlichkeit Realismus und Erdverbundenheit bewundert, stört sie an Schiller das Abstrakte, nur Idealische. Aufschlußreich ist eine Episode, die Caroline berichtet: »Über ein Gedicht von Schiller, das Lied von der Glocke, sind wir gestern Mittag fast von den Stühlen gefallen vor Lachen.« Die Frühromantiker sind nicht bereit, die in diesem Gedicht vollzogene Idealisierung und Harmonisierung der bürgerlichen Wirklichkeit zu akzeptieren, sie empfinden sie eher als unerlaubte Glorifizierung einer philiströsen und engstirnigen Welt.

Die Versammelten entwickeln ihre philosophischen und literarischen Grundsätze in unmittelbarer Nachfolge der bürgerlichen Revolution in Frankreich, wollen, ihrem Beispiel folgend, in Deutschland eine geistige Revolution auslösen. Gegen »das alte offizielle Deutschland, das verschimmelte Philisterland« treten die »Jakobiner der Poesie«, wie sie Varnhagen von Ense nennt, mit den Waffen der Kritik an.

Jung sind sie alle! Anfang Zwanzig bis Mitte Dreißig. Zum Teil haben sie wichtige öffentliche Funktionen inne. So August Wilhelm Schlegel und Friedrich Wilhelm Schelling. Mit dreiundzwanzig Jahren wird letzterer als Professor nach Jena berufen. Großen Zulauf und Erfolg haben die Vorlesungen beider. Im gemeinsamen, mit viel Witz und Ironie und jugendlicher Leidenschaft geführten Kampf gegen politische und literarische Feinde schließen sie sich zusammen. Dem Kreis gehören keineswegs nur Schriftsteller an, sondern Philosophen, Naturwissenschaftler, Ärzte, Ästhetiker, Literatur- und Kunstkritiker, Maler, Bildhauer. Friedrich Schlegel und Dorothea Veith, die Philosophen Friedrich Wilhelm Schelling und Joseph Steffens, der Physiker Johann Wilhelm Ritter, der Übersetzer Johann Diederich Gries, die Dichter Novalis und Ludwig Tieck sowie dessen Bruder Christian Friedrich Tieck, der Bildhauer; für kurze Zeit auch Clemens Brentano und der Maler Tischbein mit seiner Frau. Briefliche Verbindungen gibt es zu Schleiermacher und Rahel Levin nach Berlin.

So wie die Beziehungen zu anderen Kunstgattungen, vor allem zur Malerei, gefördert werden, strebt man eine innige Verbindung zwischen Philosophie und Literatur, Literatur und Naturwissenschaften an. Novalis z. B., der an der Bergakademie in Freiberg studiert hat und Aufseher der Salinen in Weißenfels ist, hält an dieser Tätigkeit fest, sieht sie in Beziehung zu seiner Dichtung. »Philosophieren«, sagt Friedrich Schlegel, »heißt die Allweisheit gemeinschaftlich suchen.« In einem intensiven, ungezwungenen geistigen Austausch bereichern sie sich wechselseitig, streben danach, ihre Individualitäten zu respektieren und voll zu entfalten, die männlichen wie die weiblichen gleichermaßen. Ein Kreis findet sich zusammen, der in »logischer Geselligkeit« und »gesellschaftlichem Witz« die höchste geistige Produktivität sucht. Das »Symexistieren«, wie Friedrich sagt, das gemeinsame Essen, die gemeinsame Wohnung, wie das »Symfaulenzen« sind ihre Symbole. Durch die wechselseitige Bereicherung verschiedener Künste und Wissenschaften wollen sie das Ideal einer »Symphilosophie« und »Sympoesie« verwirklichen. Sie glauben, in dieser mit den Mitteln des Geistes zu erringenden Synthese die als problematisch empfundene Zeitsituation zu meistern. Im Winter 1797/98 entsteht der Plan, sich mit der Zeitschrift »Athenäum« ein öffentliches Forum zu schaffen. Friedrich ist der Initiator. Im Mai 1798 erscheint das erste Heft in einer Auflage von 1250 Exemplaren. Zwei Jahre lang wird die Zeitschrift unter großen finanziellen Schwierigkeiten verlegt. Die Zeit ihres Erscheinens umschließt die entscheidenden Jahre des frühromantischen Wirkens.

Caroline hilft August Wilhelm in den ersten Jenaer Jahren vor allem bei der Übersetzung der Werke Shakespeares. Sie ist ihm Mitarbeiterin und Abschreiberin. »Wir sind fleißig und sehr glücklich. Seit Anfang des Jahres komme ich wenig von Wilhelms Zimmer. Ich übersetze das zweite Stück Shakespeare. Jamben, Prosa, mitunter Reime sogar.« Später verlagert sich ihr Interesse mehr zum »Athenäum«. Ihr Skeptizismus gegen das Unternehmen überhaupt (im Brief vom 15. November 1798 an Novalis spricht sie sich gegen die Zeitschrift aus, da sie Kraft und Zeit der beiden Schlegels übersteige) hindert sie nicht daran, für die Zeitschrift tätig zu sein. Sie regt an, organisiert, übernimmt die Arbeit eines Redakteurs und Sekretärs. Ihr Anteil liegt mehr im Praktischen, nicht in eigenen Beiträgen. Friedrich fordert Caroline auf, Artikel für die Zeitschrift zu schreiben. Auch aus ihren Briefen will er Fragmente herauslösen und aus ihnen eine »philosophische Rhapsodie« komponieren. Caroline verneint. Sie hat keinen Ehrgeiz. Und ihre einzige Arbeit, die dann im »Athenäum« Aufnahme findet, will sie viel lieber in Goethes »Propyläen« abgedruckt sehen.

Im Frühjahr 1799, ein halbes Jahr nach dem Erscheinen der ersten Nummer ihrer gemeinsamen Zeitschrift, wird Fichte im Ergebnis des Atheismusstreites aus Jena vertrieben. Wesentliches aus Fichtes Theorien hat die Gruppe zur Grundlage eigener Anschauungen gemacht. An seiner Wissenschaftslehre, »dem ersten System der Freiheit«, fasziniert die jungen Leute die Persönlichkeitsauffassung, das Ich, das tätig der Welt sein Gesetz aufprägt und in dem sich die Illusionen und Hoffnungen des Citoyen, des politisch aktiven und selbstbewußten Bürgers, verkörpern. Caroline, die sich vorher nur zu Fichtes Person äußerte, beschäftigt sich nun auch mit seinem philosophischen System. Entwaffnend offen schreibt sie, daß sie »über diese Dinge ohne irgend eine Kenntnis des philosophischen oder metaphysischen Wortgebrauchs« spricht, ja »viele Bedürfnisse des spekulierenden Geistes« gar nicht kennt. »Das Gute um des Guten willen, das begreife ich in ihm, das erhebt meine Seele, und ausserdem bewundre ich an ihm die Höhe des menschlichen Geistes und interessiere mich für den Verfechter der Freyheit des Denkens – seine persönliche Bravheit abgerechnet.«

Caroline ergreift Partei für Fichte. Es sei »sehr schlimm für alle Freunde eines ehrlichen und freymüthigen Betragens«, schreibt sie an die Freundin. »Wie Du von der ersten Anklage, die von einem bigotten Fürsten und seinen theils catholischen theils herrnhutischen Rathgebern herrührte, zu denken hast, wirst du ungefähr einsehn ... Alle Hofdiener, alle die Professoren, die Fichte überglänzt hat – er hatte 400 Zuhörer in dem letzten Winter – schreyen nun über seine Dreistigkeit, seine Unbesonnenheit. Er wird verlassen, gemieden.«

Entschieden kritisiert Caroline Goethes Haltung, die »weder warm noch kalt, doch eher das letztere« sei. In demselben Brief, gerichtet an den Mitstreiter Gries, geschrieben am 9. Juni 1799, steht ein Satz, der das Leben des Kreises in den folgenden anderthalb Jahren bestimmen sollte: »Wir halten uns in den schlimmen Zeiten enge zusammen«. August Wilhelm formuliert es noch schärfer. An Novalis schreibt er: »Der wackere Fichte streitet eigentlich für uns alle, und wenn er unterliegt, so sind die Scheiterhaufen wieder ganz nahe herbeigekommen.« Fichte unterliegt. »Wir gehören doch alle zu der einen Familie der herrlich Verbannten«, sagt Friedrich, auf Fichtes Schicksal anspielend. Mit Recht deutet der Kreis Fichtes bittere politische Erfahrungen als Vorbote der eigenen. Die Vorstellung von einer breiten gesellschaftlichen Tätigkeit, eines öffentlichen Wirkens erleidet im Verlauf des Streites um Fichte und am Ende des Jahres unter dem Eindruck des 18. Brumaire des Napoleon Bonaparte einen heftigen Schock. Die politische und kulturelle Misere Deutschlands, die Zersplitterung der Staaten, das »Drohen des Scheiterhaufens«, ihr Leben unter »kümmerlichen Moosmenschen«, wie Novalis an Caroline schreibt, lassen sie aber noch nicht aufgeben, führen im Gegenteil im Sommer und Herbst des Jahres 1799 zu einem engen Zusammenschluß.

Carolines Haus, eher bescheiden und ohne jenes reiche großbürgerliche Ambiente des Berliner Salons von Henriette Herz, wird das Zentrum, von dem wichtige Impulse der literarischen Opposition ausgehen.

Die Formierung der Kräfte geht einher mit dem Rückzug in den privaten Kreis. Was die Gesellschaft als Ganzes nicht verwirklicht, wie die jungen Leute im Taumel ihrer Revolutionsbegeisterung erhofften, wollen sie nun in der Praxis ihres eigenen Zusammenlebens realisieren und verstehen dies durchaus als Modell einer gesamtgesellschaftlichen Utopie. Caroline tut alles, um den Kreis, der sich gegen Mittag und am Abend bei ihr versammelt, zu vergrößern. War Caroline glücklich, als sich im Herbst 1796 mit der Ankunft Friedrichs »die heilige Dreyzahl« des »häuslichen Zirkels« in eine »partie quarrée« verwandelt, hofft sie Anfang 1799 auf ein gemeinsames Leben mit den Freunden. »Sehr möglich, daß ein Dach uns alle noch in diesem Jahr versammelt«, schreibt sie am 20. Februar. Sie biete Friedrich und Dorothea an, in ihrem Haus zu leben. Novalis, Carolines Freund und Briefpartner, schreibt an sie: »Denken Sie nur unseren prächtigen Kreis. Vor dem Jahre standen wir noch so verwaist da ... Jetzt kann erst rechte Freundschaft unter uns werden...«

Was Caroline für kurze Zeit gelingen soll, schwebte auch Fichte vor: »er meint, wir sollten alle eine Wirtschaft machen, er weiß allen Schwierigkeiten scharfsichtige Gründ entgegensetzen zu lassen.« Carolines Beharrlichkeit hat Erfolg. Spätsommer und Herbst 1799 sind Höhepunkte einer »schönen Geselligkeit«, die die Gemeinsamkeit im geistigen Bereich wie im täglichen Leben beinhaltet. Friedrich und

Dorothea kommen. Sie versuchen ein Leben zu viert, müssen sich ziemlich einengen, das Haus ist nicht groß. Im Oktober weilt Tieck mit seiner Frau in Jena. Novalis bleibt über Wochen da. Sophie Tischbein kommt mit zwei Kindern. Die Kinder toben in den engen Räumen! Schelling ist ständiger Gast. An Carolines Mittagstisch sitzen zu dieser Zeit täglich etwa fünfzehn bis achtzehn Personen.

Caroline hofft auf einen gemeinsamen Winter. Diese Hoffnungen aber erfüllen sich nicht. Von »plötzlichen Umwandlungen« spricht sie. »So sieht unsre winterliche Geselligkeit ganz anders aus als unsre sommerliche ... Wir sehn fast niemand außer uns, die bloßen Bekannten haben sich ziemlich von den Freunden geschieden.« Caroline führt es auf den Streit um das »Athenäum« zurück. In wachsendem Maße stoßen die Frühromantiker auf die Abwehr der literarischen Öffentlichkeit. Ein Ausdruck dafür ist der frontale Angriff auf das »Athenäum« in einer Rezension von Ferdinand Huber vom 21. November 1799. Carolines Verteidigung des »Athenäums« in den Briefen vom 22. und 24. November 1799 an Huber ist rührend und groß zugleich. Rührend, weil ihr ausdrücklich die Abwesenheit F. und A. W. Schlegels die Feder in die Hand gibt und sie dies entschuldigend betont: »... ich habe geschwiegen, wie ich das eben in politischen Angelegenheiten auch tun würde, im Glauben, daß, aller unsrer Vernunft zum Trotz, die Männer diese doch besser verstehen.« Groß ist sie als ein Zeugnis ihrer literaturpolitischen Haltung. Hier artikuliert sich die Caroline der Mainzer Zeit und beurteilt sehr scharfsichtig die politischen Fronten der literarischen Szene. Caroline erinnert Huber an Mainz: »Sie kennen revoluzionäre Zeiten, und sollten an der Weise nicht krittlen. Was Sie wollen, nennt man im Politischen halbe Maßregeln.« In einem zwei-

65

ten Brief sagt sie ihm den wahren Ursprung seiner Schmäh-
schrift unverhohlen ins Gesicht: »Wie heiß werden Ihnen
auch Böttiger, Kotzebue, die ALZ, Nicolai etc. samt allen
Gegnern Fichtens und alles, was Höfen und Fürsten an-
hängt, dafür danken.« Mit dümmlicher männlicher Arro-
ganz reagiert Huber. Einer Frau zu antworten, findet er
unter seiner Würde. Nicht an Caroline, an Schlegel schreibt
er: »Ich bin zu galant, um zu sagen, daß ein Brief von einer
Frau des Zurückschickens an seinen Eigentümer nicht wert
ist.«

Caroline wehrt sich gegen Hubers Vorwurf der Frak-
tionsbildung. »Was sprechen Sie von Fraction? Keine Revo-
luzion ohne Fraction . . . Ich habe Ihnen das schon gesagt, es
ist ein allgemeiner Kampf.« Und sie verteidigt die gemeinsame Zielstellung des Kreises leidenschaftlich. »Denken Sie
nicht, daß diese Männer sich unter einander schmeicheln,
und etwas weis machen: sie kennen sich, sie sagen sich ihre
Wahrheiten, aber sie haben ein Ziel – und das haben sie sehr
fest in den Augen.«

Caroline täuscht sich. Der Kreis geht auseinander, zerfällt
so schnell wie kaum eine andere literaturgeschichtliche
Gruppierung. Die tiefen historischen Ursachen werden den
Beteiligten kaum bewußt. Gerade die Nähe, das tägliche
Miteinander, die Debatten im Herbst 1799 bringen sehr
kraß Verschiedenheit und Unvereinbarkeit ästhetischer und
weltanschaulicher Anschauungen zutage. Man war sich einig, von welchen »alten Perücken die Lorbeerkränze gerissen« werden sollen, geriet aber sofort in heftigen Streit,
wenn es um gemeinsame Ziele und gar Wege zu deren prak-
tischer Realisierung ging. Schleiermacher hat das bereits um
1800 sehr genau beobachtet. »Wenn man betrachtet, wie
gänzlich verschieden in ihren Produktionen und in ihren

Prinzipien, in der Art, wie sie dazu gekommen sind und wie sie selbst sich ansehn, Friedrich Schlegel, Tieck und August Wilhelm Schlegel sind, so muß man wohl gestehn, daß hier keine Neigung sein kann, offensiv eine Sekte zu bilden, sondern höchstens defensiv...« Von »Sprachverwirrung« beim »Turmbau zu Babel« spricht Steffens in einem Brief an Tieck aus dem Jahre 1814, sich der Jenaer Gemeinsamkeit erinnernd: »So gewiß, wie es ist, daß die Zeit, in welcher Goethe und Fichte und Schelling und Schlegel, Du, Novalis, Ritter und ich uns alle vereinigt träumten, reich an Keimen mancherlei Art war, so lag doch etwas Ruchloses im Ganzen. Ein geistiger Babelturm sollte errichtet werden, den alle Geister aus der Ferne erkennen sollten. Aber die Sprachverwirrung begrub dieses Werk des Hochmuts unter seine eigenen Trümmer. Bist du der, dem ich mich vereinigt träumte, fragte einer den anderen – Ich kenne deine Gesichtszüge nicht mehr, deine Worte sind mir unverständlich – und ein jeder trennte sich in den entgegengesetzten Weltgegenden...«

Caroline wird hier wie auch in den Briefen der Freunde nie in bezug auf das geistige Profil der Gruppe erwähnt. Über ihr Äußeres, ihre »Weiblichkeit«, finden wir um so mehr klatschhafte Urteile bei vielen Zeitgenossen. Persönlichkeiten wie Schiller, Humboldt und Hegel machen hier keineswegs eine Ausnahme. Das hängt mit Zeitgeschmack und Rollenauffassung zusammen. Doch die Ursache liegt auch mit darin, daß Caroline wohl geistiges Klima und produktive Atmosphäre des Kreises wesentlich mitbestimmt, aber kein eigenes Programm vorlegt. Sie weiß, wie sie Novalis gegenüber sagt, »von nichts etwas als von der sittlichen Menschheit und der poetischen Kunst«. Und: »blutwenig von der Literaturgeschichte«. Alles mündet für sie in Anregungen zur »Kunst, zu leben«.

Unter dem Aspekt einer im Goethischen Sinne auf das Harmonische orientierten Lebensauffassung beurteilt sie auch das Schaffen der Freunde. »Sie glauben nicht, wie wenig ich von eurem Wesen begreife, wie wenig ich eigentlich verstehe, was Sie treiben«, schreibt sie am 4. Februar 1799 an Novalis. Und: »Was ihr alle zusammen da schaffet, ist mir auch ein rechter Zauberkessel.« Caroline wagt aus ihrer stark antireligiösen, ja beinahe atheistischen Haltung Novalis gerade dort zu widersprechen, wo er das Christentum in seine Vorstellung einbezieht. Mit vielen der Produkte aus der Sphäre der »Nebler und Schwebler«, wie Caroline mit Goethe sagt, kann sie sich nicht abfinden. Sie liebt poetische Stellen, z. B. die Bergmannslieder im »Ofterdingen«, mag Tiecks »Genoveva«. Zu seinem »Sternbald« hat sie sich jedoch sehr kritisch geäußert. Grundschwächen der Romantik überhaupt damit treffend. »... es fehlt an durchgreifender Kraft – man hoft immer auf etwas entscheidendes ... Viele liebliche Sonnenaufgänge und Frühlinge sind wieder da; Tag und Nacht wechseln fleißig, Sonne, Mond und Sterne ziehn auf, die Vöglein singen; es ist das alles sehr artig, aber doch leer, und ein kleinlicher Wechsel von Stimmungen und Gefühlen im Sternbald, kleinlich dargestellt.«

Es bleibt, wie Hegel das stärker auf den Begriff bringt, »ein Sollen, Bestreben, Sehnen«, das »in dieser Einsamkeit..., zu keinem Inhalte, keiner Bestimmung ... im Praktischen sowenig als im Theoretischen zu einer Realität kommt«, nur eben die Wirklichkeit »bequengelt«. – »Diese Subjektivität bleibt Sehnsucht, ... verglimmt in sich ...«

Stimmen Carolines Freunde zunächst mit Fichte, was den Kampf gegen die Realität der Feudalgesellschaft betrifft – in Illusion über das Wesen der bürgerlichen Revolution – überein, so läßt sie die Verzweiflung über die Ergebnisse der Revolution nur noch krämerhaften Alltag, philisterhafte Enge, platten Ökonomismus empfinden. ». . . nur die prosaische Fratze« sah er in »unserem ganzen modernen Leben«, sagt Heine später über August Wilhelm und über Friedrich: »er fühlte alle Schmerzen der Gegenwart, aber er begriff nicht die Heiligkeit dieser Schmerzen und ihre Notwendigkeit für das künftige Heil der Welt.«

Hilflos gegenüber durchaus wahrgenommenen Widersprüchen der neuen geschichtlichen Etappe, ignorieren sie die Realität, siedeln das Individuum aus der Geschichte aus und pflanzen es in ein phantastisches Reich der Poesie. »Meine Pflanze wächst, wie meine Hoffnung sinkt«, sagt Novalis 1797 und Friedrich Schlegel: »Das wahre Universum ist im Innern.«

». . . bleiben sie in der magischen Atmosphäre, die sie umgibt, und mitten in einer stürmischen Witterung, mitten unter kümmerlichen Moosmenschen wie eine Geisterfamilie isoliert, so daß keine niedern Bedürfnisse und Sorgen sie anziehen und zu Boden drücken können«, schreibt Novalis am 20. Januar 1799 an Caroline. Die »niedern Bedürfnisse« aber beschleunigen das Auseinanderfallen des Kreises. Das Leben aller wird durch nackte Existenzsorgen, durch große sozialökonomische Unsicherheit bestimmt. Der von dieser jungen Schriftstellergeneration erstmals als Gruppe unternommene Versuch, »freiberuflich« zu arbeiten, schlägt fehl, ihre zumeist theoretischen und kritischen Publikationen haben es auf dem literarischen Markt sehr schwer. August Wilhelm verdient sich nach dem Studium sein Geld als Hauslehrer, in Jena dann mit Übersetzungen (die Vielzahl und Schnelligkeit seiner Shakespeare-Übersetzungen ist bedingt durch harten ökonomischen Zwang). Die Professur bessert seine finanzielle Lage, aber das akademische Lehramt bietet auch keine hinreichende Lebensbasis. Friedrichs Lage ist noch schlechter. Im Juni 1800 macht er einen verzweifelten Versuch, in Jena eine Anstellung als Professor zu erhalten. Nach vielen Verhandlungen, begleitet von Intrigen, promoviert er und hält im Winter 1801 als Privatdozent zwei Vorlesungen, die mit einem finanziellen Fiasko enden. Als August Wilhelm 1800 nach Berlin geht und dadurch seine Jenaer Professur verliert, sind seine Einnahmen als Privatdozent so gering, daß sie für Carolines und sein Leben nicht reichen. Carolines Ersparnisse und ihre Erbschaft sind inzwischen aufgebraucht. In den Briefen der beiden zwischen 1800 und 1803 dominiert das Geldthema schon bis zur Peinlichkeit. Schlegel hat noch jahrelang mit der Abtragung seiner Schulden in Berlin zu tun. Im Februar 1802 muß er von Schelling sechshundert Reichstaler borgen. Zu den sozialen Schwierigkeiten und den divergierenden weltanschaulich-ästhetischen Anschauungen kommen persönliche Spannungen und Gegensätze, ja Feindschaften.

Das auslösende Moment dafür sind die Beziehungen zwischen Caroline Schlegel und Friedrich Wilhelm Joseph Schelling. Mit Hölderlin und Hegel hat sich Schelling als Stiftsschüler in Tübingen für die Französische Revolution begeistert. Hochbegabt und kühn greift der junge Philosoph schon mit seinen ersten Schriften, die großes Aufsehen erregen, in die Epochendebatte ein. Mit dreiundzwanzig Jahren wird er 1798 als Professor an die Jenaer Universität berufen. Goethe veranlaßt es, und er ist Schelling in der Jenaer Zeit und auch später in Freundschaft verbunden. Caroline, die ihn im April 1797 flüchtig in Dresden kennengelernt hat, lädt ihn gleich nach seiner Ankunft in ihr Haus ein. Bald ist er ständiger Gast. Ist es Zufall, daß genau seit der Zeit Carolines Schriftzüge in August Wilhelms Manuskripten nicht mehr zu finden sind? »Was Schelling betrifft, so hat es nie eine sprödere Hülle gegeben. Aber ungeachtet ich nicht sechs Minuten mit ihm zusammen bin ohne Zank, ist er doch weit und breit das Interessanteste was ich kenne«, schreibt Caroline am 4. Februar 1799 an Novalis, und dieser erwidert: »Je tiefer ich in die Untiefe von Schellings Weltseele eindringe, desto interessanter wird mir sein Kopf.« – »Glauben Sie, Freund, er ist als Mensch interessanter, als sie zugeben«, so Caroline zu Friedrich; Schelling ist »eine rechte Urnatur, als Mineralie betrachtet, echter Granit«.

Der junge Schelling findet in Caroline eine Gesprächspartnerin, eine Freundin. Ihre Persönlichkeit beeindruckt ihn. Er liebt sie. »Unter den großen Philosophen ist es nur Schelling«, sagt Jaspers, »für den eine Frau durch ihre Persönlichkeit von entscheidender Bedeutung wurde, und zwar nicht nur durch erotische Leidenschaft und menschliche Verbundenheit, sondern in eins damit ursprünglich durch ihr geistiges Wesen. ... Schelling ... wurde erst durch Caroline gelockert zu der Freiheit und Weite, die er erreicht hat.«

Und Caroline? Was löst dieser Mann in ihr – der für damalige Begriffe schon alternden Frau – aus? »Wie ich in mir selbst erwachte«, schreibt sie ihm später, »da macht es sich so, daß ich lange, lange glaubte, in der Wirklichkeit wäre das Glück niemals zu Hause und nichts, was dem innern Dasein eigentlich entspräche. Und durch diese erste Erziehung bin ich immer ein wenig bescheiden geblieben.« Nun, da sie in Schelling dem Menschen begegnet, der eine unbedingte und tiefe Empfindung in ihr weckt, »bescheidet« sie sich nicht mehr. »Wer wollte sich aufopfern, ... das geschieht nur dem ... der Leere zu verbergen hat«, hatte Caroline bei ihrem

71

Entschluß, nach Mainz zu gehen, gesagt. Ihr in den revolutionären Umwälzungen gewonnenes unerhörtes Selbstbewußtsein, ihr Mut, sich radikal zu sich zu bekennen, bricht wieder durch. Wir haben aus der Zeit der beginnenden Liebe, der Zeit der vielleicht tiefsten Erschütterung und Beglückung Carolines keine Briefe. Wehrte sie sich gegen diese Liebe? Ihre schwere Krankheit im Spätherbst 1799, in der offensichtlich der innere Konflikt für beide einen Höhepunkt erreichte, und Carolines flehender Brief an Goethe, Schelling Silvester 1799 zu sich zu nehmen, sind die einzigen Zeugnisse.

Den in Carolines und August Wilhelms Haus Versammelten bleibt die Annäherung zwischen Caroline und Schelling nicht verborgen.

»Wegen Schelling und der Schlegelin nimm Dich doch ja in acht!« schreibt Fichte am 23. Oktober 1799 an seine Frau. »Schelling macht sich einen üblen Namen, und das tut mir sehr leid. Wäre ich persönlich in Jena gegenwärtig, so würde ich warnen ... Macht denn doch der Mann der Sache nicht ein Ende?« Alle Klischees sind hier vereint. Welch Gegensatz zu dem, was Fichte in seinen Werken über die Ehe und die Beziehung der Geschlechter schreibt. August Wilhelm denkt nicht daran, ein Ende zu machen. Wie hätte er es auch tun sollen? Doch nur mit den üblichen Gewaltmitteln. Enttäuscht und tief getroffen stellt er sich den Dingen mit bewundernswerter Sachlichkeit. Anders Friedrich Schlegel und Dorothea Veith. War Friedrich, der vielleicht um des Bruders willen auf Caroline als Frau verzichtet hatte, über die Wendung ganz einfach verbittert? Und Dorothea? Mit fraulichem Spürsinn hat sie bald entdeckt, daß Caroline August Wilhelm nicht liebt; beide verhalten sich, schreibt sie, mehr »als liebende Freunde, es ist nicht viel vom Sakrament

zu merken«. Warum versagt sie, die gerade den Mut auf-
brachte, sich von einem ungeliebten Mann zu trennen, der
anderen ebendieses Recht? Wie auch immer die Motive im
einzelnen gewesen sein mögen, dies ist der Beginn von persönlichen Zerwürfnissen.

Das eigentlich auslösende, zu häßlichsten Verleumdungen und Intrigen gegen Caroline Schlegel und Schelling
führende Moment ist aber ein Ereignis, das Caroline auf das
tiefste trifft, ihr Lebenskraft und Mut nimmt. Im Sommer
1800 verliert sie ihre fünfzehnjährige Tochter Auguste. Auf
einer Reise stirbt sie innerhalb weniger Tage in Bocklet an
der Ruhr.

Caroline ist eine wunderbare Mutter, die für ihre Zeit
ganz ungewöhnliche Vorstellungen von Erziehung hat. Sie
ist ihren Kindern stets Partnerin, Freundin. Sie läßt sie »zu
freier Entfaltung« kommen, hält sie »bloß in Entfernung
vom Gemeinen«. Erziehung ist ihr »nicht Abrichtung«,
»keine Kunst«, sondern »nur eine gewiße Unthätigkeit, welche höchstens vor bösen Gewohnheiten zu bewahren und
die ersten entscheidenden Eindrücke zu lenken sucht«.

Vier Kinder hat sie geboren. Der erste Sohn lebt nur wenige Wochen. Therese stirbt mit drei Jahren. »Ich habe nur
noch eins« – Auguste –, »und es ist mir unschätzbar, weil
doch meine einzige feste Bestimmung in ihm liegt.« Den
kleinen »citoyen«, für den sie so entschlossene Lebenspläne
hat, muß sie zunächst in Lucka bei Pflegeeltern lassen.
»Wenn wir allein sind, sprechen wir von ihrem Bruder«,
schreibt Caroline, »den ich sehr sehr wohl, schön und lebendig verlassen habe.« Auguste bewahrt das Geheimnis um
den kleinen Bruder, dessen Existenz beide gefährdet. Als Caroline verreist, vermeidet sie den Weg über Leipzig, um nicht
der Versuchung anheimzufallen, ihren Sohn zu sehen.

Am 20. April 1795 stirbt der Kleine – anderthalbjährig – an den Frieseln. Caroline ist nicht bei ihm, und sie muß ihren Schmerz verbergen. Das Schicksal, Kinder in sehr frühem Alter zu verlieren, teilt sie bei der damaligen hohen Kindersterblichkeit mit vielen Frauen. Traf sie der Verlust ihrer drei Kinder schwer, so rührte der Verlust des vierten an ihre Lebenssubstanz.

Auguste, die Erstgeborene, hat ihr Leben geteilt, in Mainz, wo sie Forster »Väterchen« nennt, in der Gefangenschaft auf dem Königstein, wo sie die »frühe Vertraute« von Carolines Leiden ist. Die Atmosphäre im Jenaer Kreis bringt ihre Fähigkeiten und Anlagen voll zur Entfaltung. Alle lieben sie, August Wilhelm und Friedrich Schlegel, Schelling. Sie muß ein ungewöhnlich heiteres, natürliches und anziehendes Geschöpf gewesen sein.

Im Sommer 1799 trennt sich Auguste erstmals von der Mutter, geht nach Dessau. Die Briefe, die Caroline ihr dorthin schreibt, ungeduldig auf ihre Rückkehr wartend, sind Zeugnisse ihrer tiefen Bindung an die junge Erwachsene. »Wärst du nur erst da, kämst durch die Lüfte geflogen in dichte Schleyer gehüllt ... Du bist eine neue Bekantschaft für mich, mein Töchterchen nicht mehr, sondern ein Schwesterchen aus der Ferne kommend.«

Sieht Caroline, vom Verlust der Fünfzehnjährigen tief getroffen, im Tod Augustes ein »Zeichen« gegen ihre »verbotene Liebe«? Wie anders ist es zu erklären, daß sie – die von Religion und Mystik nie etwas wissen wollte – sich von nun ab Schelling verweigert, von ihrer Liebe als einem »Verbrechen« spricht und sich nachdrücklich zur Ehe mit Schlegel bekennt. Stendhal hat in seinem Roman »Rot und Schwarz« in der Gestalt der Madame Rênal psychologisch sehr glaubhaft geschildert, wie die Frau, in jahrtausendelanger Tradition gefangen, in der Krankheit des Kindes ein Zeichen Gottes erkennt und sich zur Sühne vom Geliebten trennt. Die Gesellschaft bestärkte sie noch in solch widersinniger Auffassung.

Ist für Caroline die Haltung der Gesellschaft vielleicht überhaupt das auslösende Moment? Nicht die Philister, sondern ausgerechnet die, die gegen Krämergeist, verlogene Moral und Spießigkeit angetreten sind, erheben ihre Stimme. Kein Geringerer als Novalis schreibt: »Wilhelm dauert mich am meisten. Hat ihr Tod einen Zusammenhang mit Carolines Geschichte? ... Der Himmel hat sich ihrer angenommen, da ihre Mutter sie verließ und ihr Vater sie hingab ... Für die Mutter ist es eine ernste Warnung. Ein solches Kind läßt sich nicht so leicht wie ein Liebhaber erhalten. Sie ist nun ganz frei, ganz isoliert.« Nimmt Novalis das Wort vom »Sühneopfer« nicht in den Mund, so sprechen es andere aus, Friedrich, Dorothea, Frau Paulus. Caroline habe die Tochter mit Schelling verkuppeln wollen, da sie ihn selbst liebte, mußte diese sterben. Schelling, der von seinen Eltern aus sofort nach Bocklet reiste, als er von Augustes Krankheit erfuhr, wirft man vor, er habe in die Behandlung der Ärzte »hineingepfuscht«. Er wandte die damals sehr umstrittene Brownsche Methode an, die Caroline ein Jahr zuvor das Leben gerettet hatte. Einen »vorsätzlichen Totschlag« nennt der Theologe Berg in einer Satire auf Schellings Philosophie Augustes Tod. 1802 werden Caroline und Schelling gezwungen, nochmals die genauen Todesumstände des Mädchens zu rekapitulieren, um sich zu verteidigen. August Wilhelm stand im Gegensatz zu den Freunden auf Carolines und Schellings Seite, protestierte öffentlich gegen die »Ehrenschändung«. Können diese entwürdigenden Umstände Carolines Verhalten erklären? Ihre Briefe aus den

Jahren 1800 bis 1803 zeigen ihren verzweifelten Kampf; den einen, den Geliebten, nicht zu verlieren, den anderen, den in Dankbarkeit und vor Recht und Gesetz verbundenen Mann, zu behalten.

Ihre Briefe an Schelling bezeugen, daß dies der einzige Mann ist, dem sie Geliebte, Frau, Freundin und Mitarbeiterin in einem sein wollte und konnte. Im Herbst 1800 bekennt sie sich zu ihrer Liebe. Schellings Ring ist »der einzige echte Trauring für mich, und er bleibt einzeln ... Liebe mich, ich knie vor Dir nieder in Gedanken und bitte Dich darum .... verlaß mich nicht«, fleht sie Schelling an. »Wenn Du mich von Dir losmachen wolltest, so würdest Du mein Leben mit zerreißen.« Zugleich lehnt sie ein gemeinsames Leben ab und verweigert sich ihm entschieden als Frau. Ihn durch ihre leidenschaftlichen Geständnisse an sich ziehend und ihn zugleich zurückstoßend, bringt sie den Vierundzwanzigjährigen in eine tiefe Krise.

Die Vorschläge, die Caroline dem Geliebten in ihrer Not macht, die Rollen, die sie ihnen beiden zuteilen will, lesen wir heute nicht ohne Befremden. Sie wünscht sich Schelling zum Sohn. Goethe bezeichnet sie als Schellings Vater, sich als seine Mutter: »Er der große Gewaltige und ich als die kleine Frau. Er liebt Dich väterlich, ich Dich mütterlich – was hast du für wunderbare Eltern.« Ja, Caroline nennt sich die »sterbliche Mutter« und ihn den »göttlichen Sohn«. Sie gibt ihm den »heiligen Segen«, »als Deine Mutter begrüße ich Dich, keine Erinnerung soll uns zerrütten. Du bist nun meines Kindes Bruder ... Es ist fortan ein Verbrechen, wenn wir uns etwas anderes sein wollten.«

Ganz anders lesen sich die Briefe an August Wilhelm. Keine Überhöhung, keine Gefühlsemphase, aber auch kein echtes Gefühl. Freundschaftlich versucht sie den, der sie im

Februar 1800 verlassen hat und nach Berlin ging, zurückzuholen. Sie will ihn wieder als Mittelpunkt des Jenaer Kreises sehen, will nicht wahrhaben, daß die Gruppe endgültig und unwiderruflich zerfallen ist. Zudem überschätzt sie August Wilhelms Rolle im Kreise der Jenaer Romantiker. Sie, die immer einen so klaren Blick in der Beurteilung der Dichtung bewies, läßt sich nun verführen, August Wilhelms poetische Leistung überzubewerten. Oder ist es nur Taktik, um den sensiblen und wenig selbstbewußten Schlegel wieder an sich zu binden?

Die Geschichte um sein Drama »Ion« ist aufschlußreich. Goethe studierte das Stück mit großer Sorgfalt am Weimarer Theater ein. Am 3. Januar 1802 wird es uraufgeführt. Caroline bespricht es am 16. Januar in der »Zeitung für die elegante Welt«. Ihre Rezension ist freundlich, ausführlich, eigentlich aber eine an der Aufmachung und Darstellungskunst orientierte Beschreibung. Wie anders sollte sie ein solch blutloses und leeres Stück besprechen? Schlegels nach Euripides verfaßtes Drama findet keine gute Aufnahmen. Enttäuscht verteidigt Schlegel sich öffentlich gegen einige Kritiken, auch gegen die Rezension seiner Frau. Caroline wirft er vor, sie kenne kein Griechisch und habe nicht einmal die Übersetzung des Euripides gelesen. August Wilhelm sieht sich als Dramatiker gescheitert. Was soll er in Jena? Immer wieder schiebt er seine Rückkehr hinaus. Er weiß, Caroline liebt ihn nicht. Was kann ihm das »Gelübd« sein, das sie ihm gibt: »Ich kann niemals Schelling als Freund verleugnen, aber auch in keinem Falle eine Grenze überschreiten, über die wir einverstanden sind.« – »Sie macht keine Ansprüche an mich, begleitet aber jede meiner Tätigkeiten und mein ganzes Leben mit reger Teilnahme«, sagt August Wilhelm seiner Freundin Sophie. Caroline schreibt fast jeden

Tag. Ihre Briefe sind rein berichtend; Mitteilungen, Vorge-
fallenes, Neuigkeiten, Klatsch. Unfähig, sich zu verstellen,
verrät sie sich durch ihren Ton. Zuweilen ist er überzogen
heiter, hektisch-kokett. Vergleicht man diese Briefe mit den
in dieser Zeit an Schelling geschriebenen, läßt ihr Ton durch
seine Kälte und inneres Unbeteiligtsein ahnen: hier ist die
Trennung schon vollzogen.

Als Caroline und Schlegel sich nach langem Drängen ihrerseits im März 1802 in Berlin wiedersehn, wird der Bruch
endgültig. Sie beschließen, ihre Ehe zu lösen, und werden
ein Jahr später, am 17. Mai 1803, geschieden. Daß ein
»freundliches und selbst freundschaftlich zärtliches Verhältnis« zwischen Caroline und ihm immer fortdauern wird,
schreibt August Wilhelm. Und in der Tat, er verhält sich Caroline gegenüber äußerst fair und sachlich. Nie läßt er sich
zu gehässigen Äußerungen hinreißen, obwohl mehr als genug durch seinen Bruder und dessen Frau dazu angetrieben.
Auch Schelling bleibt er freundschaftlich verbunden, beide
hören nicht auf, sich als für gemeinsame Ideen Kämpfende
zu betrachten und sich gegenseitig zu unterstützen. Auch bei
späteren Begegnungen, so im Mai 1804 in München, fällt
kein Wort der Mißachtung, alle sind bemüht, die »Bitterkeit
der Erinnerung auszulöschen«.

Für Caroline löst schon die Gewißheit der Trennung die
Konfliktsituation. »Ich kann Dir nicht ausdrücken, wie ruhig ich seit dem Moment bin, wo wir uns entschieden hatten«, schrieb sie im Februar 1803 an die Freundin, »ich bin
fast glücklich zu nennen, und meine Gesundheit hat be-
trächtlich gewonnen.«

Caroline und Schelling verlassen Jena. Am 26. Juni 1803,
kaum einen Monat nach der Scheidung, werden sie auch vor

dem Gesetz Mann und Frau. Schellings Vater traut sie in der Prälatur Murrhardt. Im November desselben Jahres ziehen sie nach Würzburg. Schelling ist von der Universität berufen worden.

Beide fühlen sich in dem »verruchten Nest« nicht wohl. Die Würzburger Universität ist von einer religiösen Lehratmosphäre beherrscht, Schellings Ideen sind hier entschieden zu kühn. Angehende Priester z. B. dürfen seine Vorlesungen nicht besuchen. Er wird befehdet und erhält im November 1804 einen scharfen offiziellen Verweis. Gegen Caroline wird eine regelrechte Verleumdungskampagne gestartet. Sollte sich für sie in Würzburg das Gothaer Schicksal wiederholen? Auch hier ist das »politische Urteil schneidend«, freilich nicht so, um sich wie dort »erklärt von ihr abzuwenden«. Immerhin kam sie als Frau des in ganz Deutschland berühmten Philosophen. Aber: »Ihre Lebensgeschichte ist ziemlich im Umlauf ... sie mochte raisonnieren, soviel sie wollte, so konnte sie weder den Königstein noch Mainz wegwaschen, da wußten die Würzburger sehr gut, was für eine Rolle sie dort gespielt hatte«, schreibt die mit ihr im gleichen Haus lebende Frau Paulus an Charlotte von Schiller nach Jena. Die Würzburger Professorenfrauen in ihrer geistigen Beschränktheit, ihrem dümmlichen Neid auf Caroline, die so »anders« war, urteilen: »Die Törin! ... Es wäre zweckmäßig für ihre Lage, wenn sie wüßte, wie man eine gute Suppe kocht und eine Wasch behandeln muß.« Caroline, die Weibergesellschaften, Teestunden und Kaffeekränzchen sowieso haßt, legt keinen Wert auf den Umgang mit diesen Frauen, »... ich weiß gar zu gut – wie viel – das heißt wie wenig, überhaupt der Haß und die Liebe von dergleichen Wesen wert sind, beides gilt mir keinen Kreuzer«.

Trotzdem leidet Caroline darunter. Denn es sind ihre einstigen Freunde Friedrich und Dorothea Schlegel, die sie in Briefen an Frau Paulus verleumden. Es ist jener Friedrich, den Carolines Mainzer Schicksal faszinierte, der den großen Forster-Aufsatz verfaßte, der nun – auf die napoleonische Herrschaft in Marburg anspielend – schreibt: »Geht es ihr wohl unter dem Einfluß der Franzosen? Mir deucht, es müßte ihr sehr wohl gehen, von da ging sie aus, nun ist sie wieder da und hat ihren Kreislauf vollendet...« Und er hofft, daß der »Teufel sie bald holen mag...«. Schelling empfiehlt er, bei der Entwicklung seiner Theorie der »Gicht, Krätze und Schwerenot« von »seiner Frau als einem treffenden Symbol Gebrauch« zu machen. Dorothea übertrifft Friedrich noch. Sie schreibt von einem »eifrigen Katholiken«, der einen »recht kräftigen Exorzismus studiert« hat, um, wenn er nach Würzburg kommt, »...die Legion Teufel aus Madame Luzifer zu bannen...«. Mit dem »Teufelsgeißelchen, das die besondere Eigenschaft hat, den Satanas wenn er sich auch in den schönsten Engel verkleidet habe, ... in seiner ursprünglichen Gestalt zu zeigen...«, wird er es tun. »Dies ... in einem eleganten Teezirkel heimlich der Madame Luzifer unter den Allerwertesten geschoben, müßte von erfreulicher Wirkung sein. Sind auch in Würzburg die Kamine weit genug zu einer möglichst schnellen Retirade?«

Schillers Wort von der »Dame Luzifer« bekommt in diesem Kontext und auf dem Hintergrund der Hinwendung Friedrich und Dorothea Schlegels zum Katholizismus und des allgemeinen geistigen und politischen Klimas in der Stadt Würzburg einen äußerst makabren Beigeschmack.

Caroline aber läßt sich nicht beirren, sie bewahrt ihre republikanische Gesinnung. Ein Beispiel: So wie sie in Mainz den Empfang der Könige und Fürsten durch den Erzherzog vom Standpunkt einer Demokratin als albernes Schauspiel empfunden hat, sieht sie nun den des neuen Kurfürsten von Würzburg. Heiter-ironisch beschreibt sie seinen Einzug: »Die Stadt sieht jetzt mit allen den Anstalten wie ein schlechtes Theater bei Tage aus.« Die Perspektive, von der aus sie den Kurfürsten sieht, wird zum lächerlichen Zerrspiegel. »Von dem Kurfürsten habe ich von oben herab, da er auf unserer Seite saß, gerade die Hände gesehen, die er gleichsam in der Stille rang, und dann rieb er sie sich.« Als Würzburg durch den Krieg Napoleons mit der österreichisch-russischen Armee aus dem bayerischen Staat herausgelöst wird, nehmen Caroline und Schelling das als Anlaß, Würzburg zu verlassen. »Schelling hat sich bereits aus der Schlinge gezogen«, schreibt Caroline 1806 an die Freundin, »... am 6ten März den neuen Diensteid nicht geleistet, und wir gehen gleich nach Ostern von hier weg, zu meiner großen Freude. Schelling geht nach München und wartet dort seine anderweitige Anstellung ab, ich werde indeß seine Eltern besuchen.«

Schelling verläßt Mitte April Würzburg, Caroline folgt ihm erst im Herbst. Ihr bleibt die Arbeit, die Wohnung aufzulösen. Dazwischen ist sie länger krank.

Im Spätherbst 1806 kommt Caroline nach München. Die bayerische Regierung hat Schelling eine Stelle geboten. Wäre Caroline in Jena geblieben, hätte sie den Krieg aus nächster Nähe, vielleicht am eigenen Leib erlebt, denn nach der Schlacht von Jena und Auerstedt wird das Thüringer Land Opfer der Sieger. Besorgt verfolgt Caroline das Schicksal der Freunde, vor allem das Goethes.

München, der Staat Bayern, steht auf der Gegenseite, ist der treue Alliierte Napoleons. »Unser Geschick hat uns allen kriegerischen Szenen bis jetzt entzogen«, schreibt Caroline, »aber ... jenes Los der Welt« hat uns »wirklich keinen Augenblick Ruhe gelassen ... mitten in der scheinbaren Ruhe, die wir hier genießen.« Und sie fügt einen merkwürdigen Satz hinzu: »Besiegte sind wir zwar sämtlich.« Was mag sie meinen? Fühlt sie das Ende einer Epoche, den Zusammenbruch der Hoffnung?

War in Jena, wie sie 1799 schrieb, ihr politisches Interesse wieder durch die »Teilnehmung an den französischen Begebenheiten, besonders seit Buonaparte Konsul ist, erregt«, so wird ihre Haltung zu Napoleon, als sie seine Macht direkt als Bürgerin in Würzburg erfährt, etwas distanzierter. Fragend steht sie seiner Politik gegenüber: »Für mich ist er immer nur noch das personnificierte Schicksal gewesen, das ich nicht hasse und nicht liebe, sondern abwarte, wohin er die Welt führt«, schreibt sie am 24. August 1807. Was wird diese Entwicklung bringen? Caroline hat in den letzten Jahren unter den politischen Verhältnissen gelitten, ihnen ratlos und mit berechtigter Angst gegenübergestanden. Besonders betroffen zeigt sie sich durch die »abscheuliche Verwirrung aller moralischen Dinge«. Viel lieber wollte sie »in einem Dorf auf der Schlachtlinie von Jena gewohnt haben und in Staub mit getreten sein«, als sich »die Seele davon anstecken lassen«. Es sind die politischen Verhältnisse, die sie in ihren letzten Jahren empfinden lassen: »Es liegt ein Druck auf der Welt, unter dem man nicht mehr frei zu atmen vermag.« Schelling hat nach ihrem Tode gesagt, daß »... die Zeit der Denunziationen und politischen Verfolgungswut ... gerade auf Carolinen den widrigsten Eindruck« machte.

Zuweilen aber hat sich Caroline in Illusionen gerettet, z. B. über München. Sie glorifizierte die Stadt als ein noch intaktes Refugium. »Wahrlich, wir sind so ziemlich das einzige Land, ... wo Regent und Volk noch Eins sind«, schreibt sie 1808. Das ist kurz nachdem der Kronprinz Schellings Büste »für seine marmorne Gesellschaft großer deutscher Männer« zu haben wünscht. Das ist nachdem Schellings Lage »um ein ansehnliches dadurch verbessert worden ist, daß ihn der König neben seiner Stelle als Mitglied der Akademie der Wissenschaften zum Generalsekretair der Akademie der bildenden Künste ... ernannt hat. ... Die Rede, welche er am Namenstag des Königs hielt ... hat denn doch die Veranlassung gegeben, daß man ihn eben auf diese Art in mehrere Thätigkeit gesetzt hat«, schreibt Caroline und berichtet über die Auszeichnung Schellings mit dem Ritterkreuz des Zivildienstordens der bayerischen Krone: »Mir macht es indeß einiges Vergnügen, daß mein Mann es so weit wie mein Vater gebracht hat.«

Nicht ohne Befremden nehmen wir Carolines Haltung zur Kenntnis. So ganz ohne Fragen und kritische Distanz sieht sie nur, »wie herrlich weit« es ihr Ehemann gebracht hat. Wußte sie von Forsters Anstellung als Hofbibliothekar beim Kurfürsten von Mainz, was diese »gelehrte Galeere« mit sich brachte, hatte sie, als August Wilhelm seine Professur erhielt, nur ironisch heiter von seiner äußeren Anpassung gesprochen, sich im übrigen aber um Höfe und Könige, Privilegien und Titel wenig gekümmert, so ändert sich hier ihr Ton. Das Wort das Königs gilt, seine Anerkennung von Schellings Arbeit macht sie stolz. Ihr Ehrgeiz besteht darin, Schelling in einer guten Position zu sehen. Caroline findet in der Liebe zu Schelling Erfüllung. Schelling gelingt, was die Brüder Schlegel nicht vermochten: Caroline zu eigenen kleinen Arbeiten zu überreden. In den Jahren 1805 bis 1807 erscheinen sechs Rezensionen. Und sie ist Schellings Sekretärin. »Fast alles, was bei Cotta jetzt unter der Presse ist, ist von meiner

Hand...« – Zugleich ist ihr das Leben des Geliebten alles, ihr eigenes wenig. Züge einer Selbstverleugnung ihrer Persönlichkeit, der Aufgabe eines für sie immer so charakteristischen, eigenständigen Urteils sind nicht zu übersehen. »Ich lebe nicht in mir, sondern völlig in Dir«, gesteht sie Schelling. »Du, mein Herz, meine Seele, mein Geist, ja auch mein Wille.« Demütig bittet sie um die »Befehle« des Gatten, den sie Baal nennt. »... ich habe ... oft vor der verschloßnen Tür gestanden und allerlei Anliegen gehabt, allein Baal war taub, und ich habe mir bald gesagt: Baal dichtet.«

Sie, die es einst unverständlich fand, daß Dorothea Veith sich Friedrich Schlegel völlig unterordnet, ihn ihren »Herrn« und »Gott« nennt, verfällt nun der gleichen weiblichen Schwäche. Schellings Geist erscheint ihr »einzig, groß und unerreichbar, ihr eigener dagegen arm und unzulänglich«. Schelling wird – es ist peinlich zu lesen – ihr Führer, der ihr das Geheimnis der Identität von Natur und Geist enthüllt, ihr »Prophet«, dessen Offenbarungen ihr wie »Worte aus dem Munde Gottes« sind. Wir glauben, Caroline nicht wiederzuerkennen.

Daß diese realistische und lebenskluge Frau in den letzten Jahren zur Selbstaufgabe neigt, hängt nicht nur mit ihrer bedingungslosen Liebe zu Schelling zusammen. Es hat noch einen weiteren Grund: Caroline kann den Schmerz um den Tod ihrer Tochter nicht überwinden. Als Novalis, neunundzwanzigjährig, im März 1801 stirbt, schreibt sie: »Hardenberg ist also in Ruhe, wohin meine Seele auch so gern gelangen möchte.« – »Ich lebe nur noch halb und wandle wie ein Schatten auf der Erde«, sagte sie nach Augustes Tod, und dieses Gefühl beherrscht sie in den letzten Lebensjahren immer ausschließlicher. Die Verzweiflung über den Verlust des Kindes läßt Caroline sich dem romantischen Kult des

Übersinnlichen und Unendlichen öffnen. Irrationale Momente tauchen in ihrem Denken auf. Schellings physikalische Untersuchungen, die das Verwobensein des Menschen mit dem ganzen Universum nachweisen wollen, sieht Caroline als eine Möglichkeit, sich mit dem toten Kind zu vereinigen. Nicht eine ästhetisch stilisierte Todesmystik wie bei Novalis finden wir bei Caroline, die ihre erwächst aus dem Nichtbewältigten ihres persönlichen Schmerzes. 1806 hat Carolines bewegte Teilnahme an den Zeitereignissen sie sagen lassen, »das allgemeine Weh verweist alle meine Schmerzen zur Ruhe«. Auch 1808 wird für sie nochmals ein Jahr erneuten Lebensmutes. Der produktiv-lebendigen Atmosphäre des Jenaer Kreises trauert Caroline auch in München nach. »O wie sind die einst zu Jena in einem kleinen Kreis Versammelten nun über alle Welt zerstreut.« Im Herbst 1808 aber kommt Ludwig Tieck nach München und liest in Carolines und Schellings Haus des Abends seine neuen Stücke vor. Der Bildhauer Tieck, Sophie Bernhardi, Clemens Brentano und seine Schwester Bettina weilen in München. »Es läßt sich überhaupt dazu an, als würde sich hier ein Sammelplatz bilden, wie Jena war, eine Menge Faden laufen hier wieder zusammen...«, frohlockt Caroline, die sich aber sehr bald in ihren Hoffnungen getäuscht sieht und sich von den Freunden zurückzieht. Vor allem deren Lebensweise, ihr unstetes Wanderleben stößt Caroline ab. Freilich äußert sie sich nur zu Erscheinungsformen, fragt nicht nach Ursachen. Und es ist nicht zu übersehen, daß sie zuweilen in den ihr früher so verhaßten Ton des Klatsches verfällt, wenn sie Sophie Bernhardi als »eine ganz verrückte Person« bezeichnet, »falsch wie eine Katze, treulos gegen jedermann, voller Lügen und Streiche«; oder wenn sie vom Standpunkt der sozial gesicherten Professorenfrau über die Geldangelegenheiten der Familie Tieck spricht. Das Urteil Carolines über den in München weilenden Clemens Brentano, der sich durch Reisen und Geschäftigkeiten über innere und äußere Haltlosigkeit hinwegtäuscht, ist nicht weniger hart. Hat Caroline Kommendes geahnt? Den künstlerischen und geistigen Selbstmord, den Brentano fast zehn Jahre später mit seinem Kniefall vor dem römischen Klerus begehen wird? Scharf hat sie Friedrichs und Dorotheas Wendung zum Katholizismus verurteilt: »Friedrich hat die Anlage, ein Ketzerverfolger zu werden«; im Übertritt anderer sieht sie das rein Äußerliche. »Ich habe nie unfrömmere, in Gottes Hand weniger ergebene Menschen gesehn als diese Gläubigen.«

»Mein Kummer ist nur, daß sie alle miteinander nichts mehr dichten –.« Caroline fühlt, daß bohemehaftes Leben, Berufslosigkeit und Zweifel an der Berufung die Produktivität ihrer einstigen Freunde erstickt. »– Ach, wie sind jene von der Bahn abgewichen –«, klagt sie. »Ich habe sie alle in ihrer Unschuld, in ihrer besten Zeit gekannt.«

Im Frühjahr 1809 beginnt Österreich den Krieg gegen das mit Frankreich verbündete Bayern. Carolines und Schellings Hoffnungen, nach Italien zu reisen, zerschlagen sich. Durch die Wirren des Krieges, die Landstraßen sind von Truppen verstopft, fahren sie zu Schellings Eltern. Von einer dreitägigen Fußwanderung, die sie von dort aus unternehmen, heimgekehrt, fühlt sich Caroline unwohl. Sie hat sich die Ruhr zugezogen. Vier Tage später, am 7. September, stirbt sie. Am Abend des 10. September 1809 wird sie in Maulbronn hinter der Klosterkirche beigesetzt. Sechsundvierzig Jahre hat Caroline gelebt.

Sie hatte das seltene Glück, den Persönlichkeiten, mit denen sie in Freundschaft verkehrte oder in Liebe verbunden war, immer zu einem Zeitpunkt zu begegnen, da diese ihre schöpferischste Lebensphase hatten.

Sie erlebte Georg Forster in den zwei Jahren, da er seine ganze praktische und theoretische Lebenskenntnis in die Waagschale warf und in einem unvergleichlich kühnen historischen Experiment die Französische Revolution auf deutschen Boden hinübertrug.

Sie war dem jungen Friedrich Schlegel in den Jahren Vertraute und Lehrmeisterin, da dieser geniale Mann, angeregt durch die Ereignisse in Frankreich, als Kopf einer jungen progressiven Bewegung literaturtheoretische und ästhetische Impulse vermittelte, die international ausstrahlen und lange nachwirken sollten.

Sie verbrachte die Jahre 1794 bis 1800 an der Seite A.W. Schlegels, als er das »Athenäum« mitbegründete und sich mit den Arbeiten über Goethe und durch die Shakespeare-Übersetzungen bleibende Verdienste erwarb.

Sie liebte Friedrich Wilhelm Joseph Schelling, als er dreiundzwanzigjährig seinen philosophischen Siegeszug an der Jenaer Universität begann, durchlebte an seiner Seite und dann als seine Ehefrau seine produktivsten und schaffensreichsten Jahre.

Es blieb ihr erspart, August Wilhelms Bedeutungslosigkeit, Friedrichs Übergang zu spekulativer Mystik mit anzusehen. Und vor allem blieb es ihr erspart, zu erleben, wie Schelling ein anderer wurde, viele Jahre schwieg, sich vom Zeitgeschehen abwandte und in den vierziger Jahren dann in Berlin eine »Philosophie der Mythologie und Offenbarung« lehrte; er, der doch, wie Engels sagt, einst die »Torflügel des Philosophierens weit aufriß, daß der frische Hauch der Natur durch die Räume der abstrakten Gedanken wehte«. Ein Paradoxon: Carolines früher Tod bewahrt sie vor der Gefahr eines möglichen »Salto mortale in den Abgrund der göttlichen Barmherzigkeit«. Die Schatten, die in späteren Jahren auf die Genannten fallen, hätten auch ihre Persönlichkeit verdunkeln können. So aber tritt Carolines Gestalt uns in ihrer demokratischen und republikanischen Gesinnung, in ungebrochener Menschlichkeit entgegen. Ihre Briefe lassen uns auf erregende Weise erkennen: Carolines Leben war widerspruchsvoll, reich, unerfüllt und erfüllt, Heiterkeit, feine Ironie und Lakonismus zeugen von der Souveränität, mit der sie ihr wechselvolles Leben meistert. Ebenso ihre Beobachtungsgabe, die lebhafte Empfänglichkeit und ihr sicheres politisches und ästhetisches Urteil! Der Reichtum ihres Lebens erschließt sich uns in der Mannigfaltigkeit ihrer Gedanken und Gefühle, im unverstellten Aussprechen ihrer Wünsche und Sehnsüchte. So natürlich wie sie war, schrieb sie. Sie erarbeitete sich einen Briefstil, der völlig ungekünstelt ist. Darin bestand ihre Kunst.

Zu Carolines Zeit, in der zweiten Hälfte des 18. Jahrhunderts, blüht die Kultur des Briefes. Auch die Briefe der jungen Caroline bezeugen, dies gehört zum guten Ton. Aber schon die aus Clausthal haben eine andere Funktion. Sie sind aus Einsamkeit und Verzweiflung geborene Versuche einer Selbstanalyse und Kommunikation mit der Welt, die freilich eng genug ist: die Schwester, Meyer, der Hofbibliotheksrat. Für Männer sind Briefe – wie die von Forster, Lichtenberg, Humboldt und anderen belegen – Möglichkeiten, mit der sie interessierenden geistigen und wissenschaftlichen Welt Europas Verbindungen herzustellen.

Carolines Briefe aus Göttingen und Marburg sind eigentlich Tagebücher. Der Adressat, ein sich interessant gebender eitler Scharlatan, ist völlig unwichtig. Caroline enthüllt, was sie im Innersten erregt und bewegt, debattiert ihre Lebens-

88

pläne. Der Freund, dessen Antworten wir nicht kennen, ist Medium, das ihre psychische Entspannung, ihren Drang nach Auseinandersetzung mit sich selbst ermöglicht. Der bekenntnishafte, ihr Innerstes enthüllende Ton der Briefe vor dem Entschluß, nach Mainz zu gehen, wird sich nur noch einmal wiederholen: in den Liebesbriefen an Schelling. Sie sind auch die einzigen Zeugnisse, in denen sich Caroline ganz unverstellt, naiv, bedingungslos in einer großen Zärtlichkeit und Leidenschaft einem Mann gegenüber ausspricht. Einen ebenso menschlich tief berührenden Ton haben die Briefe an die Tochter Auguste. Andere Briefpartner forderten Carolines geistige Potenzen heraus, so Novalis und Friedrich Schlegel. Ob Georg Forster und Gottfried August Bürger dies gleichermaßen gelang, entzieht sich unserer Kenntnis. Die Briefe sind nicht erhalten. Die Briefe aus Mainz und aus Jena sind gleichermaßen interessant als politische Dokumente und Zeugnisse einer bedeutenden literaturgeschichtlichen Gruppierung wie als persönliche Bekenntnisse Carolines. Die späten Briefe aus München geben im wesentlichen Zeitvorgänge, Carolines Erlebnis- und Erfahrungssphäre wieder; weniger enthüllt sich uns ihr Inneres.

Carolines Briefe lesen wir als Selbstaussagen eines bedeutenden Menschen, versuchen sie aus ihrer Zeit und aus unserer Zeit heraus zu verstehen, nehmen »die Dokumente eigner verworrner Begebenheiten« als eine uns »interessirende Erfahrung«.

Berlin, im Februar 1978

Jakob Michael Reinhold Lenz

»Wir werden geboren – unsere Eltern geben uns Brot und
Kleid – unsere Lehrer drücken in unser Hirn Worte, Sprache, und Wissenschaften – irgendein artiges Mädchen
drückt in unser Herz den Wunsch, es eigen zu besitzen, . . . es
entsteht eine Lücke in der Republik, wo wir hineinpassen –
unsere Freunde, Verwandte, Gönner setzen an und stoßen
uns glücklich hinein – wir drehen uns eine Zeitlang in diesem Platz herum, wie andere Räder, und stoßen und treiben – bis wir, wenns noch so ordentlich geht, abgestumpft
sind und zuletzt wieder einem neuen Rade Platz machen
müssen – und das ist, meine Herren! ohne Ruhm zu melden
unsere Biographie – und was bleibt nun der Mensch noch
anders als eine vorzüglich-künstliche kleine Maschine, die
in die große Maschine, die wir Welt, Weltbegebenheiten,
Weltläufe nennen, besser oder schlimmer hineinpaßt . . .
heißt das gelebt? heißt das, seine Existenz gefühlt, seine selb-
ständige Existenz . . . es muß in was Besserm stecken, der
Reiz des Lebens; denn ein Ball anderer zu sein, ist ein trauriger niederdrückender Gedanke, eine ewige Sklaverei . . . Was
lernen wir hieraus? . . . daß handeln, handeln die Seele der
Welt sei . . . das diese handelnde Kraft nicht eher ruhe, nicht
eher ablasse zu wirken, zu regen, zu toben, als bis sie uns
Freiheit um uns her verschafft, Platz zu handeln.«

Jakob Lenz schreibt dies vor zweihundert Jahren. Er findet keinen Raum zu handeln. Das richtet ihn zugrunde. Klug
und begabt, mit plebejischem Sinn, von sozialen Erfahrungen geformt, erlebt er die Widersprüche seiner Zeit in voller Schärfe. Quälend, niederdrückend, bestimmen sie sein

Leben, sind Stoff seiner Dichtung. Unentrinnbar: denn er schreibt über nichts anderes als seine Gegenwart.

Nach Italien, Frankreich und England sehnt er sich, macht immer wieder Reisepläne; nie wird er diese Länder sehen. Deutschland durchwandert und durchfährt er zweimal, von Osten nach Westen, im Jahr 1771 dem französischen Straßburg entgegen. Jahre später von Süden nach Norden, von der Schweizer Grenze zum Meer. Dazwischen liegen seine glücklichsten und produktiven Jahre. Im Alter zwischen achtzehn und vierundzwanzig schafft er ein großes Werk.

Er nennt sich den »stinkenden Atem des Volks« und wünscht, daß das »ganze Volk« sein »Publikum« sein möge, er sein Theater »unter freiem Himmel vor der ganzen deutschen Nation aufschlagen« könne. Deutsch schreibt und denkt Jakob Lenz, russischer Untertan ist er, geboren im Baltikum unter dem »braunen Himmel« Livlands.

Deutschland nimmt ihn nicht auf. Ein Theater für das Volk ist eine Illusion. Keines seiner Stücke sieht Lenz jemals auf der Bühne. Er wird nicht gebraucht. »Das allergrößte Leiden ist Geringschätzung«, sagt Lenz. Deutschland hat für den Berufslosen, den Poeten, keine Verwendung. Es gelingt ihm nicht, sich ein Amt nebenher zu verschaffen. Im Herzogtum Weimar versucht er es verzweifelt. Goethe, der Freund, Politiker schon, Geheimrat in Weimar, bricht mit Jakob Lenz, läßt ihn aus der Stadt ausweisen.

Lenz geht wieder ins Elsaß. Dann in die Schweiz. Amerika ist in seinem Kopf, am Unabhängigkeitskrieg will er teilnehmen. Seine Zukunft ist quälend ungewiß. Seine materielle Not ist groß. Da wird er krank, sehr krank. Die ersten Wahnsinnsanfälle, Selbstmordversuche, tiefe, andauernde Depressionen, Unfähigkeit zum Arbeiten. Nun bleibt ihm nur noch – die deutschen Freunde wollen ihn los sein – die Rückkehr in die Familie. Vom Süden nach Norden Deutschlands wandert er da, im Jahr 1779, mit der Vision seines Vaterlandes, das ihm Qual und Fremdheit werden wird. »Nein ich war nicht für Livland gemacht«, sagt er dort. Ins Exil nach Rußland treibt ihn der Vater, der sein poetisches Schaffen verdammt, in ihm Krankheit sieht. Zehn Jahre wird Jakob Lenz in Moskau, der alten russischen Metropole, leben. Vaterland nennt er Rußland fortan, dieser Fremde, mit einer verzweifelten, anhänglichen Liebe.

Mit einundvierzig Jahren stirbt Jakob Lenz in der Nacht vom 23. zum 24. Mai 1792 auf einer Straße in Moskau.

In Deutschland haben die Zeitungen schon in den achtziger Jahren mehrmals von seinem Tod gesprochen. Als Ludwig Tieck in den zwanziger Jahren des nächsten Jahrhunderts die erste Werkausgabe von Lenz vorbereitet, ist nichts über die elf Jahre in Rußland bekannt; 1780 sei Lenz dort gestorben, heißt es. Tieck hat große Mühe, die in Zeitschriften verstreut publizierte Prosa und Lyrik zusammenzutragen, die wenigen noch vorhandenen Erstausgaben der Dramen aufzufinden. Aus Livland erhält er einige Handschriften aus dem Nachlaß der Familie.

Jakob Lenz ist ein vergessener Dichter. Nur Dichter lesen ihn, wenige. Etwa zur gleichen Zeit, da der Romantiker Tieck sich um die Herausgabe der Werke bemüht, nimmt der junge Georg Büchner Lenzens »Hofmeister« und die »Soldaten« zur Kenntnis und ist tief betroffen. Büchners »Woyzeck« ist ohne Lenzens »Soldaten« nicht denkbar. Als Büchner aus Deutschland fliehen muß, kommen ihm 1835 in Straßburg durch einen Freund nachgelassene Papiere des Pfarrers Oberlin über Lenzens erste Wahnsinnsanfälle in Waldersbach in die Hände. Er schreibt daraufhin die

»Lenz«-Novelle. – Jakob Lenz hätte Georg Büchner als Freund haben müssen. Er ist der erste, der das Ungewöhnliche der Struktur, des Gestus und der Weltsicht der Lenzschen Dramen begreift.

»Und mögen auch Jahrhunderte über meinen armen Schädel verachtungsvoll fortschreiten … es ist wahr und wird bleiben«, hat Lenz an Johann Gottfried Herder geschrieben, als er ihm 1775 das fertige Manuskript der »Soldaten« sandte. Als Anmaßung und Hochmut erscheinen diese Worte seinen Zeitgenossen. Lenz weiß, daß er in seiner Zeit einsam bleibt. Er schreibt über die Gegenwart mit ihren Widersprüchen. Nur über sie. Das Tor zur Utopie ist ihm verschlossen. Und doch ist er einer der wildesten Träumer. Wo er Gewalttätigkeit sieht – und sie begegnet ihm, der mit Soldaten zusammen lebt, überall –, träumt er Menschlichkeit, wo sexuelle Not: Liebe, die Einheit von Begierde und Zärtlichkeit.

Als ein solcher Träumer sieht er die Wirklichkeit. Natur des Menschen und Unnatur der Zustände sind ihm eine tiefe Kluft, die er zu überwinden sucht, selbst ratlos, verzweifelt. Er steht nicht über den Dingen, er weiß nichts besser, er ist vermengt in die Widersprüche, qualvoll ihnen ausgeliefert, schreit sie aus sich heraus, ohne Abstand, ohne Bemessenheit. Groteskes und Tragikomisches seiner Dichtung wie seines Lebens werden belächelt, noch einhundert, zweihundert Jahre später als Geste eines Schamlosen gedeutet. Die, über deren Natur er in seinen Dramen »Der Hofmeister«, »Die Soldaten« spricht, hören seine Stimme nicht, sehen nicht, daß es ihr eigener Zustand ist, wollen nicht zum Zweifel an der heilen Welt ihrer Tugendhaftigkeit getrieben werden.

Lenz sieht keine Alternative, seine Dramen aber sind eine Alternative. Sie sind eine große Möglichkeit des Menschlichen, versteht der Zuschauer sich im Zerrspiegel der Tragikomik, in der bitteren Ironie eigener Kleinheit und bornierter Demut zu begreifen und in der Negation die Maßlosigkeit menschenwürdiger Ansprüche zu erahnen.

Lenz befreit den Zuschauer nicht, er wirft ihn gnadenlos auf sich selbst zurück. Keine erlösenden Tränen am Ende, kein ermunterndes Mitleid, keine große, edle Tat, an der man sich aufrichten kann. Goethe läßt seinen Werther sterben, befreit sich dadurch selbst und gibt dem Leser die Möglichkeit mitleidsvoller Identifizierung. Lessing läßt Odoardo Galotti seine Tochter töten. Emilia, nicht sicher, der Verführung des Prinzen widerstehen zu können, stimmt dem zu, bittet um den Tod. Verweigerung bis in die letzte Konsequenz, unter Aufgabe des eigenen Lebens. Ein großes Beispiel bürgerlichen Mutes, das den Zuschauer erheben soll. Nichts davon bei Lenz. Seine Dramenschlüsse sind hart, bitter, ironisch. Lenz läßt seine Gestalten wie Marionetten agieren. Die Spieler sind unsichtbar, Bewegungen und Handlungen aber werden unweigerlich von ihnen bestimmt. Alle Figuren belügen sich und werden belogen, schieben sich und werden geschoben – von unsichtbaren Mächten – einem Abgrund zu. Aber sie stürzen nicht hinein.

Die tragischen Entwicklungen werden von Lenz unerbittlich zerstört, die Trivialität des Lebens löst sie in komische Verzerrung auf. Lenz zeigt, wo das Verlangen des Individuums nach persönlicher Erfahrung mit dem Druck der unpersönlich gewordenen Gesellschaft kollidiert.

Das in einer schlimmen Zeit »teutscher Misere«, einer Zeit, wo das Land in viele kleine Staaten und Zwergstaaten zerrissen und zerstückelt ist, der Adel mit Gewalt und Korruption regiert, der Menschenhandel, der Verkauf von Soldaten an der Tagesordnung ist und Hungersnöte als Folge von widersinnigen Kriegen Deutschland überziehen. Das in einer Zeit, wo es kaum eine öffentliche Meinung gibt.

Jakob Lenz ist achtzehn Jahre alt, als er den »Hofmeister« konzipiert, zwanzig, als er ihn niederschreibt, vierundzwanzig, als die »Soldaten« entstehen.

Da kommt einer aus dem letzten Winkel, klein, schmal unscheinbar und schüchtern, mit einer ungewöhnlichen dramatischen Begabung, und bringt ein völlig neues ästhetisches und politisches Denken in die Literatur. Er beurteilt die Gesellschaft nach dem Maßstab der persönlichen Existenz und der inneren Bedürfnisse und baut seinen Begriff von Dichtung, von Theater und ihrem Verhältnis zum Publikum darauf auf.

Lenz ist ein Einzelgänger. Er hat eine ganz eigene Stimme. Aber er ist auch Teil einer Bewegung junger Intellektueller. Eine Handvoll sind es, nicht mehr. Aus dem Kleinbürgertum kommen sie zumeist, sind Studenten, stellungslose Autoren oder mit ihrem demütigenden Broterwerb Unzufriedene. Sie lernen voneinander, tragen sich gegenseitig, ermutigen sich in der Radikalität ihrer Fragestellung durch ihre Gemeinsamkeit.

Zum ersten Mal seit der Zeit Luthers kommt eine Generation junger Deutscher zu einer tiefen Deutung der Welt, die – auf lange Sicht – nicht nur die deutsche, sondern auch die europäische Kultur beeinflußt und uns heute noch angeht, untergründig beunruhigt als etwas historisch »Unerledigtes«, weil die Ideale dieser Generation, wie Muschg einmal formuliert hat, eine »Wachstumsstelle einer menschenmöglichen Zukunft« sind.

Dem Kreis gehören an: Johann Gottfried Herder, Johann Wolfgang Goethe, Jakob Michael Reinhold Lenz, Heinrich Leopold Wagner, Johann Heinrich Jung, genannt Stilling, Friedrich Maximilian Klinger, Friedrich Müller, genannt Maler Müller, Johann Heinrich Merck und Goethes Schwager Johann Georg Schlosser. »Sturm und Drang« oder »Genie-Periode« nennt man in der Literaturgeschichte ihre Bewegung.

Straßburg, zu Frankreich gehörend, ist der Ausgangspunkt. Vom Frühjahr 1770 bis zum Herbst 1771 treffen sich hier junge Autoren. Goethe ist einundzwanzig, Herder, der philosophische Mentor der Bewegung, sechsundzwanzig Jahre alt. Jakob Lenz ist fast zwanzig, als er in Straßburg ankommt. Wagner ist dort geboren. Kurze Zeit nur treffen sie aufeinander. Herder zum Beispiel ist längst abgereist, als Lenz die Stadt betritt. Aber durch das Wechseln von Briefen, den Austausch von Manuskripten und Erstdrucken, durch gegenseitige Einladungen und Besuche, durch Publikation in Zeitschriften und Almanachen, die sich ihren Ideen öffnen, die »Iris« zum Beispiel und der »Göttinger Almanach«, das »Deutsche Museum« oder die »Frankfurter Gelehrten Anzeigen«, die sogar für ein Jahr ein öffentliches Forum, ihr Streitorgan, werden, bleiben sie alle, Herder, Goethe und Lenz, Wagner und Klinger, Merck und Müller, unter- und miteinander in Verbindung, wachsen zusammen, streiten sich produktiv. »Laßt uns, Freunde!« sagte Herder, »uns zusammendrängen, und uns nach Herzenslust idealisieren: das jagt Funken durch Seel und Herz! Wir elektrisieren einander zur Würksamkeit, und in der Folge auch immer zum Glücke.«

Zu hoch gegriffen war das zweifellos. Nur kurze Zeit ist der Kreis zusammen, dann fällt er auseinander, die Wege trennen sich. Die Motive dafür sind vielfältig und wider-sprüchlich, liegen aber letztlich in der »teutschen Misere« begründet. Die Aussichtslosigkeit rascher gesellschaftlicher Änderungen und erzwungene Anpassung im eigenen Leben lassen die meisten individuelle Lösungen suchen.

Die Kollektivität zerbricht. Für Goethe bietet der Ruhm als Autor des Briefromans »Die Leiden des jungen Wer-thers« die Chance zum sozialen Aufstieg. Von Herzog Karl August wird er an den Weimarer Hof gerufen und erhält ein politisches Wirkungsfeld. Ebenso Herder, den Goethe nach Weimar zieht. Der Preis, den beide zahlen müssen, ist die Einordnung in die borniere Hofgesellschaft und die been-genden Verhältnisse eines Kleinstaates. Wagner wird Ad-vokat, Stilling Augenarzt, dann Professor und Geheimer Hofrat. Maler Müller avanciert zum kurfürstlichen Kabi-nettsmaler, finanziell unterstützt von Goethe und anderen; geht schließlich 1778 nach Rom. Später verdient er sich sein Geld als Fremdenführer und Antiquar. Merck ist und bleibt bis an sein freiwilliges Lebensende 1791 Kriegsrat am Darmstädter Hof, ewig unter der Enge dieses Hofes leidend. Schlosser nimmt, um Goethes Schwester zu ehelichen, das wohlbestallte Amt eines Landvogtes beim Markgrafen Friedrich von Baden an. Klinger, ständig in finanziellen Nö-ten, bemüht sich um Anstellungen, u. a. in Weimar und beim Militär. Zwei Jahre ist er Theaterdichter bei der Seylerschen Truppe, dann wandert er aus Deutschland aus und kommt am russischen Hof in Sankt Petersburg unter.

Das revolutionäre Ziel auf literarischem Gebiet, den stän-dischen Dichter durch den freien Autor abzulösen, kann nicht erreicht werden. Alle haben eine Lösung gefunden, sich in ein Amt, zum großen Teil in Abhängigkeit vom Adel, gepreßt.

Das geht nicht ohne Auseinandersetzungen, Depressionen, ja tiefe Lebenskrisen ab. Neue Positionen müssen gewonnen werden, wenn Weiterschreiben möglich sein soll. Die schmerzliche Erfahrung, »die Kelter allein zu treten«, wie Goethe sagt, bleibt nicht aus. Das führt auch zu Streitigkeiten unter den Freunden. Goethe bricht zuerst mit Wagner, dann in Weimar mit Klinger, schließlich mit ungeheurer menschlicher Härte mit Lenz. Der Rückzug auf sich selbst beginnt, auf das »poetische Talent«, wie Goethe sagt, das nach seiner Meinung die »sicherste Base« sei. Andere reagieren mit Haß auf das Schreiben selbst, das imaginäre Daseinsmöglichkeiten bietet, die die harte Realität verweigert. Klinger verbrennt einen Teil seiner Manuskripte, will nichts mehr von Poeten wissen, »ich hasse sie, ich verabscheue sie, ich verschreie sie . . . wie nichtig all unser Treiben in den 4 Wänden, wie ganz Wahn«. Und Merck schreibt: »Der Teufel hole die ganze Poesie, die die Menschen von anderen abzieht und sie inwendig mit der Betteltapezerei ihrer eigenen Würde und Hoheit ausmöbliert.«

Jakob Michael Reinhold Lenz ist der einzige, der sich nicht um eine Anstellung bemüht, nicht einmal das Theologie- oder Jurastudium abschließt, wie ihm alle seine Freunde dringend raten. »Studierst Theologie? predigest? bist ordiniert? Sag mir etwas hievon«, fragt Pfeffel ihn, und als Christian Boie, der Herausgeber des »Deutschen Museums«, ihm mitteilt, daß er Stabssekretär in Hannover wird, antwortet Lenz: »Mir wird dies Glück sobald nicht werden, denn zu jedem öffentlichen Amt bin ich durch meine Schwärmereien verdorben.« Pfarrer, Schulmeister, Staatsdiener oder Vorleser an einem Fürstenhof zu werden ist für ihn unmöglich. »... o Gott, eh' so viel Gras über meine Seele wachsen soll, so wollt ich lieber, daß nie eine

Pflugschar drüber gefahren wäre.« Sogar das Angebot einer Anstellung als Professor am Dessauer Philanthropin mit hohem Gehalt und freien Reisekosten lehnt er ab. »Von der Vokation ins Philanthropin sag ich kein Wort«, antwortet Lenzens Freund Röderer aus dem Elsaß auf dessen Mitteilung, »aber warum nimmst Du die zu Weimar nicht an? Warum? gib Acht wo die Ursache her kommt und wo sie hin führt.« Das ist am 23. Mai 1776, und im nächsten Brief teilt Lenz Röderer Goethes Amtseinführung am Weimarer Hofe mit. »... werde bald mein Bester sein Kollege oder des etwas«, antwortet Röderer und fügt hinzu: »... dann Liebster hastu (siehstu ich bitte Dich aufn Knieen) heitere Miene, bist alsdann Lenz und ein etablierter Mann ...« Aber gerade letzteres lehnt Lenz ab, er kann es nicht, er kann kein Amt annehmen. »Die Ursachen – da müßt ich Ihnen Bogen voll schreiben«, heißt es einmal in einem Brief an seinen Straßburger Mentor Salzmann. »Ich fühle mich nicht dazu. Dies ist aber kein dunkles, sinnliches, sondern das Gefühl meines ganzen Wesens, das mir so gut als Überzeugung gilt.«

Es ist jenes Gefühl des unbedingten und ausschließlichen Schreibenmüssens. Jakob Lenz ist der einzige, der kompromißlos an der Utopie einer freien Schriftstellerexistenz festhält.

Als er dann Jahre später, krank schon, aus reiner finanzieller Not doch nach einer Anstellung sucht, ist die kurze Zeit seines Ruhmes in Deutschland schon längst vorbei und damit auch die einmalige Chance des sozialen Aufstiegs. Hinzu kommt, daß er bei seinen Bemühungen nicht nur von seiner Familie, Vater und Brüdern, alle hohe Beamte in einflußreichen Positionen, im Stich gelassen wird, sondern auch von seinen ehemaligen engen Dichterfreunden. Das muß eine unendlich bittere Erfahrung gewesen sein.

Klinger, der Lenz hoch verehrte, ihm, als er nach Frankfurt kam, in Werther-Kleidung entgegenritt (»War das nicht herrlich, so einem Jungen wie Lenz ist vor zu reiten?« schreibt Klingers Schwester), wird in den zehn Jahren, die sie gemeinsam in Rußland leben und in denen Klinger eine große Karriere am Zarenhof macht, sich nie um Lenz kümmern, ihm nie helfen wollen.

Und als Lenz sich zum Beispiel 1779 um eine Stelle an der Rigaer Domschule bewirbt, heißt es, ein Empfehlungsschreiben des einstigen dortigen Lehrers Herder, jetzt Superintendent in Weimar, sei ausschlaggebend. Lenz schreibt Herder. Hartknoch, Herders Rigaer Verleger, ebenfalls. »Ist's möglich, daß Du etwas für Lenz zum Besten tun kannst, so empfiehl ihn nachdrücklich.« Lenz sei, schreibt Hartknoch, »für den erstrebten Posten vollständig geeignet«. Herder antwortet mit einem kalten Nein an Hartknoch: »Mit Lenzen ist nicht. Er taugt nicht zu der Stelle ...« Lenz erhält nicht einmal eine Antwort von Herder. Das ist die Haltung eines Dichterfreundes, der drei Jahre zuvor Lenz überschwenglich geschrieben hatte: »... so beschwör ich Dich, komm zu mir!!! ... Komm her, ich bitt u. flehe Dich ... oder bleib immer da ... Du bist der Erste Mensch, für den ich schreibe.«

Herders Motive für sein kathegorisches, kaltes Nein? Rücksicht auf Goethe? Die Befürwortung für Lenz wäre ein Wagnis, würde Goethe befremden. Das ist sicher. Lenz ist seit dem Bruch mit Goethe in Weimar für viele tot, als Dichter und Mensch.

Ein Beispiel aus dem Jahr 1816, vierzig Jahre nach dem Zerwürfnis der beiden Freunde. Der Livländer Georg Friedrich Dumpf findet in Lenzens Nachlaß die Literatursatire »Pandämonium Germanicum«. Er bittet Hufeland um die

Vermittlung eines Verlegers in Deutschland und Erkundigung bei Goethe, ob dieser für die »Herausgabe der Materialien stimme«. Hufeland schreibt daraufhin am 28. September 1816 nach Weimar an Bertuch: »Die letztere Bitte mußt ich ihm natürlich abschlagen, da der so reizbare Goethe den Mangel an Delikatesse, den eine solche, einen ihm verhaßten Gegenstand betreffende Frage verraten würde, sehr übel aufnehmen könnte. Was aber den ersten Punkt betrifft, so schrieb ich ihm, daß ich mir die Freiheit nehmen würde, mich deshalb an Sie zu wenden.« Bertuch, der große Verleger lehnt ab. Auch er möchte nicht mit Goethe in Konflikte kommen.

Zu Lenzens Lebzeiten hat man in Weimar nach der Ausweisung allenfalls Hohn oder Spott für ihn übrig. Als sich 1779 in Weimar das Gerücht verbreitet, Lenz habe in Livland eine »Professur der Taktik, der Politik und der schönen Wissenschaften« erhalten, schreibt Herzogin Anna Amalia: »Daß Lenz Professor geworden, kommt mir sonderbar vor; die Universität, die ihn gewählt hat, muß toll und Lenz gescheut geworden sein.« Jahre später, als Lenz nach Weimar an Wieland, Charlotte von Stein und Goethe Schreiben richtet, muß die Reaktion eisig gewesen sein. Die Briefantworten sind nicht erhalten. Nur aus Äußerungen untereinander können wir darauf schließen. Wieland schreibt an Merck am 2. März 1781, Lenz habe »wieder ein Lebzeichen von sich gegeben. Aus seinem an mich gerichteten Zettelchen ist zu sehen, daß er zwar sich selbst wiedergefunden hat, aber freilich den Verstand, den er nie hatte, nicht wiederfinden konnte.« Goethe am 23. März desselben Jahres an Charlotte von Stein: »Hier ist ein Brief an Lenzen; Du wirst daraus sehen, was und wie Du ihm zu schreiben hast.« Zwei Tage danach: »Ich danke für den Brief an Lenz.«

Über zwanzig Jahre später – Lenz ist schon tot – wird Goethe in seiner Autobiographie »Dichtung und Wahrheit« das Urteil über Lenz fällen, das lange Zeit unbesehen, ungeprüft tradiert wird. Goethes Autorität, durch dichterische Leistung und gesellschaftliches Wirken gewonnen, ist unangreifbar. Goethe gesteht Jakob Lenz »Talent« zu, aber dieses »kränkelte«, sei »krank«, von »Halbnarrheit«, von »gewissen, von jedermann anerkannten, bedauerten, ja geliebten Wahnsinn« ist die Rede, von »albernsten und barockesten Fratzen«, von Lenz als einem »lebenslangen Schelm in der Einbildung«, der sein »Innerstes . . . untergrabe«. Lenz habe alle anderen in der »Selbstquälerei« übertroffen, meint Goethe und stellt ihn als abschreckendes Beispiel für die »Werther-Krankheit« hin, nennt ihn, ihn persönlich diffamierend, einen »Intriganten . . . ohne eigentliche Zwecke«. Lenz kann sich nicht mehr gegen dieses Urteil wehren. Klinger dagegen wird von Goethe mehrmals diplomatisch gefragt, ob er sich »wohl abgebildet fände«. Der Sankt Petersburger und der Weimarer Hof unterhalten durch die geplante Heirat von Karl Augusts Sohn mit der russischen Prinzessin Anna Pawlowna äußerst wohlwollende Beziehungen. Goethe geht zwar, trotz Klingers mehrmaliger dringender Bitte, mit keinem Wort in den Briefen auf ihr Jugendzerwürfnis 1776 in Weimar ein, schließt aber sein Urteil über Jakob Lenz in »Dichtung und Wahrheit« gerade in der Gegenüberstellung zu Klinger. »Beide waren gleichzeitig, bestrebten sich in ihrer Jugend mit- und nebeneinander. Lenz jedoch, als ein vorübergehendes Meteor, zog nur augenblicklich über den Horizont der deutschen Literatur hin und verschwand plötzlich, ohne im Leben eine Spur zurückzulassen; Klinger hingegen, als einflußreicher Schriftsteller, als tätiger Geschäftsmann, erhält sich noch bis auf diese Zeit.«

Es ist nicht nur eine diplomatische Geste, daß bei Klinger »Schriftsteller« und »Geschäftsmann« fast gleichrangig nebeneinanderstehen. Es ist Goethes Lebensüberzeugung, und es entspricht auch durchaus dem Urteil der Zeitgenossen, wenn kurz nach Lenzens Tod in einem Nachruf in der Jenaer »Allgemeinen Literaturzeitung« zu lesen ist, Lenz sei »von wenigen betrauert, von keinem vermißt« gestorben, er habe sein Leben »in nutzloser Beschäftigung, ohne eigentliche Bestimmung« verbracht.

Poet sein galt nicht als Beruf. Goethe hat es treffend analysiert: »Die deutschen Dichter«, schreibt er, »genossen in der bürgerlichen Welt nicht der mindesten Vorteile. Sie hatten weder Halt, Stand, noch Ansehen, als insofern sonst ein Verhältnis ihnen günstig war, und es kam daher bloß auf den Zufall an, ob das Talent zu Ehren oder Schanden geboren sein sollte. Ein armer Erdensohn von Geist und Fähigkeiten mußte sich kümmerlich ins Leben hineinschleppen und die Gabe, die er allenfalls von den Musen erhalten hatte, von dem augenblicklichen Bedürfnis gedrängt, vergeuden . . . ein Poet . . . erschien in der Welt auf die traurigste Weise subordiniert, als Spaßmacher und Schmarutzer, so daß er sowohl auf dem Theater als auf der Lebensbühne eine Figur vorstellte, der man nach Belieben mitspielen konnte. Gesellte sich hingegen die Muse zu Männern mit Ansehen, so erhielten diese dadurch einen Glanz, der auf die Geberin zurückfiel . . . Besonders wurden auch solche Personen verehrt, die neben jenem angenehmen Talente sich noch als emsige Geschäftsmänner auszeichneten.«

Das aber eben vermochte Lenz nicht, und ihn traf dafür nicht nur die Verachtung seiner eigenen borniertenBeamtenfamilie, sondern auch die Verachtung seiner eigenen Zeitgenossen und die seiner Kollegen. Sein kompromißloses

Festhalten an dem von allen Dichtern einst als Jugendtraum aufgestellten Postulat individueller Selbstverwirklichung warf man ihm als Lebensuntüchtigkeit vor. Er lehnte einen Beruf ab, vertraute seiner Berufung als Poet, mit allen finanziellen Nöten, Qualen und Zweifeln, mit allen Widersprüchen, die sich daraus bis ans Ende seines bitteren, letztlich tragisch scheiternden Lebens ergaben. Aber selbst in diesen Widersprüchen ist er sich bis an sein Lebensende treu.

Lenz bleibt immer in einer sozialen Randlage, ist ein Außenseiter, der sich in keinerlei vorhandene ständische oder andere Wertsysteme einordnet und einordnen läßt.

Er hält beharrlich bis in die Moskauer Jahre an dem fest, was er im Frühjahr 1776 an seinen Freund Merck schrieb: »Mir gehts wie Ihnen, ich bin arm wie eine Kirchenmaus ... mir fehlt zum Dichter Muse und warme Luft und Glückseligkeit des Herzens, das bei mir tief auf den kalten Nesseln meines Schicksals halb im Schlamm versunken liegt und sich nur mit der Verzweiflung emporarbeiten kann.«

Goethes hartes Urteil über Lenz entspringt nicht allein Verletzung und Eifersucht, ist auch nicht nur Kompensation eines Schuldgefühls dem früheren Freund gegenüber. Das ist es zweifellos auch. Goethe muß diese Schuld ein Leben lang mit sich herumgetragen und verdrängt haben, die Konsequenz, mit der er über diesen »verhaßten Gegenstand« schweigt und anderen Schweigen gebietet, läßt es uns ahnen.

Es ist viel mehr. Ein »vorübergehendes Meteor«, das keine Spuren hinterläßt, nennt Goethe Lenz. Goethe hat die wirkliche Leistung seines Dichterfreundes nie erkannt, hat nie seine großen Stücke, den »Hofmeister« und die »Soldaten«, verstanden.

Eine »literarische Revolution« hätten die »Stürmer und Dränger« gemacht und gewollt, wird Goethe später im 12. Buch von »Dichtung und Wahrheit« sagen und seine eigene Beteiligung daran mit »Götz« und »Werther« hervorheben. Aber nicht als Anteil, als große Vorwegnahme, sieht es Goethe, sondern eher als Erledigung; der »Werther« ist die literarische Erledigung dieser nach Goethe bei allen den Freunden damals vorhandenen, bei Lenz aber ins Extrem gesteigerten »Selbstquälerei«. Als eine Art überwundener Radikalität, als Jugendsünde wird die »literarische Revolution« gewertet. Das ist 1813. Die wirkliche Revolution in Frankreich liegt dazwischen. Als 1819 in Lenzens Nachlaß der Livländer Seebeck Prometheuspapiere von Goethes Hand findet, schickt er sie nach Weimar. Goethe schreibt am 30. Dezember des gleichen Jahres nach Livland: »Dank für den ›Prometheus‹. Der ›Prometheus‹ nimmt sich wunderlich genug aus, ich getraue mich kaum ihn drucken zu lassen, so modern, sansculottisch sind seine Gesinnungen ...«

Es ist kein Zufall, daß es Georg Büchner ist, der als erster den großen sozialen und existentiellen Grundgestus von Lenzens Werk erkennt und dessen schon vergessene, historisch scheinbar besiegte Position freilegt, die Alternative zur Klassik nämlich, die Lenz, der Plebejer, der »stinkende Atem des Volks«, der radikalste Vertreter des Sturm und Drang, in der Tat mit seinem Schaffen und seinem Leben darstellt.

Aus Livland kam Lenz. »Waräger«, »Wilder«, »Sohn des rauhen Nordens« nennt er sich, in einem lettischen Dorf verbrachte er die ersten neun Jahre seiner Kindheit, in Casvaine, deutsch Seßwegen. Er ist der zweitgeborene Sohn, am 12. Januar 1751 zur Welt gekommen. Zwei Schwestern sind schon vor ihm, zwei Kinder werden folgen. In einem Pfarrhaus wächst Jakob auf, unter dogmatisch strenger väterlicher Zucht. Das wird einen Vaterkomplex in ihm erzeugen, von dem er sich nur die kurze Zeit seiner schöpferischen Jahre befreien, nie aber ganz lösen kann; im Gegenteil, die Übermacht des Vaters wird ihn fast erdrücken.

Die Kindheit Lenzens ist arm an äußeren Ereignissen. Landschaft und Himmel um Casvaine, der lange nordische Winter, sechs Monate dauert er, Pfarrkirche, Pfarrhaus. Die lettischen Bauern, Leibeigene in ihrer unsäglichen Not. »Ein Haufen Stroh, in den Kot getreten«, wird Lenz später schreiben. Die Folgen des Nordischen Krieges prägen das Land, Hungersnöte und Pest. Um die Hälfte ist die Bevölkerung dezimiert, Schlösser, Dörfer und Städte sind zerstört, viele Felder und Wiesen liegen brach, es gibt kaum Handel. Das geistige Leben ist tot.

Die erschreckenden Bilder von Lenzens Kindheit müssen Armut und Not gewesen sein. Der Lette wird auf Stroh geboren, er schläft ohne Bettuch, und er stirbt auch so. Leibeigene werden auf dem in Casvaine stattfindenden Jahrmarkt feilgeboten; Strohkränze auf ihrem Kopf sind das Zeichen, daß sie von den Gutsbesitzern verkauft oder vertauscht werden – gegen Pferde, Hunde, Pfeifenköpfe, Jagdgerät oder ähnliches. »Die Menschen sind hier nicht so teuer als ein Neger in den amerikanischen Kolonien«, schreibt der Aufklärer August Wilhelm Hupel. »Einen ledigen Kerl kauft man für 30-50, wenn er ein Handwerk versteht, Koch, Weber u. d. g. ist, auch wohl für 100 Rubel. Ebensoviel gibt man für ein ganzes Gesinde (die Eltern nebst ihren Kindern), für eine Magd selten mehr als 10 und für ein Kind etwa 4 Rubel.«

Die Zarin Katharina, 1762 zur Macht gekommen und

durch den Nordischen Krieg Herrscherin über die nun zu Rußland gehörende Provinz Livland, muß in einem Ukas von 1765 zugeben, daß sie »wahrgenommen in wie großen Bedruck der Bauer in Liefland lebe«, sie spricht von »tyrannischer Härte« und »ausschweifenden despotismo«. Der Bauer werde entweder »aufgerieben oder verjagt«, die »dritte Bedrückung« des Bauern sei »der Exzess in der Bestrafung... dieser ist so enorm, daß das Geschrei davon ... bis an den Thron gedrungen«.

Das Kind Jakob Lenz muß Zeuge solcher Exzesse gewesen sein, denn sonntags nach der Predigt vor dem Gotteshaus geschehen sie. Der jeweilige Dorfpfarrer ist für den Vollzug der vom Landadel gerichtlich verhängten Strafen an den lettischen Bauern verantwortlich. »Wenn der Gemeine aus der Kirche gehet, wird der Verbrecher an einen Pfahl unweit der Kirche gebunden, sein Leib von oben entblößt; der sogenannten Kirchenkerl oder Glockenläuter verrichtet die Exekution, indem er mit zwo frischen schmalen Ruten, die den Spießen oder Spitzruten ähnlich sind, dreimal den entblößten Rücken des Verurteilten schlägt, dann ein Paar frische ergreift.« – »Die kleinsten Vergehungen«, heißt es dazu in dem Ukas der Zarin Katharina, »werden mit 10 Paar Ruten geahndet, mit welchen nicht nach der gesetzlichen Vorschrift, mit jedem Paar dreimal, sondern so lange gehauen wird, als ein Stumpf der Ruten übrig ist, und bis Haut und Fleisch herunter fallen.«

Gottgewollte Ordnung. Pastor Lenz, der Vater, hält die Strafen für gerecht. Das Kind wird dem folgen müssen. Übermächtig, mit unbarmherzig geißelnden Worten predigt der Vater von der Kanzel der Seßwegener Kirche. Die Letten werden des »faulen und leeren Maulchristentums«, der »Gier, der überviehischen Trunkenheit und schändlichen

Wollust« beschuldigt. – Von Sünden, Buße und Strafgericht Gottes, das über sie kommen wird, ist immer wieder die Rede.

Strafgericht Gottes. Jakob sitzt in einer der Holzbänke der Kirche. Über ihm – auf der Kanzel – die donnernde Stimme des Vaters. Die absolute Autorität. Wie ein Gott muß ihm der Vater scheinen. (»Mein Vater blickte wie ein liebender/gekränkter Gott mich drohend an«, heißt es in einem späten Dramenfragment, und daß der Vater ihn »von Kindheit auf« zu seinem Sklaven machte: »Hätt' er's gewinkt, ich hätte Gott verleugnet.«)

Jakob ist zum Glauben gezwungen. Er weiß nicht, daß das Christentum den Letten die heidnischen Götter raubt, die Volkstraditionen vernichtet. Er weiß nicht, daß der Vater das predigt, was den Gutsherren nützt. Gottesfurcht und Arbeitsamkeit.

Nur wenige erkennen die Verhältnisse in ihren wirklichen sozialen Spannungen, einer davon ist der Livländer Jannau, der zeitgleich schreibt, »Herrschsucht« sei das »Beginnen« der deutschen Prediger und »Dummheit die Fessel, die den Letten und Esten in der Sklaverei erhielt. Kein Einziger bildete durch die Religion, die er zu predigen doch berufen war. Ein jeder suchte Land und Leute, ward groß durch seine Taten, und tötete die Freiheit der Unschuldigen, die er bekehren wollte.«

Alles geschehe zum Wohl der Letten, so wird Pastor Lenz seinem Sohn Jakob sagen.

In Deutsche und Undeutsche teilt sich die Welt für das Kind. Die einen, denen das Land eigentlich gehört, die Letten, haben zu dienen, die anderen, Herzugereisten, die Deutschen, der Adel, die Gutsbesitzer herrschen. Auch der Pastor, aus welcher sozialen Schicht er immer stammt, gehört zu den Herrschenden. Durch die Besoldung mit einem Pastorat – Leibeigene haben ihm Frondienste zu leisten und Abgaben zu entrichten – ist er dem mittleren Landadel etwa gleichgestellt. Alles auf dem Tisch im Hause der Familie Lenz kommt von den Undeutschen. Und die Letten sehen den deutschen Pfarrer, wie sie den Gutsbesitzer sehen, als gefürchteten Herrn, als Herrn über ihr Leben und ihren Tod. In diese Welt nationaler Spannungen und sozialer Gegensätze wächst Jakob Lenz hinein.

Für seinen Vater wird das Baltikum zum Land des Aufstiegs; bis zum ersten Mann der Kirche Livlands, zum Generalsuperintendenten von Riga wird er es bringen. Eine Gedenkmünze prägt man zu seinem fünfzigjährigen Dienstjubiläum, das mit großem Pomp begangen wird – in eben jenem Jahr, da sein Sohn Jakob einsam und verzweifelt in Moskau stirbt.

Der Aufstieg des Pastors Christian David Lenz ist die Geschichte seiner Anpassung. Er ist der Sohn eines armen Kupferschmiedes aus Köslin in Pommern. 1720 geboren, wird er fünfzehnjährig zum Theologiestudium nach Halle geschickt und schlägt sich ohne finanzielle Unterstützung der Eltern durch. In Deutschland sind die Pfarrstellen knapp. Also wandert er aus, geht nach Livland, wird dort zunächst Hofmeister, lernt Lettisch und Estnisch. Von Halle, der Hochburg des Pietismus, kommt Lenzens Vater, und als junger Mann sympathisiert er durchaus mit dessen radikalster Bewegung, dem Herrnhutertum. Gerade in Livland faßt sie Fuß, Zinzendorf selbst reist 1736 durch das Land, und in der Bewegung der mährischen Brüder sammelt sich der Widerstand. Radikale Führer treten offen gegen die Willkürherrschaft der Gutsbesitzer auf, deutsche Pastoren schließen sich an.

Zunächst auch Lenzens Vater. Aber nur für kurze Zeit. Als er merkt, daß dies sein Amt bedroht, läßt er sofort die sozialen Belange fallen, distanziert sich öffentlich und heftig von den Herrnhutern. Je orthodoxer er wird, desto größer sind seine Beförderungsaussichten. Und von dieser Starre und Orthodoxie hat er offenbar sehr viel: als Pfarrer und als Mensch, seiner Gemeinde wie seiner Familie gegenüber.

Ein Beispiel aus seinen Predigten. Als 1748 in dem benachbarten Wenden ein schreckliches Feuer die Stadt verheert, fährt er hin und spricht vor den Leidgeprüften. Statt sie zu trösten, beschuldigt er die Einwohner, durch ihren »fleischlichen Lebenswandel ... Sodoms Schwefelbrand« heraufbeschworen zu haben. Die Stadt strengt daraufhin einen Prozeß gegen Pastor Lenz an, den sie auch gewinnt. Aber da ist Jakobs Vater noch ein kleiner Dorfpfarrer, später, als sein Fanatismus weitaus stärkere Formen annimmt, ist Widerspruch schwer möglich – dann, als er der erste Mann der Kirche Livlands ist, völlig ausgeschlossen. Das ist der soziale und politische Hintergrund des lebenslangen und für Jakob Lenz so zerstörerischen Vater-Sohn-Konfliktes.

Von Lenzens Mutter wissen wir kaum etwas. Vielleicht ist sie sensibel gewesen, hat die väterliche Strenge gemildert. Musisches in Lenz geweckt und gefördert. Wir können es nur vermuten. Ein einziger Brief von ihr an den Sohn existiert; er ist voll mütterlicher Zärtlichkeit und berührender Menschlichkeit. Vierundzwanzig Jahre alt ist Lenz da und schon im Ausland. »Mein allerliebster Jakob«, schreibt die Mutter, »wie vergeblig habe ich nun so viele Jahre auf Deine Zu hause Kunft gewartet, wie oft habe ich umsonst aus dem Fenster gesehn, wenn nur ein Fragtwagen ankam, ... allein vergebens. . . . Wie lange wiltu so herum irren, und Dich in solche nichtswürdigen dinge vertifen, ach nimm es doch zu Herzen was Dein Vater Dir schreibt, . . . und denke nach, was wil aus Dir werden? ich billige alles was Papa geschrieben hat.« Wie sollte sie auch anders zu denken wagen unter der Herrschaft eines solchen Patriarchen. Aber es ist kein Vorwurf in ihrem Ton. »Melde mir auch«, fährt sie fort, »ob Du jetzo ganz gesund bist mit Deinen Halse und Zähnen; ich bin Deinetwegen sehr besorgt gewesen.« Und am Schluß: »Übrigens grüße und küsse ich Dich zärtlig mein liebes Kind. Gott segne Dich und leite Dich auf seinen Wegen.«

Die Mutter wird Jakob nicht wiedersehen. Ein Jahr vor seiner Rückkehr nach Livland stirbt sie.

Vierundzwanzig war Dorothea Neoknapp, als sie Jakobs Vater heiratete. Ihre Mutter war eine Adlige, Maria von Rhaden, die offenbar von ihrem Hofmeister, Neoknapp, verführt wurde. Ihr Vater, zeitlebens Pastor in Neuhaus im Wendenschen Gebiet, ist eine Generation vor Lenzens Vater nach Livland eingewandert.

Dem Kind wird sie die ersten Lieder gesungen, die Anfänge des Schreibens beigebracht haben. In der Studierstube seines Vaters im Casvainer Pastorat wird Jakob dann Unterricht erhalten, zusammen mit dem älteren Bruder vermutlich. Bibellesen. Griechisch. Latein. Dort in der väterlichen Stube wird er auch in die enge pietistische Atmosphäre der Hausandachten und Selbstbestimmungen, der Prüfungen und Tröstungen hineinwachsen.

Als Jakob neun Jahre alt ist, verändert sich sein Leben. Der Vater klettert die erste Stufe empor, er erhält eine Stadtpfarre in Südestland.

Am 25. Februar 1759 verläßt die Familie Lenz das Dorf.

Dorpat, auch Tartu oder russisch Jurgew genannt, wird fortan Lenzens Heimat. Bis zu seinem siebzehnten Lebensjahr wird er hier wohnen, die Schule besuchen, sich auf die Universität vorbereiten; mit fünfzehn seine ersten Verse in den »Rigischen Anzeigen« drucken mit Begleitworten seines Mentors Oldekop, der wünscht, daß die »dichterischen Gaben dieses hoffnungsvollen Jünglings« sich »zu Ehren« des »Vaterlandes entwickeln und erhöhen mögen«.

Dorpat ist gezeichnet von den Narben des Krieges, durch »springende Minen« ist es »beinahe zum Steinhaufen gemacht worden«. Jakob sieht die Trümmer. Die Stadttore sind zerstört und fast alle öffentlichen Gebäude. Von der Kirche Sankt Dionysi auf dem Tommemägi, dem Domberg, geben vierundzwanzig starke Pfeiler und ein Turmstumpf ein gespenstisches Ruinenbild. Auch die unter schwedischer Herrschaft von Gustav Adolf gegründete Universität gibt es nicht mehr. Erst 1803 wird sie, wie Lenz es sich lebenslang gewünscht hat, wieder eröffnet. Klinger wird der erste Kurator der Dorpater Universität sein.

Unweit des Domberges, zwischen der Johannis- und der Ritterstraße, ist Jakobs Zuhause. Ein kleines Gebäude nahe der Stadtpfarrkirche Sankt Johannis wird der Familie Lenz zugewiesen. In schlechtem Zustand, Haus und Nebengebäude baufällig, zugig, unwürdig eines Pastors, wie wir aus einem Beschwerdebrief von Lenzens Vater an die Stadtverwaltung wissen.

Jakob wird sicher erst für kurze Zeit mit den Schwestern in eine Elementar- oder Winkelschule geschickt worden sein, dann, mit zehn oder elf, kommt er in die Lateinschule, eine »kombinierte Kron- und Stadtschule«.

Die Verhältnisse in dieser Schule müssen katastrophal gewesen sein. Die Eltern hätten »Furcht«, schreibt Pastor

112

Lenz anklagend an den Rektor, »daß ihre Kinder entweder durch Schläge jämmerlich gemißhandelt, oder verflucht und durch die rauhen Bemerkungen ... ganz mutlos und blödsinnig gemacht werden«. Und zu Jakob direkt: »So würde z. E. mein Jakob durch Härte und Schärfe nur betäubet, und so konfuse gemacht werden, daß ihm hören und sehen vergehen, und dann nichts mit ihm auszurichten sein würde.«

Der Vater nimmt Jakob und den Bruder aus der Schule, unterrichtet sie ein dreiviertel Jahr zu Hause. Aber seine Amtsgeschäfte lassen ihm nicht genug Zeit. Die Jungen müssen wieder in die öffentliche Anstalt.

Wie das Niveau der Schule gewesen sein muß, geht auch daraus hervor, daß in neun Jahren, zwischen 1749 und 1758, kein einziger Schüler von Dorpat aus auf eine Universität geschickt wird.

Pastor Lenz aber hat den Ehrgeiz. Der älteste Sohn ist schon in Königsberg, die anderen beiden sollen dorthin. Theologie bestimmt er für Jakob. Der Vater spart, bittet die Stadt um Gelder, um Unterstützung.

Hart, eng und dogmatisch wird seine Erziehung weiterhin sein. Wie seine Predigten. »Laß den Herzen seinen Vortrag lauter Spieß und Nägel sein«, erbittet Jakob für den Vater von Gott. Silvester 1763/64 trägt er dieses Gedicht im Kreis der Familie vor. Die Autorität des Vaters wächst. Er ist ein wichtiger Mann in Dorpat, predigt vor einer großen Gemeinde, übt Gerichtsbarkeit aus. Die Freunde des Vaters sind der Bürgermeister, der Syndikus, der Notar, der Polizeibürgermeister, die Ratsherren. Einer gemeinsamen Tafelrunde gehören sie an. Zugleich liegt der Vater im ständigen Krieg mit allen. Er fühlt sich immer zurückgesetzt, schlecht behandelt. Wütende Veteidigungs- und Anklageschriften von seiner Hand sind im Rigaer Archiv bewahrt. Lassen sich auch die Umstände im einzelnen nicht mehr klären, so wird doch deutlich, daß es sich nicht nur um Charakterfragen, sondern um eine im ganzen konservative religiöse und politische Haltung Pastor Lenzens gehandelt haben muß. Das bleibt nicht ohne Einfluß auf den Heranwachsenden.

Eine heimliche Emanzipation Jakobs vom Vater wird schon in den Dorpater Jahren vor sich gegangen sein. Das hängt nicht zuletzt damit zusammen, daß der Knabe Männer kennenlernt, weitaus weltoffener als sein Vater, die ihm Freunde werden. Konrad Gadebusch zum Beispiel, der die Wißbegier des Jungen und seine Sensibilität spürt. Gadebusch hat als Mitarbeiter von Nicolais in Berlin erscheinender »Allgemeiner Deutscher Bibliothek« die neuesten Bücher, die Lenzens Vater nicht besitzt und an die der Junge niemals kommen könnte, denn es gibt weder eine Lesegesellschaft noch einen Buchladen in Dorpat.

Gadebusch muß dem in dieser öden Kleinstadt unter den kleinlichen Händeln eines kleinlich denkenden Vaters lebenden Jakob Lenz eine Ahnung davon gegeben haben, was in der geistigen Welt Europas vor sich geht. 1762 erscheint Rousseaus »Emile« und sein »Contrat social«, 1764 Winckelmanns »Geschichte der Kunst des Altertums«, 1766 Lessings »Laokoon«, ein Jahr später »Minna von Barnhelm« und die »Hamburgische Dramaturgie«, 1767 Sternes »Tristram Shandy«. Im benachbarten Riga veröffentlicht der junge Herder seine ersten Schriften. Lenz liest Klopstock, die ersten drei Gesänge des »Messias«, vielleicht sogar unter den Augen des Vaters. Ein frommes Erbauungsbuch sieht der Vater darin. Für den Sohn aber ist es Dichtung, Poesie. Er ist tief beeindruckt, ahmt Klopstock in seinen ersten eigenen Versen nach.

Auch August Wilhelm Hupel, wie Gadebusch ein livländischer Aufklärungsschriftsteller, wird für Jakob Lenz wichtig gewesen sein. Persönliche Beziehungen sind nicht belegt, obwohl Hupel in der Nähe von Dorpat lebte. Hupels Schriften haben einen starken sozialen Gestus, er befaßt sich mit der Lage der Ärmsten, der Soldaten vor allem. In der den Soldaten auferlegten sexuellen Enthaltsamkeit sieht er eine Versklavung. Als Lösung schlägt er Kastration vor, plädiert aber gleichzeitig für die Heirat.

Lenzens Dorpater Jahre sind wie die in Casvaine arm an äußeren Ereignissen. Die wenigen aber sind tiefgreifend.

Die Verheerungen der Stadt durch Feuer und Wasser. Die Überschwemmungen fast jedes Jahr im Frühjahr. Das Feuer 1763, ganze Stadtteile stehen in Flammen, Lenz sieht die schreienden, sich rettenden Menschen, danach fliegende Asche, Obdachlosigkeit, Not.

Im Sommer 1765, Lenz ist vierzehn Jahre alt, erwartet die Stadt Dorpat die russische Zarin. 1762 ist Katharina zur Macht gekommen, Hoffnungen knüpfen sich an den Beginn ihrer Laufbahn, zumal in den baltischen Provinzen, da sie Deutsche ist und die von Peter I. bei der Kapitulation von Riga und Reval zugesicherten Privilegien der Deutschen ausdrücklich bestätigt. Tatentschlossen ist ihre Politik in den ersten Jahren. Katharina gilt als »Nordische Semiramis«, als »Philosophin auf dem Thron«.

Ihr Besuch in Dorpat wird Jakob nachdrücklich prägen, sein ganzes Leben behält er den Glauben an sie, noch, als ihre Politik längst reaktionär geworden ist und sie die von ihr einst geförderte Intelligenz gnadenlos verfolgt. Vielleicht sind es auch die begeisterten Huldigungsoden auf Katharina, die der junge Herder in Riga veröffentlicht, die Jakob imponieren. Er ahmt sie nach. Auch er widmet seine ersten Verse der Zarin Katharina.

Jakob hat vielleicht neben dem Vater gestanden, als die Zarin mit ihrem Gefolge in die Stadt einzog, war mit ihm, als er zu einer »Glückwünschungsrede« und zum Handkuß zu Katharina vorgelassen wurde.

Katharina besichtigte auch die Befestigungsanlagen der Stadt und ordnete ihre Erneuerung an. Jakobs lebenslanges Interesse an der Lehre vom Festungsbau. In Straßburg wird er junge Leute in Fortifikation unterrichten und später in Sankt Petersburg sein Wissen darüber als Chance für eine Anstellung am Kadettenkorps betrachten. Hat er beim Bau der Wehranlagen zugesehen? Hat die Leute gesehen, die zu dieser Arbeit herangezogen wurden, ganze Soldatenregimenter und Arbeiter, die wie Sträflinge in trostlosen hölzernen Verschlägen inmitten der Ruinen des alten Rathauses vegetierten?

Wie er auch von den Bauernunruhen in jenen Jahren auf dem Land gehört und mit eigenen Augen nationalen Haß und soziale Gegensätze, in Dorpat, der dreisprachigen Stadt, bewohnt von Deutschen, Russen und Letten, wahrgenommen haben muß.

1766, Jakob ist fünfzehn, wird auf dem Marktplatz in Dorpat ein Verbrecher öffentlich auf einem Holzpodest am Schandpfahl ausgestellt und vor aller Augen mit dem Eisen gebrandmarkt. Es ist ein deutscher Kammerdiener, den der Baron Igelströhm, aus dem Siebenjährigen Krieg kommend, nach Livland mitgebracht hat. Igelströhm hat diesen Diener wegen einer Kleinigkeit körperlich gezüchtigt. Daraufhin begehrt dieser gegen seinen Herrn auf. Verschickung nach Sibirien, lebenslänglich, lautet das Urteil. Hupel berichtet 1774 in einer Chronik davon und nennt es das Beispiel einer

116

fortschrittlichen Gesetzgebung; in Livland ist gerade die Todesstrafe abgeschafft worden, sonst wäre der Mann sofort erhängt worden.

Der junge Lenz wird diesen Vorfall zum Gegenstand seines ersten Dramas »Der verwundete Bräutigam« machen. Ein Rührstück nach dem Muster der Comédie larmoyante. Vieles nachgeahmt, konventionell. Eines aber ist unglaublich und läßt erkennen, wo Lenz Augen und Ohren hatte und auf wessen Seite er stand: er verteidigt den »Verbrecher«, legt seine Motive dar. »Meine Ehre soll er nicht angreifen ... und sollte ich selbst darüber unglücklich werden«, läßt Lenz den Diener sagen und ihn im vollen Bewußtsein, sich als freier Mensch nicht erniedrigen zu lassen, die Tat ausführen.

Jakob Lenz hat sich also schon in Dorpat von den herrschenden Denkweisen entfernt. Auch sein dort begonnener Gedichtzyklus »Die Landplagen« zeigt es. Krieg, Not, Zerstörung, Vergewaltigung, Gewalt, Mord an Kindern sind die Gegenstände. »Furchtbar« nennt er den »Stoff« seiner Dichtungen, »traurig« seine »Muse«. Das Unglück seines Vaterlandes beschreibt der Sechzehnjährige aus eigener Erfahrung. Freilich noch religiös gefärbt, aber mit harten Worten, eindringlichen Bildern. Die Kritik des Provinzblattes wird schreiben, daß man den jungen Dichter wie die Heuschrecken zu den Landplagen zählen müßte.

Realismus ist nicht gefragt.

Lenz strebt aus der Enge der Kleinstadt und vom Vater weg. Im Sommer 1768 ist es endlich soweit. Er wird zum Studium nach Deutschland geschickt, auf die nächstgelegene, die Königsberger Universität. Mit seinem um ein Jahr jüngeren Bruder Johann Christian fährt Lenz von Dorpat nach Reval, von dort mit dem Schiff nach Königsberg. Kö nigsberg gehört zu Preußen, dem Herrschaftsgebiet der Hohenzollern, und ist mit seinen 50 000 Einwohnern gleich Leipzig, Frankfurt oder Hamburg eine große und lebhafte deutsche Stadt. Einen »schicklichen Platz zur Erweiterung der Menschen- als auch der Weltkenntnis« nennt sie Immanuel Kant, der hier doziert und zum Professor ernannt wird und dem Lenz aus diesem Anlaß eine Huldigungsode im Namen aller »studierenden Cur- und Livländer« überreicht.

Jakob ist zunächst frei von väterlichen Vorschriften. In einem engen Haus in einer der alten Gassen Königsbergs wohnt er in einer Stube mit dem Bruder. Tisch, Bett, Stuhl, abgenutzt alles. Das Haus Tag und Nacht vom Lärm trinkender und Karten spielender Studenten erfüllt. Lenz hält sich von den Torheiten der großen Masse fern. Er konzentriert sich, findet das Eigentliche, schreibt Verse, übersetzt, fängt den »Hofmeister« an. Als Außenseiter gilt er. Reichardt, ein Kommilitone, erinnert sich: »Eine sehr vermischte Lektüre und eigne poetische Ausarbeitungen beschäftigten ihn ganz, so oft er in seiner kleinen Kammer allein sein konnte. Aber auch mitten im Lärm der Gelage blieb Lenz oft in seine poetischen Gedanken vertieft und gab durch seine Zerstreuung rüden Burschen zuweilen Veranlassung zu bösartigen Scherzen, die er mit bewundernswerter Geduld ertrug.«

Lenz schreibt sich zwar in die Herbstmatrikel der Alma mater Albertina ein, aber er macht schon frühzeitig keinen Hehl daraus, daß ihn der Lehrbetrieb nicht interessiert, »die Akademie wenig oder gar nichts wert sei«, mit Ausnahme einiger Lehrer, fügt er hinzu, und bald hört er nur noch die Vorlesungen eines einzigen, die Immanuel Kants.

Kant liest über Moral und Metaphysik, über Naturwissenschaften und Anthropologie, über Rousseau. Er macht

Mut zum eigenen Denken, schärft in Lenz, wie Jahre zuvor in Herder, den analytischen Geist.

Lenz schüttelt die Kleinheit seiner Erziehung, die pietistische Dumpfheit endgültig ab. Er fühlt sich so sehr zu Kant hingezogen, daß er mit ihm seine Zukunftspläne beraten haben muß.

Nach Deutschland, nach Westeuropa will er unbedingt. Eine Stelle in Danzig ist ihm vorerst recht.

Der Vater erfährt es und ist empört. »Nachricht, so ich gehöret, daß Prof. Cant ihn nach Rehbinder in Danzig recommendieret. ... Vorläufige Bestrafung, daß er nicht mit mir solche Sachen kommuniziere, böses Gewissen: ... daß du nicht eben ... in deinem Vaterlande Gott und deinen Nächsten, ihnen zur Ehre und Freude nützl. sein willst – zeigt wenig Patriotismus an.«

Der Vater befiehlt Jakob, das Theologiestudium bis Michaelis 1771 zu beenden (länger reiche das Geld nicht) und dann ungesäumt zurückzukehren.

Die Vorstellung eines Hofmeisterdaseins und dann eines Pastorenamtes in Livland muß in Lenz Grauen erregt haben.

Er widersetzt sich dem Befehl des Vaters. Ein halbes Jahr vor dem festgesetzten Termin verläßt er Königsberg, in Richtung Westen. Zwei Kommilitonen, die Barone von Kleist, suchen einen Reisebegleiter. Das nimmt er als Vorwand.

Sein Weggang gleicht einer Flucht.

Er flieht, muß fliehen, sich vom Vater entfernen, sonst wäre er, ehe er beginnt, als Dichter verloren.

Zwei Jahre zuvor hat ein anderer ebenso fluchtartig Livland verlassen, der junge Johann Gottfried Herder. Er fürchtete, in Riga »an einen toten Punkt geheftet zu sein«, ein »Tintenfaß gelehrter Schriftstellerei« zu werden. Er reiste nach England, den Niederlanden, nach Frankreich. Aufbruch, Tun, Handeln faszinieren die jungen Dichter. »Würkungskraft«, Literatur als »Zunder zu großen Taten«. – »... jedes Datum ist Handlung; alles übrige ist Schatten, ist Räsonnement«, schrieb der vierundzwanzigjährige Herder.

Ähnlich muß es Lenz empfunden haben. Nach Frankreich, dem Lande Rousseaus, strebt er.

Quer durch das in unzählige Kleinstaaten zerrissene Deutschland geht die Fahrt. Stationen: Danzig, Köslin, Kolberg, wo Lenz die Verwandten des Vaters besucht – dann Berlin, Theaterbesuche, Vorsprache und verletzende Abweisung bei Ramler und Nicolai, dem Literaturpapst – dann Leipzig, Frankfurt am Main. Schließlich der Rhein, der Übergang bei Kehl.

Auf der anderen Seite Straßburg, zu Frankreich gehörig.

Straßburg, die Stadt mit dem betörenden Himmel, der südlichen Wärme, den Vögeln des Morgens, Straßburg – die Stadt des Militärs, des Festungsbaus und der Garnisonen – wird für Jakob Lenz zur Stadt, in der er in seinem Leben am glücklichsten ist.

Hier wird er frei, produktiv, schöpferisch. Schafft in den wenigen Jahren seines Hierseins – fünf sind es, vom Mai 1771 bis Mitte März 1776 – ein großes Werk: Tragikomödien, Komödien, Nachdichtungen, Übersetzungen, mehrere Dramenentwürfe und Fragment gebliebene Stücke, lyrische und erzählerische Prosa, Verse von großer Zartheit und Gefühlsintensität, ästhetische und gesellschaftspolitische Schriften.

Eine enorme, unglaubliche Leistung schon vom Umfang her, stellt man noch in Rechnung, daß er drei von den fünf Jahren Angestellter der Offiziere Kleist ist. Gesellschafter nennt er sich, ein besserer Bediensteter der Barone ist er, in

120

die »allergeringsten ihrer beider Geschäfte verwickelt«, wie
er selbst sagt; vom Essenholen bis zum Stiefelputzen vermutlich. Er darf sich nicht einmal auf kurze Zeit von ihnen
entfernen, teilt die Behausungen, die Garnisonen in Straßburg und die Feldlager außerhalb der Stadt mit ihnen. Und
stellt man noch in Rechnung, daß er in den zwei Jahren
seiner freiberuflichen Existenz in Straßburg viel Zeit für
Stundengeben verschwenden muß, um wenigstens das Geringste zu verdienen, und sich zudem fast ein Jahr in der
Leitung einer Gesellschaft junger kulturpolitisch interessier-
ter Leute aufreibt, die er nicht nur organisatorisch zusam-
menhält, sondern deren wöchentliche Veranstaltungen er in
der Überzahl mit eigenen Vorträgen bestreitet.

Unter diesen Bedingungen – und überhaupt – eine bewun-
dernswürdige Leistung. Lenz muß sich bis zum letzten ver-
ausgabt, muß Tag um Tag und in der Nacht gearbeitet
haben. Er war völlig auf das eine konzentriert: ein Dichter
zu werden.

1774 kommt er mit mehreren Werken zugleich an die Öffentlichkeit. Ostern 1774 erscheint in Leipzig in der Wey-
gandschen Buchhandlung Lenzens Komödie »Der Hofmeister oder Vorteile der Privaterziehung«, auf Kosten der
Buchhandlung gedruckt. Zu Michaelis, auch in Leipzig
bei Weygand, seine Komödie »Der neue Menoza oder Geschichte des Cumbanischen Prinzen Tandi«. Ebenso seine
dramatischen Vorträge unter dem Titel »Anmerkungen
übers Theater, nebst angehängten übersetzten Stück Shakespeares«. In Frankfurt und Leipzig kommen im gleichen
Jahr seine Bearbeitungen des Plautus heraus, übersetzt und
modernisiert: »Lustspiele nach dem Plautus fürs deutsche
Theater«. Die Straßburger Sozietät hat die Druckkosten
dafür übernommen. »Ich will Dir hier ein klein Verzeichnis

meiner Schriften anhenken, damit Du sie Dir anschaffest und mich und meinen Lebenslauf daraus beurteilest«, schreibt Lenz am 7. November 1774 an den Bruder Christian nach Livland.

Ein Jahr später, am Ende der fünf Straßburger Jahre, ist Lenz ein in Deutschland bekannter Mann.

Lavater, der zehn Jahre Ältere, schon Berühmte, sucht ihn in Straßburg auf, ist des Lobes voll, sagt, Lenz »verspritze fast vor Genie«. Mit Sophie La Roche hat Lenz einen intensiven Briefwechsel. Fritz Jacobi schreibt, Lenz habe einen »herrlichen Geist in sich«, Boie nennt ihn neben Goethe den »zweiten Zauberer«. Goethe meint, Lenz sei ein »gefährlicher Feind für Wieland«, er habe »mehr Genie als Wieland, obwohl weniger Ton und Einfluß...«

Johann Gottfried Herder ist Lenzens Freund. »Du bist der Erste Mensch, für den ich schreibe«, sagt Herder, und an Johann Georg Zimmermann schreibt er: »Lassen Sie sich nicht gereuen, edler Mann, der Mühe für diesen goldenen Jungen, er hat große Gedanken, Zwecke, Talente, denen allen er unterliegt – – mich freuts, wenn ich an ihn denke!« Silhouetten werden getauscht, selbst Herders Kinder kennen Lenzens Schattenriß, können seinen Namen sprechen. Und Herders Frau Karoline schreibt: »Unser Lenz ... hat uns seine ganze Seele gegeben – o welch ein Mann – welch eine Engelsseele.«

Mit Johann Heinrich Merck wird Lenz bekannt, mit den Brüdern Stolberg. »Mit Lenz möcht ich gar zu gerne leben; er ist ein herrlicher Jung und so gut«, schreibt Fritz Stolberg. Für Gleichaltrige wird Lenz zum Vorbild. Wagner und Klinger nehmen den »Hofmeister« als Muster für eigene Stücke, der Straßburger Dramatiker Ramond de Carbonnières bezeichnet sich als Schüler von Lenz.

Und die Freundschaft zu Goethe ist intensiv und fruchtbringend für beide. In Straßburg haben sie sich im Sommer 1771 kennengelernt, kurz nur, denn Goethe verläßt die Stadt nach bestandener Universitätsprüfung im August. Aber Briefe gehen hin und her, Manuskripte werden getauscht.

Lenz nennt Goethe seinen »Bruder«, sein »zweites Du«, reagiert begeistert auf dessen 1773 erscheinenden Briefroman »Die Leiden des jungen Werthers« und auf den »Götz von Berlichingen«.

Goethe zeigt sich ebenso beeindruckt von Lenz. Boie berichtet, wie Goethe ihm begeistert Verse von Lenz vorträgt. Goethe schickt sie einer Freundin mit den Worten: »Hier ... ein Zweig aus Lenzens goldenem Herzen.« Wenig später: »Krieg ich Lenzens Liebesworte wieder?« An Jacobis Frau schreibt Goethe am 3. November 1773, Lenz sei ein »trefflicher Junge«, den »ich liebe wie meine eigene Seele«. Goethe gibt Lenz Ratschläge für die Plautus-Bearbeitungen, vermittelt ihm Verleger für die ersten Stücke.

Nicht nur Bewunderung der Freunde wird ihm zuteil. Darüber hinaus erfährt Lenzens Werk eine Resonanz in der literarischen Öffentlichkeit. Christian Daniel Schubart und Matthias Claudius, Wieland und Nicolai äußern sich in Rezensionen; Hamann, Herder, Gottfried August Bürger und Lessing in Briefen. Begeisterte Zustimmung, aber auch Kritik, Ablehnung, äußerster Unmut.

Das ist normal, gut so. Schreibt Lenz doch gegen das Bestehende an.

Am 26. Juli 1775 eine Rezension zum »Hofmeister« in den »Frankfurter Gelehrten Anzeigen«, von Klinger oder Wagner. Schubart nennt Lenz ein »junges aufkeimendes Genie aus Kurland« und: »Wer sollte sich nicht freuen, daß wir nun einen Mann mehr haben, den wir den Griechen und dem ganzen stolzen Ausland entgegen setzen können.« Hamann ist begeistert. »Dünkt Ihnen nicht auch, daß die Stücke dieser Art tiefer als der ganze Berlin. Litterat. Geschmack reichen?« heißt es in einem Brief an Herder mit einem Seitenhieb auf Nicolai. Der natürlich tadelt in der »Allgemeinen Deutschen Bibliothek« die »Zerfahrenheit« der Lenzschen Dramen: »Alles ist nur hingeworfen, alles bricht ab, ehe es vor dem Zuschauer rechte Wirkung tun kann.« Auch Wieland kritisiert die »unnatürlich übereilte Entwicklung des Stückes« im »Teutschen Merkur«.

Die führenden literarischen Köpfe Deutschlands reagieren also auf das Werk des jungen Livländers. Schlagartig steht er im Mittelpunkt der Aufmerksamkeit.

Die Umstände, denen er das zu verdanken hat, sind allerdings merkwürdig, und sie müssen für Lenz eine große psychische Belastung gewesen sein. Da Lenz seine Werke anonym publiziert, glaubt man, Goethe sei der Verfasser.

»... daß sie unter keinem anderen Namen sich so würden produziert haben, daß bloß sein Name die Leser aufmerksam und begierig, die Kunstrichter bescheiden und ehrerbietig gegen diese armen Kinder meiner Laune gemacht...«, reflektiert Lenz und hat damit nicht unrecht.

»Goethes Hofmeister ist mir vorzüglich willkommen«, steht in einem Blatt. Auch in Claudius' Rezension vom 15. Juni 1775 im »Wandsbecker Boten« der Bezug auf Goethes »Götz«. Und Christian Daniel Schubart preist den »Hofmeister« als »die ganz eigentümliche Schöpfung unseres Shakespeare, des unsterblichen Dr. Goethe«.

Als dann bekannt wird, nicht Goethe, sondern Lenz sei der Verfasser, wird das Urteil merkwürdig zurückhaltend, ja zum Teil kehrt es sich bewußt oder unbewußt gegen Lenz.

Ein Beispiel dafür ist die Reaktion Gottfried August Bürgers, der am 10. Juli 1775 an Boie schreibt: »Die Schauspiele [›Der Hofmeister‹ und ›Der neue Menoza‹] welche Sie neulich mir überschickt, habe ich mit aller Gewalt noch nicht auslesen können ... Liegt die Schuld an mir oder dem Verfasser? Liegt sie daran, daß er überhaupt ein Nachahmer oder ein schlechter Nachahmer ist? ... Wer soll es, aber wagen, / Vom göttlichen Goethe zu sagen, / In Dramen ihm gleich zu sein? / Er baut auf wächserne Flügel, / Ich geb ihm Brief und Siegel, / Er fällt ins Wasser hinein!«

Lenz gilt als Nachahmer, wird abgestempelt. Die Aufmerksamkeit der literarischen Kreise Deutschlands richtet sich nur für kurze, sehr kurze Zeit auf Lenzens Schaffen und ist letztlich sehr fragwürdig, bleibt sie doch an Äußerlichem haften. Sie gründet sich zunächst auf die Annahme, Goethe sei der Autor, und als das ausgeschlossen wird, verharrt sie und geht schließlich in Ablehnung und Desinteresse über. Schon das dritte Lenzsche Drama, sein bestes Stück vielleicht überhaupt, »Die Soldaten«, bleibt unbeachtet, keine Rezension erscheint, einige wenige Äußerungen in Privatbriefen gibt es.

Auch gespielt werden die Dramen nicht, der Erfolg auf dem Theater bleibt aus.

Der Vorwurf des Plagiats, der Nachahmung Goethes muß Lenz um so tiefer treffen, da in keiner einzigen Kritik das Neuartige und Eigenständige seiner Dramen zur Sprache kommt.

»... es ist das verdammte Philistergeschmeiß mit ihrem Lob und Tadel das mich so klein macht«, schreibt er und meint damit seine Eifersucht auf Goethe. »Die höchst kindische Furcht man werde unsere Produktionen mit einander vermischen – dieser nagende Geier der mich nie verläßt –

Elender sage ich zu mir selbst, ist Goethe so arm, die Fülle seines Genies so ausgetrocknet, daß er sich mit Deinen Schätzen zu bereichern nötig hätte. Sieh seine Werke an – ein Blick in seinen Götz, ein Blick in seinen Werther macht mich über und über erröten . . .« In tagebuchartigen Aufzeichnungen, gerichtet an Goethes Schwester Cornelia, schreibt er das; nicht für die Öffentlichkeit bestimmt. Goethe wird er das Manuskript später schenken, ein Zeugnis seiner unbedingten Geradheit. »Ich beneide Deinen Bruder«, heißt es da, »über den Ruhm seiner Zeitverwandten. Ich halte es für ein großes Unrecht das ich leide wenn man ihm meine Werke zuschreibt . . .«

Dieses »Leiden« wird für Lenz faßbar und gegenständlich im Mitansehen des literarischen und gesellschaftlichen Erfolges seines nur zwei Jahre älteren Freundes Goethe. Überall, wo dieser erscheint, feiert er Triumphe.

Daß aber die Ursachen seines »Leidens« mit der Fixierung auf die Person Goethe weder auflösbar noch erklärbar sind, da sie viel tiefer liegen, wird Lenz kaum begreifen können. Er ahnt es nur dunkel. Er lebt selbstzerstörerisch: in einem ständigen Wechsel von quälenden Selbstzweifeln, von Todesgedanken (vom Turm des Straßburger Münsters und von den Mauern der Hochburg bei Emmendingen will er sich herabstürzen), von Labilität und Unterwürfigkeit. Dann wieder Begeisterung, Glaube an sein dichterisches Tun.

Gerade in der Zeit des äußersten Vorantreibens seiner dramatischen Konzeption, auf dem Höhepunkt seines Schaffens, im Sommer 1775, ist dieser Wechsel von Hochstimmung und Depression ganz stark.

In der Depression wird die Ahnung seiner Einsamkeit, seines Nichtverstandenwerdens, seines Scheiterns vorweggenommen. Lenz muß schon fühlen, daß ihm nicht nur die Resonanz auf dem deutschen Theater bei dem bürgerlichen Publikum versagt bleibt, sondern daß er auch unter den Dichterfreunden allein ist.

Was will Lenz, welche Konzeption von Drama und Theater entwickelt er für Deutschland?

War »Der verwundete Bräutigam«, das erste Stück des Fünfzehnjährigen, nach dem Muster der alles beherrschenden französischen Comédie larmoyante gebaut, ein Rührstück, bei dem nur die politische Haltung aufhorchen ließ, so ändert sich das jetzt.

In Straßburg durchwühlt Lenz das ganze Welttheater, um darin seinen Platz zu finden. Die leidenschaftlich emphatischen »Anmerkungen übers Theater«, eine der theoretischen Hauptschriften des Sturm und Drang, zeigen das.

Lenzens Polemik gegen das bestehende Drama ist angespannte Suche nach Eigenem. Die Aufklärung, Lessings Dramen – das sind Lichtblicke. Aber das Beherrschende ist noch immer das französische Theater. Nur wenn er sich vom Herrschenden löst, die toten Formen sprengt, wird er gestalten können, was ihn selbst quält, bedrängt. »Handlungen und Schicksale sind erschöpft«, sagt er, »die konventionellen Charaktere, die konventionellen Psychologien, da stehen wir und müssen immer Kohl wärmen ... Wir aber hassen solche Handlungen, von denen wir die Ursache nicht einsehen ...« Lenz wehrt sich gegen die Idealisierung. »Der Dichter solle Begebenheiten nicht vorstellen, wie sie geschehen sind, sondern geschehen sollten«, sagte Aristoteles. Er, Lenz, dagegen schätze den »charakteristischen, selbst den Karikaturmaler zehnmal höher als den idealischen, hyperbolisch gesprochen, denn es gehört zehnmal mehr dazu, eine

Figur mit eben der Genauigkeit und Wahrheit darzustellen, mit der das Genie sie erkennt, als zehn Jahre an einem Ideal der Schönheit zu zirkeln, das endlich doch nur in dem Hirn des Künstlers, der es hervorgebracht, ein solches ist.«

Lenz will nicht »Brustzuckerbäcker«, »Pillenversilberer« sein, er will gestalten, was er sieht, erfährt, leidet. Der »wahre Dichter verbindet nicht in seiner Einbildungskraft, wie es ihm gefällt, was die Herren die schöne Natur zu nennen belieben ... Er nimmt Standpunkt und dann muß er so verbinden.«

Er muß, die Gesetze zwingt ihm die Wirklichkeit mit ihren quälenden Widersprüchen auf. Die Erfahrungen seines bisherigen Lebens drängen sich zusammen, die Erniedrigung derer, die er im lettischen Dorf seiner Kindheit sah, in der Kleinstadt seiner Jugend: die eigene Erniedrigung in der Abhängigkeit von den Adligen, deren geistiger Horizont erschreckend primitiv ist und die doch auf Grund ihres Standes Unterwürfigkeit erwarten und die Macht haben, sie zu erzwingen – die eigene Erniedrigung, in der Abhängigkeit von dem Vater, der Zukunft, der eigenen Natur gegenüber.

Lenz begehrt auf, schreibt das Drama »Der Hofmeister oder Vorteile der Privaterziehung«. Er schreibt es in Straßburg nieder, im Herbst und Winter 1771 wahrscheinlich, dann im Frühsommer 1772 auf einer Rheininsel, in der Militärfestung Fort Louis, unweit von Sesenheim, ab September, als das Regiment des einen Kleist verlegt wird, in Landau. Dort beendet er das Stück.

»Hier ist mein Trauerspiel«, teilt Lenz Mitte Oktober 1772 Salzmann lakonisch mit und: »Ich habe schon viel Papier verbrannt – ein guter Genius hat über dies Trauerspiel gewahrt – und vielleicht hätten Sie nichts dabei verloren.«

Salzmann wird es sofort an Goethe senden. Entstanden ist der »Hofmeister« also vor dem »Götz«, erscheinen wird er später, erst im Jahre 1774.

Große Erregungen gehen vom Stoff des Dramas »Der Hofmeister oder Vorteile der Privaterziehung« aus: es ist unmittelbare Gegenwart, die Lenz gestaltet, das Stück spielt 1768. Jakob war selbst war für kurze Zeit Hofmeister in Königsberg. Das Studentenmilieu kennt er aus eigener Anschauung. Es ist die Welt, in der er gelebt hat. Ihre grausige Zurschaustellung: so sind die Beziehungen der Menschen zueinander, und so werden sie bleiben, wenn man die Welt nicht verändert. Einander demütigend, abnorm einsam leben die Menschen, sich selbst verdammend in zerstörerischer Frustration und Täuschung. Wie sie sich auch immer biegen und krümmen und verstümmeln, »das heißt nicht gelebt, seine Existenz gefühlt«.

Lenz reißt die Widersprüche auf, bezieht alles ein: adlige Lebensanschauung mit ihrem totalen Wertverfall und bürgerlich-kleinliche Bescheidung mit ihrer Unfähigkeit zum Aufbruch.

Er schafft in seinem Drama »Der Hofmeister oder Vorteile der Privaterziehung« eine Kunstwirklichkeit, in der die Gestalten auf beklemmende Weise Ausgelieferte sind, herrschen wollen und doch beherrscht werden; von ihrer Umwelt, von den Vorurteilen ihres Standes, den Abgründen in sich. Selbst ihr Gut-Sein-Wollen, die tief in ihnen vorhandene Sehnsucht nach Menschlichkeit kann sich nur verzerrt äußern. Jener junge Hofmeister Läuffer, klug und begabt, kastriert sich, glaubt damit seinen Frieden zu finden, zu überleben. Überschwenglich feiert der Schulmeister Wenzeslaus die Tat. Er ist der einzige im Stück, der selbstbewußt dem Adel entgegentritt, ihm die Tür weist. Aber welch groteske Bescheidung in seinen Lebensnormen! Nichts mehr wollen, als früh, mittags und abends mäßig essen und eine Pfeife rauchen und den Kindern beibringen, gerade zu schreiben, »... aber nur grad geschrieben«, sagt er, »denn das alles hat seinen Einfluß in alles, auf die Sitten, die Wissenschaft, in alles«. Und der Vater des jungen Hofmeisters, der Stadtprediger Läuffer, glaubt an nichts als den ewig gleichen Ablauf des Daseins. Der Lautenist Rehaar hofft, sich und seine Tochter durch Anbiedern durchzubringen. »Ein Musikus muß keine Courage haben.« Die Studenten verstecken ihre Probleme hinter Verlogenheit und Großsprecherei. Die Adligen sind arrogant und dumm, für sie ist die Welt in Domestiken und Standespersonen geteilt, und für die Majorin gilt nur eines: »daß man heutzutage auf nichts in der Welt so sehr sieht, als ob ein Mensch sich zu führen wisse«. Ihr Mann, der Major, hingegen lebt in dem unbewußten, seine Vaterliebe entstellenden Zwang, sein Adelsprestige durch eine reiche Heirat der Tochter aufrechtzuerhalten.

Am Ende des Stückes zerstört Lenz die tragischen Entwicklungen. Mit bitterer Ironie stellt er eine Doppelhochzeit an den Schluß. Der Hofmeister heiratet ein Bauernmädchen, das von ihm geschwängerte Gustchen bekommt trotz ihres Fehltritts ihren adligen Bräutigam. Die Welt ist wieder in der Ordnung. Tragödien sind nicht mehr möglich, die Trivialität des Lebens löst sie in Komödien auf. Folgerichtig läßt Lenz daher die ursprüngliche Genrebezeichnung »Trauerspiel« fallen und nennt das Stück Komödie.

Auch in dem Drama »Die Soldaten«, an dem Lenz vom Herbst 1774 bis zum Sommer 1775 arbeitet und das er in Straßburg niederschreibt (dazwischen liegen die fünf Plautus-Bearbeitungen und die Komödie »Der neue Menoza oder Geschichte des Cumbanischen Prinzen Tandi«), ist es so: die innersten Sehnsüchte der Menschen können sich nur auf ganz banale Weise artikulieren.

Sein »halbes Dasein« habe das Stück mitgenommen. »Das ist nach dem strengsten Verstand wahre Geschichte, in den innersten Tiefen meiner Seele aufempfunden und geweissagt.«

»Ich deklamiere nicht, ich protokolliere nur das, was ich überall hörte und sah, als ich mich unter die Leute mischte.« Fast vier Jahre hat Lenz im Offiziers- und Soldatenmilieu gelebt; die Kündigung seines Anstellungsverhältnisses ist Voraussetzung, um das Stück zu schreiben, um Brutalität und Unmoral der Adligen bloßzustellen. Es ist in wirklichem Sinne »Stoff« seines Lebens.

Lenz wird Zeuge der Verführung des Straßburger Bürgermädchens Cleophe Fibich durch einen der Barone Kleist, er formuliert und schreibt sogar das Heiratsversprechen, das Kleist dem Vater gibt, erlebt, wie es für den Adligen ein lächerliches Stück Papier ist, über das er sich hinwegsetzt.

Und nachdem Kleist Straßburg verlassen hat und das Mädchen auf seine Rückkehr wartet, verliebt sich Lenz selbst in Cleophe.

Schreibend versucht er sich Klarheit zu schaffen. Was treibt ihn, die anderen? Bewegen sich nicht alle wie unter Zwängen, die außer ihnen zu liegen scheinen, unergründbar sind? In dem Maße, wie er Cleophe in die Marie seines Dramas verwandelt, wie er das Leben der Offiziere von Kleist und ihrer Kameraden, das er jahrelang geteilt hat, von sich abrückt, löst er sich davon, bewältigt es – bis das »Bild« in seiner »Seele sitzt, durch und durch«, mit »allen seinen Verhältnissen, Licht, Schatten, Kolorit dazu.«

Das Drama »Die Soldaten« entsteht. In diesem Gegenwartsstück beobachtet Lenz die unartikulierte, halbverdrängte Erfahrung einfacher Menschen, legt die tieferen Grundlagen von Gefühlen frei, die selbst dem armseligsten Leben innewohnen.

In Marie, diesem Provinzmädchen, entdeckt Lenz einen versteckten Drang nach Selbstverwirklichung, eine innere Sehnsucht, stark genug, um sie zur Auflehnung gegen ihre gewohnte Umwelt zu führen. Was sie als Bürgermädchen erwartet, ist eine enge Welt, die ihren Wünschen entgegensteht, eine Art Tod bei lebendigem Leibe. Marie sucht eine Alternative, aber es gibt keine. So kann sich ihre Sehnsucht nur in selbstzerstörerischer Weise offenbaren. Sie verfällt dem Traum eines sozialen Aufstieges. Sieht Fülle und Kultiviertheit in jener Welt der Oberschicht, zu der sie nun Zutritt begehrt.

Die adligen Offiziere rechnen damit, richten ihre brutale, wohleinstudierte Prozedur der Verführung darauf ein. Marie wird ihr Opfer, wird gehetzt von einem zum anderen, hetzt sich selbst in ihrem Verlangen nach einer höheren sozialen Existenz – von Desportes zu Mary, zum jungen Grafen, zum Jäger von Desportes, der sie vergewaltigt, schließlich bis zur Prostitution.

Als sie der Vater, der an diesem Wahn vom Aufstieg schuldhaft teilhat, am Ende findet, klammern sich Marie und der alte Wesener wie erlöst aneinander, stumm und ergriffen. »Beide wälzen sich halbtot auf der Erde. Eine Menge Leute versammeln sich um sie, und tragen sie fort.«

Gleichzeitig mit Maries Schicksal entwickelt sich das ihres Bräutigams, des Tuchhändlers Stolzius. Entstammt ihrer beider Leiden der gleichen Situation, so leidet doch jeder für sich allein und isoliert, ihre Schicksale entwickeln sich völlig unabhängig voneinander. Stolzius liebt Marie stark und aufrichtig, aber ihr Verlust führt bei ihm nicht zu einer zweckdienlichen Aktion, sondern im Gegenteil zu einer Verwirrung, einer völligen Desorientierung. Stolzius gibt seinen Beruf auf, wird Bursche bei den Militärs. Aufgenommen in das Offizierskasino, wird er wie ein Opfertier von ihnen gehetzt und beteiligt sich irrsinnigerweise selbst aktiv und drängend an seiner eigenen Opferung, weil er sich an den Offizieren als Standespersonen orientiert. Das führt ihn zu dieser ratlosen Inaktivität. Erst ganz zuletzt überwindet er sie, als er wie in einem fiebrigen Anfall den Entschluß faßt, Maries Verführer Desportes und sich selbst zu töten.

Lenz läßt beide, Marie und Stolzius, in unaufgeklärte Widersprüche mit sich selbst eingeschlossen sein. Das gilt auch für die Offiziere. Ihr Sexualverhalten ist untrennbar mit dem militärischen Ehrenkodex verbunden und bezeichnet ihren Willen zur Klassendominanz, aber Lenz zeigt, daß dieses Verhalten nicht eine Frage der individuellen Moral oder des militärischen Lebens ist, sondern daß die Wurzeln dafür in den Widersprüchen liegen, die das gesamte Gebäude des gesellschaftlichen Daseins durchziehen.

Lenz legt die Struktur des Dramas darauf an. Die Gruppenszenen im Bereich des Militärs begleiten die dramatische Handlung, sind aber in auffallender Weise außerhalb der eigentlichen Handlung angesiedelt. Verhaltensmuster der Militärs, die bereits aufgedeckt sind, werden gleichsam noch einmal abgewandelt, variiert, in den entscheidenden Situationen von Maries und Stolzius' Schicksalen eingeblendet, kontrapunktisch eingesetzt.

Lenz will damit eine zu starke Einfühlung in seine Hauptfiguren verhindern, will von ihnen als Einzelpersonen ablenken.

Ein äußerst virtuoser Stückaufbau, eine völlig neuartige Dramaturgie dient dem. »Die Soldaten« spielen an zehn verschiedenen Orten und zu verschiedenen, sich zum Teil überlagernden Zeiten; je weiter sich dem Schluß zu die Orte entfernen, desto kleiner werden die zeitlichen Abstände, bis sie im vierten und fünften Aufzug beinah simultan ablaufen, die Szenen atemlos aufeinander folgen, manchmal gleichsam nur aus einem Satz, einem Wort bestehend.

»Die Soldaten« sind ein realistisches Zeitstück, ein Drama, in dem scharfe soziale Kritik geübt wird. Zugleich sind sie durch die schicksalhafte Konstellation der Klassen, Umstände und Charaktere ein großes existentielles Drama, das zu allen Zeiten geschehen könnte. Die Menschen sind einem Geschehen unterworfen, im Grunde unschuldig, sie können nicht entfliehen.

Lenz hält die Gegenwart in ihrer Erbärmlichkeit fest, er bannt sie in seiner Kunst mit einem Realismus, den das deutsche Theater noch nicht erlebt hat: plebejisch, scharf, hart, sozial genau. Da ist nichts nachgeahmt, abgeguckt, nachempfunden. Alles ist eigenständig, eine aufregende Einheit von Tragischem und Komischem. Lenz schreibt die ersten Tragikomödien, böse Stücke. Sie rühren an den Grund der Existenz, beunruhigen die Gefühle, ermöglichen dem Zuschauer keine Identifikation. Er wird auf sich selbst zurückgeworfen, was ist das in dir, wovon wirst du bestimmt, was treibt dich? Der Spiegel der deutschen Lebensläufe ist unerbittlich, ein Zerrbild, eine Fratze. Lenz spielt die Melodie mit ihren Mißtönen, ihrer Disharmonie. Das braucht einen äußerst aktiven Zuschauer, der dahinter die Sehnsucht nach Harmonie spürt, der sich durch das Dargestellte herausgefordert fühlt, die Umstände zu ändern, die Marionetten zu Spielern zu machen, aus Zerrbildern »Charaktere« werden zu lassen, die »unveränderlich die ganze große Maschine selbst drehen«.

Das ist natürlich eine große Herausforderung an das Theater, die es in Deutschland – unter den erbärmlichen politischen und wirtschaftlichen Verhältnissen mit einem gerade erst erwachenden und zögernd zu Selbstbewußtsein kommenden bürgerlichen Publikum – nicht annehmen kann.

Aber Lenz geht noch weiter, er will nicht nur das Bürgertum, er will den »gemeinen« Mann zum Zuschauer haben. In jenem Sommer, als er die »Soldaten« in Straßburg beendet, hat er sich nicht nur – konsequenter als im »Hofmeister« – zu einer völlig neuen radikal-realistischen Dramaturgie durchgearbeitet, sondern er entwickelt die Konzeption eines Theaters für das Volk. Da bezeichnet er sich als den »stinkenden Atem des Volks« und schreibt: »Ich webe und wühle unter den elenden Hunden, um was aus ihnen zu machen; ... Ich nahm mir vor hinabzugehen und ein Maler der menschlichen Gesellschaft zu werden, was kann ich dafür, wenn unten lauter solche Fratzengesichter anzutreffen sind.« Sein »Publikum« solle »das ganze Volk« sein, er wolle »den Pöbel so wenig ausschließen« als Personen »von Geschmack und Erziehung«. Sein Konzept sei, »die Stände darzustellen, wie sie sind, nicht, wie sie Personen aus einer höheren Sphäre sich vorstellen«.

Von der Konzeption seines Volkstheaters her ist es nur zu verständlich, daß Lenz sich dem deftigen römischen Komödiendichter Plautus zuwendet, fünf seiner Stücke übersetzt, nachdichtet und auf Goethes Rat auch Namen, Schauplätze und Handlung in die deutsche Gegenwart verlegt. Und daß er von den Fastnachtsglossen in den Schaubuden, den Hanswurstiaden und dem Marionettentheater angezogen wird und diese volkstümliche Theatertradition in der Komödie »Der neue Menoza oder Geschichte des Cumbanischen

135

Prinzen Tandi« nutzt. Mit großer Lust provoziert Lenz im »Neuen Menoza«, greift die Aufklärungspartei und die Pietisten an; beide sind in seinen Augen unfähig, die Welt zu verändern. »... was ihr Tugend nennt, ist Schminke, womit ihr Brutalität bestreicht«, läßt Lenz den Prinzen Tandi ausrufen. »In Eurem Morast ersticke ich ... Das der aufgeklärte Weltteil! Allenthalben wo man hinriecht, Lässigkeit, faule ohnmächtige Begier, lallender Tod für Feuer und Leben, Geschwätz für Handlung –.«

Die Komödie bekommt eine vernichtende Kritik. Wieland wirft Lenz in einer Rezension im »Teutschen Merkur« Unnatürlichkeit und Romantik vor. »Die Träume eines betrunkenen Wilden könnten nicht verrückter sein«, heißt es in einem Privatbrief aus Straßburg, dessen Schreiber unbekannt ist; das Stück werde dort »von männiglich in die unterste Hölle verdammt«, teilt er mit. Auch gegen die Plautus-Komödien müssen in Straßburg die Stimmen so aggressiv geworden sein, daß man den Druck in der Stadt untersagt. Sie erscheinen dann in Frankfurt und Leipzig.

Lenz steht nach anfänglich überschwenglichem Lob für den »Hofmeister« nun völlig unter dem Eindruck eines Mißerfolgs.

Auch mit den »Soldaten« ist es so. Goethe zeigt er das Stück gar nicht, bittet Herder um Vermittlung des Druckes. Herder tut es, äußert sich auch zustimmend, gerade die »politische Seite des Stückes«, die für Lenz so wichtige, lobt er. Aber nicht in der Öffentlichkeit. Als das Drama dann erscheint, findet es keinerlei Resonanz. Schweigen herrscht. Und privat gibt es Vorwürfe. Boie, sein ihm wohlgesonnener dichterischer Freund, wendet ein, das Stück könne man »keinem Mädchen vorlesen, oder sie's lesen lassen«. Sophie

La Roche wird etwas direkter, »Schandtaten und Schweine-reien« mache Lenz zum Gegenstand seiner Dramen.

Lenz erfährt keine Ermutigung, im Gegenteil. Ehe sich sein Talent, seine Persönlichkeit voll herausbilden kann, wird diese Entwicklung im Keim erstickt.

Und die Tatsache, daß Goethe als Verfasser seiner ersten Werke gilt, bekommt unter diesen Umständen eine beson-dere psychologische Komponente. Vor allem auch deshalb, weil Lenzens Glaube an eine völlige Übereinstimmung mit Goethe, die sich in seinen begeisterten Huldigungsschriften zum »Götz« und »Werther« ausdrückt, bei ihrer intensiven vieltägigen Begegnung im Sommer 1775 – der ersten wieder offenbar seit dem kurzen Kennenlernen 1771 – stark ins Wanken gerät, ja Widersprüche und Dissonanzen sich of-fenbaren.

Als Goethe am 20. Juli 1775 Straßburg verläßt, notiert Lenz: »Heute saß ich da wo wir bei seinem Hiersein die Nacht geschlafen und überschaute den nun einsamen trauri-gen vom Mond beschienenen Plan. Ach ich muß von ihm, Länder zwischen uns setzen ... Goethe – muß unser Weg auseinander?«

Die Erkenntnis, daß Goethes und seine Vorstellungen vom Drama, von Theaterwirksamkeit, daß Lebenspläne und Zukunftsvisionen sehr unterschiedlich sind, führt zwar zu einer Abgrenzung, zur Einsicht in die Notwendigkeit ei-nes eigenen Weges, den Lenz dann auch zu gehen versucht. Zugleich aber hört die Vergötterung Goethes nicht auf, im Gegenteil, sie steigert sich noch, und die daraus erwachsen-den Widersprüche werden verinnerlicht und bei Lenz bei-nahe bis zum Exzeß getrieben, was eine Art Haßliebe zu dem Freund befördert haben muß. »Den Ansatz aller niedrigen und häßlichen Eigenschaften der Seele fühle ich in mir. Was hindert's daß sie nicht in Handlungen ausbrechen, als daß mir die Hände gebunden sind«, schreibt Lenz in bezug auf Goethe und: »Das Schicksal stellt mich auf eine Nadelspitze, wo ich nur immer schwankend Dich sehen – Dir nichts erwidern kann.«

Sehr genau trifft das Lenzens innere Befindlichkeit. Man muß es sich vorstellen: Seit jenem Sommer 1775 existiert nicht nur die Tatsache für Lenz, daß seine Stücke für die Goethes gehalten werden, Goethe entscheidet auch über das Erscheinen oder Nichterscheinen von Lenzens Werken.

Schon Jakobs wunderbare »Werther-Briefe« läßt Goethe ungedruckt, das Manuskript »Unsere Ehe«, dem Freund geschenkt, geht verloren. Die Veröffentlichung der Literatursatire »Pandämonium Germanicum« verbietet Goethe ihm, die Schrift »Über die Soldatenehen« solle Lenz verbrennen, rät Goethe. Das eine Manuskript wird 1816 erstmals publiziert, das andere 1914 aufgefunden und veröffentlicht. Auch andere Manuskripte, Goethe geschenkt, nur einmal vorhanden, verschwinden in dessen Schubladen, Lenzens wichtigste Prosadichtungen »Tagebuch«, »Moralische Bekehrungen eines Poeten«, später in Weimar »Der Waldbruder«. Erst Friedrich Schiller bittet Goethe 1797 vorsichtig mit dem Hinweis, daß doch das »unglückliche Leben des Verfassers ... allen Neid gelöscht« habe, um die Herausgabe einiger Manuskripte zur Veröffentlichung in seiner Zeitschrift »Die Horen«.

Welche Auswirkungen dieses Diktat Goethes auf Lenz gehabt haben muß, ist leicht vorstellbar. Zumal die soziale Lage beider Autoren so grundverschieden ist. Goethe hat keine finanziellen Sorgen, er ist der Sohn eines reichen

Frankfurter Ratsherren und hat ein abgeschlossenes Jura-studium.

Lenz aber lebt in den ärmlichsten Verhältnissen, als Bedienter von Offizieren, unter dem ständigen Druck der Vorwürfe seines Vaters; ohne Geld, ohne Berufsabschluß, ohne Beziehungen. Seine Straßburger Wirtin Luise König wird richtig beobachtet haben, wenn sie über ihn schreibt: »Den guten Menschen freut jede Achtung des Vernünftigen so inniglich u. er ist dabei so blöde, so bescheiden, mein Tage habe ich keinen Autor so gesehen.«

Lenz hat kein Zutrauen zu sich. Das »Pandämonium Germanicum« legt davon erschütternd Zeugnis ab. Lenz sieht Goethe innerhalb der deutschen Literatur als absoluten Herrscher. Als Herder Lenz nach seinem Wollen fragt und um eine Probe seiner Menschendarstellung bittet, bringt er sie. Herder darauf: »Mensch, die sind viel zu groß für unsere Zeit.« Lenz, in einer schrecklichen Ahnung, die er schon im Zusammenhang mit den »Soldaten« ausgesprochen hat, daß »Jahrhunderte« über seinen »armen Schädel verachtungsvoll fortschreiten werden«, entgegnet darauf: »So sind sie für die kommende.« Klopstock segnet Lenz, Goethe umarmt ihn, nennt ihn »Bruder«. Dann geben Klopstock, Herder und Lessing ihr Urteil über Lenz ab: »Der brave Junge. Leistet er nichts, so hat er doch groß geahndet.« Lenz läßt Goethe darauf sagen: »Ich will's leisten.« Es ist die Vision der Zukunft.

Nur für rauschhaft kurze Zeit kann sich Lenzens Hochstimmung halten, das Gefühl, daß sein Werk »wahr« ist und »bleiben werde« und er ein »Publikum« finden werde. »... trunken vom Gefühl unseres Daseins daß wir die ganze Welt mit einem Blick übersehen mit einem Blick überschreiten«, schreibt er da. Zugleich quält ihn die Angst des Versagens.

Von »Sterben« ist die Rede, von »Verlöschen seiner Seele«. Er werde »untergehen in Dampf und Rauch«. In einer »fürchterlichen grauen Einöde« sei er, »heiße Sandwüsten« müsse er »lange, lange« durchwandern. »Ach so lange ausgeschlossen, unstet, einsam und unruhevoll, bis zu Boden gedrückt.«

Die Nichtanerkennung durch Publikum und Kritik verunsichert ihn, führt zum Zweifel an seiner dramatischen Konzeption. »Mein Hofmeister und Soldaten sind von Seiten der Kunst sehr fehlerhaft ... Meine anderen Stücke sind dramatische noch unbearbeitete Massen. Menoza hat nichts als dramatische Einkleidung«, steht auf einem Zettel, der im Nachlaß gefunden wurde.

Was Lenz in diesem Jahr 1775 erlebt, durchleben die Dichterfreunde in anderer Weise. Und seine Unstimmigkeiten mit Goethe signalisieren im Grunde den Auseinanderfall des gesamten Kreises der Stürmer und Dränger und die Notwendigkeit der Neuorientierung. Der ganze Daseinsentwurf der jungen Leute wird in Frage gestellt. Ausnahmslos alle sind Mitte der siebziger Jahre von ernsthaften und tiefgehenden Lebens- und Schaffenskrisen bedrängt.

Auch für Jakob Lenz wird das Jahr 1775 zu einem Wendepunkt, freilich mit der ihm eigenen Konsequenz: »... ich werde mich niemals ändern«, sagt er. »Modifizieren kann sich der nur, der nicht von Jugend auf, wie ich, mit dem Kopf gegen die Wand gerennt ist.«

Aber er »modifiziert« sich, sucht entschieden nach neuen Wegen. Und zwar in dreierlei Richtung.

Die Erkenntnis, daß mit Dichtung allein die Welt nicht zu verändern ist, läßt ihn seine Literaturkonzeption in gesellschaftspolitische Bereiche überführen. Dem Drama »Die

140

Soldaten« hängt er einen didaktischen Schluß an. Man könne ihn weglassen, schreibt er nun an Herder, denn er arbeitet die dort geäußerten Gedanken zu einer umfangreichen politischen Reformschrift über die soziale Lage der Soldaten aus. Diese Arbeit wird von zunehmender Wichtigkeit für ihn, und ihre Unterbringung an einem aufgeklärten Fürstenhof wird dann alle seine Entschlüsse bestimmen, vor allem den, nach Weimar aufzubrechen.

Zweitens wendet sich Lenz in Straßburg einer unmittelbar kulturpolitischen Tätigkeit zu. Er gründet die »Deutsche Gesellschaft«, vereint eine Gruppe junger Intellektueller – wöchentlich treffen sie sich, ein Forum der Öffentlichkeit schaffen sie sich mit der Zeitschrift »Der Bürgerfreund«.

Aber wie die Reformvorschläge für das Soldatenwesen, an den unentwickelten Verhältnissen, an der »teutschen Misere« scheitern werden, so scheitert die »Deutsche Gesellschaft« am Widerstand des Straßburger Magistrates. Es gibt zwar keinen Beleg dafür, daß Lenz in politische Schwierigkeiten geriet, die Zensur ihn bedrohte, da die Akten der Stadtarchive bei der Belagerung von 1871 zum großen Teil verbrannt sind. Aber wir entnehmen es einem zeitgenössischen Privatbrief. Türkheim, eines der Mitglieder der Gesellschaft, schreibt am 6. Januar 1776: »... was nur auch mit den gemäßigsten Ausdrücken von Vaterland und Aufklärung redet, wird unterdrückt... So wissen Sie, ... daß eine unschuldige Wochenschrift ... alle möglichen Hindernisse erfährt. Meine Aufsätze, welche in der Bastille selbst hätten können gedruckt werden, sind fast alle in die Acht erklärt worden.« Noch hundert Jahre später heißt es in einer Kulturgeschichte der Stadt Straßburg, ein Mann namens Abbé Frick, der am 3. Oktober 1783 hingerichtet wurde, sei »hauptsächlich durch den Einfluß der literarischen Erzeugnisse des Sturm und Drang zum Räuber und Mörder« geworden. Das läßt uns annähernd eine Vorstellung bekommen, wie der Leumund der jungen Leute in diesem Straßburg gewesen sein muß.

Der dritte und wichtigste Versuch, sich zu »modifizieren«, geschieht in Lenzens Dichtung. Die Lebenskrise wird zum Gegenstand; die künstlerische Reflexion ist verzweiflungsvolle Auswegsuche. Lenz spielt alle möglichen Alternativen durch: absolute Verweigerung – Anpassung – Exil – Wunschtraum. Die Struktur seiner Dramen verändert sich. Er stellt nicht mehr eine Welt aus sich heraus, sondern tastet die Welt nach Daseinsmöglichkeiten für sich ab, das Autobiographische wird stärker, die innere Ratlosigkeit thematisiert sich.

Zunächst im Drama. Kurz hintereinander entstehen »Die Freunde machen den Philosophen« und »Der Engländer«. Das eine Stück schickt Lenz am 19. Februar 1776 an Boie, das andere beendet er noch vor Mitte März 1776.

»Ich bin allen alles geworden – und bin am Ende nichts«, ist der erste Satz des Strephon in dem Drama »Die Freunde machen den Philosophen«. Reinhold Strephon ist ein gequälter Mensch, der niemals nein sagen kann, allen helfen will, allen freundlich gesonnen ist, nachgiebig, dienerisch, demütig ist und dadurch von allen schamlos ausgenutzt wird. Das Stück ist weitgehend offenbar ein Psychogramm Lenzens. »... was er zu sein gezwungen ist, und was er ist«, ist für ihn die Frage. Leben oder Gelebtwerden.

In etwa zeitgleich entstandenen Gedichten formuliert Lenz noch faszinierend und mit selbstbeschwörerischer Geste einen ungebrochenen Lebensanspruch:

Doch eh mag ein System von Sonnen stille stehn
Als dieser Götterhauch in unserer Brust vergehn.

...

Wir sterben – pocht mit euren Fäusten,
Ihr Freunde! auf die Brust und schreit: Wir sterben? Nie!
Mit dieser Flamm' im Herzen, dieser Harmonie,

...

Nein, leben, ewig leben wollen wir,
Und müssen wir, der Welt zur Ehre,
Bis Welt und Zeit und Atmosphäre
An unseren Sohlen hängt, und glühende Begier
Den ungebändigt stolzen Geist
von Welt zu Welt, von Sphär' zu Sphäre reißt,
Ha, immer unersättlich – leben,
ja, leben wollen wir, und beben
Soll unter unserem Tritt der Boden, der uns scheut,
Die Luft sich auseinander pressen, Streit
Die Elemente führen, die uns dämpfen,
Uns Götter dämpfen wollen –

Im Drama aber kann er diese Illusion nicht aufrechterhalten. Er kann nur formulieren, was er nicht will. Das Gespenst des Vaterlandes taucht übermächtig auf. »... das stille Land der Toten ist mir so fürchterlich und öde nicht als mein Vaterland«, entgegnet Strephon seinem Vetter, der ihn nach Hause holen will. Vaterland, Väter – dies die Metapher für Anpassung, für Nicht-Leben, für Gelebtwerden. »Weg mit den Vätern! Laßt mich allein!« schreit Robert Hot im »Engländer«, einer dicht gebauten »dramatischen Phantasie«. Hot verweigert sich seinem Vaterland, wo ihn Heirat, Stellung, materielle Sicherheit erwarten. Das bürgerliche Leben ist für ihn abstoßend. Die Liebe ist die einzig ihm ver-

143

bliebene Lebens- und Glücksmöglichkeit. Aber Hot, in einem frühen Entwurf ein einfacher Soldat, der desertiert, liebt eine Prinzessin, unerreichbar für ihn, Teil der Wirklichkeit, die sich verweigert. Hot begeht Selbstmord.

Auch in »Die Freunde machen den Philosophen« liebt der Held eine Adlige. Lenz läßt hier das Glück des bürgerlichen Helden zustande kommen. Die Frau heiratet einen Adligen, dieser tritt, als er die Liebe des jungen Philosophen erkennt, großmütig alle Rechte an den ab, den der Geist adelt. Eine autobiographische Träumerei ist dieses Stück zweifellos. Da es keinen Ausweg aus den Widersprüchen gibt, werden sie utopisch übersprungen.

In Lenzens armseliger Straßburger Lage, die im Widerspruch zu seiner Leistung steht, spielt die traumhafte Vorstellung eine Rolle, von einer geistreichen adligen Dame anerkannt und geliebt zu werden. Diese Sehnsucht teilt er mit anderen jungen Intellektuellen, und es gibt in seinem Leben dafür auch biographische Zusammenhänge: er verliebt sich in Fräulein Henriette von Waldner, eine Straßburger Adlige.

Zugleich ahnt Lenz, daß solcher Art Stücke Kritik und Publikum weitaus mehr zusagen werden. Meint er vorher, daß es ihm wenig darauf ankomme, gespielt zu werden, so muß ihn die Aufführbarkeit seiner Stücke wohl nun doch beschäftigen. Und es wird ihm bestätigt. Sein Verleger schreibt: »Empfangen Sie, liebster Lenz, meinen besten warmen Dank für Ihr Schauspiel: Die Freunde machen den Philosophen. Ich habe es mit Entzücken gelesen, und es hat mich gerührt und getroffen, wie irgend eines.« Auch anderen gefällt es, weil es regelmäßig gebaut ist, dem Zeitgeschmack entgegenkommt. Dem Schauspieler Schröder ist es das liebste Lenz-Stück, und er will es auf die Bühne bringen.

Auch wenn Lenz Prosa schreibt, denkt er nun an Publikation. Hat er seine ersten Erzählungen, das »Tagebuch« und »Moralische Bekehrungen eines Poeten«, Goethe geschenkt – sie sind zweifellos von ihm beeinflußt, stehen in der »Werther«-Nachfolge –, so sind es doch, wenngleich nur als Fragmente überliefert, ganz eigene und eigenartige Prosadichtungen in ihrem stark lyrischen Gestus, ihrer Offenheit, der heiter-tragischen Melancholie und den fortwährenden Versuchen der Selbstironisierung.

Mit der Erzählung »Zerbin oder die neuere Philosophie«, Ende Dezember 1775 in Straßburg offenbar in einem Zuge niedergeschrieben, wendet sich Lenz einer stärker objektivierenden Prosa zu, ohne seine Eigenheiten aufzugeben. Diese entwickelt er dann weiter in dem in Weimar 1776 entstandenen Briefroman »Der Waldbruder, ein Pendant zu Werthers Leiden«, in der großen, im Schweizjahr niedergeschriebenen Erzählung »Der Landprediger« und schließlich in dem in Livland veröffentlichten Prosafragment »Etwas über Philotas Charakter«. Lenz erweist sich als Prosaist von Rang.

In »Zerbin oder die neuere Philosophie« wendet er sich dem damals von den Stürmern und Drängern in die Öffentlichkeit gebrachten Thema der Kindsmörderin zu. Er schildert, wie ein junger Philosoph unter dem Druck der herrschenden Moralnormen (Mädchen darf man sich nur nähern, wenn man ein Eheversprechen abgibt) schließlich eine Magd verführt, die dann ihrer beider Kind umbringt. Erst nach ihrer Hinrichtung bekennt er sich zu ihr und begeht Selbstmord. Alles ist aus der Sicht des jungen Philosophen erzählt, trotz der Härte der Geschichte mit einer Art untergründigem Humor, mit Distanz.

»Wenn Sie doch solcher Erzählungen, wie Zerbin, noch

mehr machten!« schreibt Boie begeistert. Am 2. Januar 1776 hat er das Manuskript erhalten, schon im Februar- und Märzheft des »Deutschen Museums« erscheint die Erzählung. Acht Dukaten erhält Lenz dafür.

Nur einen geringen Teil seiner Schulden kann er damit bezahlen. Seine finanzielle Lage in Straßburg spitzt sich zu. »... ich sitze mitten in der Not« – das ist das Fazit seiner freiberuflichen Tätigkeit. Soviel er auch schreibt, soviel er Unterrichtsstunden gibt (»ich laufe wie ein Postpferd herum ... gebe von Morgen bis in die Nacht Information«), er kann davon nicht existieren. Einen »Bettler« nennt er sich und übertreibt damit nicht. Die Suche nach einem Ausweg wird dringlich. Eine Reise machen? Mehrmals besteht der Plan. Mit den Kleists, dann mit einem Berliner namens Flies. In England und Italien sieht sich Lenz schon. Aber die Pläne zerschlagen sich. – Da bietet ihm sein Freund Lindau eine Reise ins Sächsische an. In Lenz muß sich sofort der Gedanke festgesetzt haben, diese Reise mit einem Besuch in Weimar zu verbinden. Und schließlich beherrscht der Gedanke ihn ganz. Weimar – ein aufgeklärter Fürstenhof. Hat nicht der junge Prinz Karl August, jetziger regierender Herzog in Weimar, zusammen mit Kammerherrn von Knebel ihn, Lenz, im Vorjahr in Straßburg in seinem bescheidenen Dichterquartier aufgesucht?

Plötzlich ist von »dringender Angelegenheit« die Rede, »die meine Gegenwart in Weimar notwendig« macht, von einer »Reise deren Folgen für mein Vaterland wichtiger als für mich sein werden«. Es ist der politische Reformplan über das Soldatenwesen, der Lenz in der letzten Straßburger Zeit fast ausschließlich beschäftigt, und er glaubt, Karl August sei der richtige Regent, dem er diese Reformgedanken vortragen könne, der sie aufgreifen werde.

Das ist der Hauptgrund seines Aufbruchs nach Weimar. Freilich, es ist auch Ausweg aus der Krise, der finanziellen und geistigen, ist Reiselust, Sehnsucht nach anderen Städten, anderen Menschen, ist ein Sich-Ausprobieren, ist Wagnis, Hoffnung. Aber wäre es das allein gewesen, hätte er auch eine andere Reise unternehmen können.

Lavater lädt Lenz nach Zürich ein. »Ach! mein Lieber! wärst Du bei mir.« Christian Boie schreibt ihm am 8. März 1776: »Wären Sie doch bei uns!« Johann Gottfried Herder an Lenz aus Bückeburg: ». . . so beschwör ich Dich, komm zu mir!!! . . . Ich will Dir die Reis' ersetzen. . . . Komm her, ich bitt u. flehe Dich . . . « Johann Heinrich Merck bietet Lenz sein Haus in Darmstadt an. ». . . so viele vortreffliche liebe Freunde fragen, wollen wissen was Lenz macht –.«

Lenz geht nach Weimar.

Der »Hof zu Weimar . . . jetzt ein Zusammenschluß der schönen Geister in Deutschland«, schreibt er dem Kammerherrn von Knebel, an die Straßburger Bekanntschaft anknüpfend. Auch den Streit mit Wieland legt Lenz nun bei, verhindert die Auslieferung seiner Wieland-Satire »Die Wolken«, läßt alle Exemplare vernichten. Jetzt begreift er wohl Goethes taktische Erwägungen vom Vorjahr und dessen versöhnende Schreiben an den einst so heftig Verspotteten. In Weimar wird er Wieland, dem Literaturpapst, gegenübertreten.

Und Goethe ist seit einem halben Jahr dort, Fritz Stolberg will hingehen, Johann Gottfried Herder wird erwartet. Wie sollte da nicht in Lenz die Hoffnung entstehen, auch für ihn sei da ein Platz, auch er könne da gehört werden.

Seit Mitte Februar muß sein Entschluß wohl festgestanden haben. Er würde sofort aufbrechen. Aber das Reisegeld fehlt. »Helfen Sie Ihrem aufs Äußerste gebrachten JMR

Lenz«, schreibt er am 15. März 1776 an Zimmermann, bittet ihn, beim Verleger Reich »alles anzuwenden«, daß dieser »mir das Geld das er für die Soldaten versprochen, sogleich« schicken solle. »... könnte es aufs späteste in 14 Tagen da sein? Verzeihen Sie das erste und letztemal daß mich die Not zwingt in dem *Grad unbescheiden* zu sein.«

Die Reise beginnt. Lenz fährt den Rhein abwärts nach Mannheim; lernt dort Maler Müller kennen, besucht die berühmte Statuensammlung mit der Laokoongruppe. In Darmstadt macht er Bekanntschaft mit Johann Heinrich Merck. Dieser begleitet ihn dann nach Frankfurt. Maximilian Klinger kommt den beiden in Wertherkleidung entgegengeritten. In Frankfurt am Main findet Lenz gastfreundliche Aufnahme im Haus am Hirschgraben bei Goethes Eltern. Lenz wird Goethes Mutter fortan schreiben, sie ihm erwidern, über die Zeit des Bruches mit dem Sohn hinaus. Von der Stadt sieht Lenz nicht viel, »... weil ich nicht aus Goethes Hause kommen bin«. Über Fulda wird er gegangen sein, die Hohe Rhön rechts im Blick. Eisenach, die Hörselberge. Gotha. Lenz besucht vielleicht Friedrich Wilhelm Gotter, den Theatermann, den Brieffreund. Am herzoglichen Liebhabertheater im Gothaer Schloß will Gotter Lenzens »Algierer«, die sechste Plautus-Bearbeitung, zur Aufführung bringen. Es kommt nicht dazu. Schließlich die letzte Poststation: Erfurt.

Am Abend des 2. April 1776 muß Lenz Weimar erreicht haben. Lenz in Weimar. Ein seltsames Kapitel. Voller Schweigen, Verdrehungen, Entstellungen. Geht man heute durch die Stadt, glaubt man, es habe ihn, Lenz, hier niemals gegeben. Keine Würdigung – nicht einmal Erinnerung.

Von April bis Dezember 1776, ein dreiviertel Jahr war Lenz doch in Weimar, im Thüringischen. In der Stadt, in die

148

Goethe ein halbes Jahr vor ihm gekommen war. »Herrn Lenz, Gelehrten, bei Dr. Göthen zu erfragen« lautet Jakobs Adresse.

Goethe, der Freund, nimmt Lenz freundlich auf, hilft ihm, sorgt für ihn, führt ihn bei Hofe ein.

Aber: die Wege gehen auseinander. Literarisch, menschlich, politisch. Lenz dieser Unbehauste, wird unbequem.

»Was ist mit solchen Leuten anzufangen«, meint Wieland und spielt damit keinesfalls nur ironisch auf unterschiedliche künstlerische Haltungen an. Er, der lebenslang ein Jahresgehalt von Herzogin Anna Amalia bekommt, zielt auf finanzielle Sicherheit und damit auf die soziale Herkunft Lenzens wie auf die Maximilian Klingers, der im selben Sommer nach Weimar kommt. »Schade, daß Ihr mit diesem Körper nicht adelich geboren seid, Ihr hättet großes Fortun gemacht«, sagt Wieland zu Klinger und will ihn zur Offizierslaufbahn überreden. Auch Lenz redet er zu, sich »ein für allemal ein wenig« zu »arrangieren«. Ein bürgerlicher Beruf also ist notwendig.

Lenz will nicht, kann nicht. Wie er auch des ihm anfangs stark imponierenden Hoftreibens, des Festefeierns, der Ausgelassenheiten, besonders in dem offenen, sich per Du anredenden, in Wertherkleidung gehenden Kreise der »Weltgeister« im Fürstenhaus um Herzog Karl August bald überdrüssig wird. Er will nicht den »Narren« bei Hofe spielen, schreibt er an Charlotte von Stein. Lenz will handeln, wirken, seine Reformschrift über das Soldatenwesen unterbringen.

Aber er hat keinerlei Chance. Goethe ist der Glückliche, ihm hat sein literarischer Ruhm zum Aufstieg verholfen. Er ist Günstling und Favorit des achtzehnjährigen Karl August, ihn nimmt dieser – gegen den massiven Widerstand der adligen Hofbeamten – als einzigen Bürgerlichen in seine Regierung, ernennt ihn zum Geheimen Legationsrat mit einem Gehalt von 1 200 Talern, mit Sitz und Stimme im Geheimen Conseil, der obersten Landesbehörde. Am 25. Juni ist Goethes Amtseinführung.

Zwei Tage später, am 27. Juni 1776, verläßt Lenz Weimar, geht ins nahe gelegene Berka. Goethe hat ihm die Vorlage seiner Soldatenschrift verboten, ihm geraten, sie zu verbrennen; von »tätigem Widerstand« seinerseits gegen Lenzens Militärprojekte spricht Goethe später. Lenzens Enttäuschung über den Weimarer Hof gipfelt in dem bitteren Satz, den er Goethe geschrieben haben soll: »Ich geh aufs Land, weil ich bei Euch nichts tun kann.«

Juli und August verbringt Lenz in Berka, findet wieder in seine dichterische Arbeit und macht nur ab und an einen Besuch in Weimar. Freunde, Wieland, Anna Amalia, Charlotte von Stein, wollen ihn zurückholen. Aber er will nicht. Da lädt ihn Charlotte auf ihr Landgut Kochberg ein, ausdrücklich und gegen Goethes Willen. Vom 12. September bis zum 31. Oktober weilt Lenz mit ihr auf Schloß Kochberg, eine lange Zeit. Am letzten Oktobertag fahren sie gemeinsam zurück, schon am 1. November aber verläßt Lenz Weimar wieder, geht nach Berka. Bis zum 25. November bleibt er dort. Dann kehrt er in die Stadt zurück.

Am 26. November das Zerwürfnis mit Goethe. »Lenzens Eselei« – das ist die einzige Überlieferung von Goethes Seite. Im Tagebuch steht es. Lenz hat ihn beleidigt, es ist ein Vorgang nur zwischen ihnen beiden.

Goethe veranlaßt daraufhin die Ausweisung des Freundes. Binnen weniger Tage muß Jakob Lenz Weimar und das Territorium des Fürstentums verlassen. Auf herzoglichen Befehl!

Er kann sich nicht verteidigen. Goethe spricht kein Wort mehr mit ihm. Der Einsatz anderer für Lenz – Einsiedels, Anna Amalias, Charlotte von Steins, Luise von Göchhausens, zaghaft wohl auch Herder – bewirkt nichts. Im Gegenteil! Goethe wirft seine Existenz in die Waagschale. »Meine Existenz ist mir so lieb, wie jedem andern, ich werde aber just am wenigsten in Rücksicht auf sie irgend etwas in meinem Betragen ändern.«

Lenz muß gehen, »ausgestoßen als ein Landläufer, Rebell, Pasquillant ...«. »Auf die sonderbarste Weise von der Welt« sei er in Weimar »in die Enge gebracht worden«, sagt er später und fragt Herder: »Wie lange werdet ihr noch an Form und Namen hängen.«

Lenz wird es niemals verwinden, niemals begreifen. Seine ersten Schwermutsanfälle, der Krankheitsausbruch ein Jahr darauf hängen nicht zuletzt damit zusammen.

Merkwürdig: Goethe tilgt alle Spuren, verhängt Schweigen über den Bruch in Weimar, vernichtet die Briefe Lenzens wie die seinen an Lenz (letztere hat dieser offenbar Charlotte mit der Bitte um Vermittlung gegeben).

In den Leerraum schießen Legenden, Halbwahrheiten, Anekdotisches, Klatsch.

Er habe sich bei Hofe unmöglich benommen, wird heute überall geschrieben. Halbzitiertes gilt dabei als Dokument.

Als der russische Dichter Karamsin, ein enger Moskauer Freund Lenzens, 1789 nach Weimar kommt, wird ihm eine Skandalgeschichte erzählt. In Wirklichkeit handelt es sich lediglich darum, daß Lenz als Bürgerlicher auf einem Maskenball für Adlige erschienen ist; »... die betitelten Herren und Damen, die den weimarischen Hof ausmachten, meinten, daß dem naseweisen Lenz wenigstens der Kopf vor die Füße gelegt werden müsse«. Goethe hat sich darüber sehr

amüsiert, und er soll Lenz auf den Verstoß gegen die Hofeti-
kette aufmerksam gemacht und dieser darauf erwidert haben: »Mit all solchem höfischen Distriktionskram sollt ihr
mich ein für allemal ungeschoren lassen...«

Das wird die Wahrheit sein.

Wieland bewundert, daß Lenz sich solche Freiheiten
nimmt, »... aber das ficht ihn nichts an; er geht seinen Weg
fort, und wischt sein Vidle ans Tor, wie die Schweizer sagen«.

Goethe aber kann das nicht recht sein. Und nicht nur das,
die Widersprüche und Konflikte liegen viel tiefer. Seine früheren Freunde aus dem Sturm-und-Drang-Kreis werden in
Weimar ein außerordentlicher Störfaktor für ihn. In ihnen
lebt seine eigene Vergangenheit auf, von der er sich gerade
gelöst hat. Das rigorose Abtrennen der Freunde ist Selbstbe-
hauptung, Selbstschutz.

Zu Klinger sagt es Goethe gleich, daß er nicht in Weimar
bleiben kann. »Klinger ist mir ein Splitter im Fleisch...« –
»Klinger kann nicht mit mir wandeln, er drückt mich, ich
habs ihm gesagt, darüber er außer sich war und es nicht verstund und ichs nicht erklären konnte und mochte.« Bei Lenz
ist Goethe zurückhaltender, die erste Unmutsäußerung über
ihn ist im September, da kommt Eifersucht hinzu, Lenz ist
in Kochberg bei Charlotte. »Ich hab über die beiden Kerls
nichts Treffendes zu sagen.« Klinger muß im September die
Stadt verlassen. Lenz bleibt noch eine Frist. Der Vorwand,
das auslösende Moment, findet sich noch nicht.

Aber untergründig arbeitet es schon.

Da ist Lenzens Soldatenschrift.

»Was ist unsere heutige Kenntnis der Finanzen«, heißt es,
»wohin laufen unsere unendlichen Berechnungen? Den Bür-

ger, den Landmann, der bis aufs Blut ausgedrückt ist, vollends abzuschälen zu sehen, ob ihm nicht noch eine Faser übrig gelassen worden, die er gleichfalls zum Besten des Staates hergeben könne.«

»Wehe dem neuen Projektemacher der diese Erniedrigten noch tiefer erniedrigt, diese Zertretenen noch mehr zertritt, aller Fluch ihrer unterdrückten Seufzer (leider können die meisten nicht mehr seufzen) über ihn! Wenn der Bauer außer den Frondiensten, die er dem Edelmann, und denen, die er dem König tun muß, noch von dem wenigen Schweiß, den er für sich verwenden kann, alles bis auf die Hefen für außerordentliche Abgaben aufopfern muß – die Feder fällt mir aus den Händen für Entsetzen.«

Lenz analysiert dann die Lage der Soldaten, fragt nach der Motivation der gekauften, gepreßten Söldnerheere. Seine Änderungsvorschläge zielen auf ein republikanisches Heer. »Der Soldat muß für sich selber fechten, wenn er für den König ficht . . .«, meint Lenz und schreibt: »Die Natur allein macht Helden . . . Es müssen sinnliche, von allen Soldaten gleich anerkannte Vorteile sein . . . oder – die Vormauer des Staates fällt.«

Darin liegt ein Ansatz von großer historischer Bedeutung. Lenz nimmt vorweg, was sich geschichtlich bald zeigen wird. Zum ersten Mal 1792 im Konflikt zwischen Französischer Revolution und der konterrevolutionären preußisch-österreichischen Koalition, wo sich französische Freiwillige und preußisch Gedrillte gegenüberstehen, unter letzteren auch das Regiment Weimar mit Herzog Karl August und Goethe an seiner Seite. Schließlich in der Katastrophe von Jena und Auerstedt 1806, dem Debakel der preußischen Armee, da sich Lenzens Worte bewahrheiten, daß diese Armee von Marionetten »ein kleiner Fehler in der Rechnung in Un-

153

ordnung bringt«. Manche Detailvorschläge Lenzens finden sich dann im Krümpersystem wieder, das 1808 als Heeresreform eingeführt wird.

Die Sprache von Lenzens Soldatenschrift ist rebellisch: hart, klar, fordernd. Es ist der Ton von Christian Friedrich Daniel Schubart in seiner Anklage über den Soldatenhandel deutscher Fürsten, es ist der Gestus von Georg Büchner, der seinen »Hessischen Landboten« nicht mehr als Bittschrift an die Fürsten, sondern als Flugblatt an das Volk richten wird.

Lenz aber richtet sich an die Herrschenden. »Ich schreibe dieses für die Könige ...«, lautet sein erster Satz. Er entwickelt sein Konzept strikt aus seinen gesellschaftlichen Erfahrungen, aus den Gegebenheiten des Feudalsystems. »Ach, daß ich diese Vorstellungen mit einem Gewicht in die Herzen der Fürsten hinabschicken könnte ... Euer ist der Vorteil, meine Fürsten! nicht unserer. ... Das will ich euch beweisen, daß die drückenden Abgaben eurer Untertanen durch dieses Mittel leichter und eure Kasse nicht ärmer wird.«

Im jungen, aufgeklärten Herzog Karl August glaubt Lenz einen Interessenten für seine Pläne zu finden. Direkt an ihn wendet er sich, arbeitet, »um nicht in die Luft zu bauen«, mit exaktem Zahlenmaterial, u. a. über das Weimarer Militär. Karl August wird Lenzens weitgreifende Ideen nicht aufnehmen. Aber bevor eine ernsthafte Debatte überhaupt möglich ist, scheitert Lenz an Goethe. Wieland assistiert dabei. Eine »Marotte« seien Lenzens Projekte, »die Welt zu verbessern«.

Noch viel später, im 14. Buch von »Dichtung und Wahrheit«, spricht Goethe über Lenzens militärpolitische Reformpläne wie über ein abwegiges Kuriosum. Er räumt zwar ein, Lenz habe die »Gebrechen« des »Waffenwesens« seinerzeit »ziemlich gut gesehen«, die von ihm vorgeschlagenen »Heilmittel« seien dagegen »lächerlich und unausführbar«. Freilich, ein Teil von Lenzens Vorschlägen, vor allem die im sexuellen Bereich des Soldatenlebens, paralysieren, weil sie in sich widerspruchsvoll sind, die scharfe soziale und politische Diagnose. Aber damit ist der große Ansatz dieser Schrift nicht abzutun. Goethe standen zudem 1813, zur Zeit seines Urteils, die historischen Fakten von 1792 und 1806 zur Verfügung wie auch die eigenen langjährigen bitteren und enttäuschenden Erfahrungen als unermüdlich tätigem Politiker, u. a. auch als Verantwortlichem für das Militärwesen im Fürstentum Weimar. »... wer sich mit der Administration abgibt, ohne regierender Herr zu sein, der muß entweder ein Philister oder ein Schelm oder ein Narr sein«, wird er 1786 schreiben, seinen Rückzug aus der Politik damit ankündigend.

1776 aber sind seine Hoffnungen noch ungebrochen. Das Bündnis mit Herzog Karl August und sein gesunder Menschenverstand scheinen Goethe auszureichen, um die Welt »vernünftiger« einzurichten. Er glaubt, den ersehnten Handlungsraum zu haben. »Meine Lage ist vorteilhaft genug und die Herzogtümer Weimar und Eisenach immer ein Schauplatz, um zu versuchen, wie einem die Weltrolle zu Gesicht stünde«, schreibt er 1776. Und er beginnt sein Amt mit dem Realitätssinn eines Hofbeamten in einem deutschen Zwergenstaat: wälzt Akten, setzt Schreiben in gewundenem Stil auf, fängt an, sich um das Ilmenauer Bergwerk zu kümmern, ist für die Feuerwehr verantwortlich. Warum dann die Abwehr von Lenzens Soldatenschrift, sind doch beide Gleichgesinnte, wollen doch beide auf die »Regierungskunst« des Herzogs einwirken? Goethes Konzept ist gemäßigter, er kann neben sich keinen anderen mit eigenen Ideen gebrauchen. Seine feindselige Haltung zu Lenzens Reform-papier hat er selbst eindeutig belegt.

In der Dichtung aber lassen sich die Konflikte zwischen beiden Freunden nicht einfach mit Ge- oder Verboten ab-tun. Die Beziehungen der beiden sensibilisieren sich in dieser Hinsicht in den folgenden Monaten – Lenz ist schon in Berka – ungeheuer.

Zwar gibt es noch Zusammensein, Austausch, Gespräch. Von deren Vertraulichkeit und Intimität vermögen uns Len-zens Worte an Goethe eine Ahnung zu geben: »... wollte Gott ich hätte Deine Art zu sehen und zu fühlen, und Du zu Zeiten etwas von der meinigen, wir würden uns glaub ich beide besser dabei befinden.«

Lenz verwindet offenbar, daß in Weimar keiner sein Drama »Die Soldaten« zur Kenntnis nimmt, daß man über »Die Freunde machen den Philosophen« lacht (Klinger aus Weimar: »Ich teile das Gelächter über Strephon.«), er ver-windet auch, daß man den »Engländer« gar nicht druckt. Der Verleger lehnt den Schluß des Dramas ab, läßt das Stück einfach liegen, ein Jahr später bekommt es Herder in die Hände und schickt es Lenz zurück mit der seltsamen Bemer-kung, daß in seinem Ort Bückeburg neulich ein junger Mann sich die Kehle durchgeschnitten habe und Gott sei Dank gerettet wurde, das hätte Lenz mit seinem Engländer auch tun sollen. Lenz entgegnet darauf: »Der Engländer ward in ganz anderer Stimmung und aus ganz anderer Rücksicht geschrieben.«

Lenz schreibt unbeirrt weiter. Sein Grundtenor bleibt gleich, vor allem in den dramatischen Fragmenten. Da knüpft er an den harten Realismus des »Hofmeister« und der »Soldaten« an, wenn er im »Tugendhaften Taugenichts« den Helden auf offener Szene auf dem Schlachtfeld sterben läßt und anschließend ein Bauer als Leichenfledderer auftritt. Lenzens Stückfragment geht übrigens – wie dann Jahre später Friedrich Schillers großer Dramenerfolg »Die Räuber« – auf das gleiche Angebot zurück: Christian Daniel Schubart hatte 1775 die deutschen Dramatiker aufgefordert, den Stoff der »feindlichen Brüder« unter den gegenwärtigen Verhältnissen Deutschlands zu gestalten. Und es mutet wie eine Vorwegnahme der Schillerschen Kammerdienerszene an, wenn Lenz eine seiner Dramengestalten namens Leypold sich weigern läßt, Schokolade zu trinken, da »der Schweiß der Wilden« daran klebe. Leypold hat einen 1773 erschienenen Band mit Kupfern angesehen, der ihm die entsetzliche Ausbeutung der Neger auf der Insel Mauritius vor Augen führt. »Wer bin ich, daß andere Leute um meinetwillen Blut schwitzen sollen«, fragt er. Auch in »Catharina von Siena«, dem Drama mit dem religiös-verfremdenden Stoff, sind solche Töne der sozialen Anklage und Anteilnahme unüberhörbar. In Straßburg hat er damit begonnen, in Berka arbeitet er daran weiter. Zeit und Kraft reichen aber nicht aus, um es zu einem Ganzen zu formen, es bleiben Bruchstücke, Fragmente, immer erneute Ansätze, Textvarianten.

Auch die Arbeit an der Soldatenschrift wird fortgesetzt. Sehr intensiv sogar. Von Weimar, Straßburg und anderen Orten erhält er neue genauere Angaben über das Militär, macht Aufstellungen, Statistiken, Berechnungen.

Zugleich beginnt Lenz, tief betroffen durch die Erlebnisse am Weimarer Hof und mit Goethe, über die Künstlerproblematik zu reflektieren. »Catharina von Siena« nennt er nun ein »Künstlerdrama«, das Motiv des Rückzugs aus der Welt taucht auf. Catharina sinnt über die Meinung ihrer Dienerin nach: »Sie sagt' es wäre Stolz, die Welt nach sich / Und sich nicht nach der Welt bequemen wollen. Sie nannt' es Wahnsinn – . . . Wahnsinn!«

Unterschiedliche Lebenshaltungen zweier Künstler sind auch das Thema des Briefromans »Der Waldbruder«, im Juli in Berka begonnen, im November 1776 dort beendet. Unverhüllt gestaltet Lenz hier Goethes und sein Leben, ihre Berührungen, Gespräche, ihre gewechselten Briefe, ihren Streit, ihre Andersartigkeit. Zum Teil muß er Briefe wörtlich zitiert haben. Ist diese wunderbare, durch die verschiedenen Standpunkte stark objektivierende und doch sehr lyrische Erzählung auch nicht auf autobiographische Schlüsselprosa einzuengen, so ist darin doch Lenzens direkte Auseinandersetzung mit Goethe unverkennbar.

Verwirrt, abgestoßen sucht Lenz nach einem moralischen Urteil für seine Haltung und für die Goethes. Obgleich er keinen Zweifel an der Narrheit und Unbrauchbarkeit der seinen läßt, bewertet er sie moralisch weit höher als die vordergründig brauchbare, aber fragwürdige des anderen, dessen Gesellschaftsfähigkeit seinem Anpassungsvermögen zu verdanken ist.

Zwei Helden stehen sich gegenüber, Herz und Rothe. Der eine hat sein Amt niedergelegt, ist aus der Stadt geflohen. Er liebt unglücklich. Von allen wird er verlacht. »Absterben« für die Welt möchte er. Am Ende geht er als Soldat nach Amerika. Der andere, Rothe, weiß sich in alles zu fügen, hat Erfolg im Beruf und bei den Frauen. »Ich lebe glücklich wie ein Poet«, sagt er, »das will bei mir mehr sagen als glücklich wie ein König . . . Man nötigt mich überall hin und ich bin überall willkommen, weil ich mich überall hinzupassen und aus allen Vorteil zu ziehen weiß.« Rothe ist der »einzige«, der Herz »versteht«. Einen »brauchbaren Menschen« will er aus ihm machen. »Alle Deine Talente in eine Einsiedelei zu begraben. – Und was sollen diese Schwärmereien endlich für ein Ende nehmen?« »Menschenliebiger Don Quichotte« und »Narr« nennt Rothe Herz und gibt ihm unaufhörlich Ratschläge, wie er sich zu verhalten habe. Von »Selbstliebe« ist da immer wieder die Rede, von notwendiger Anpassung; »... mein Epikurismus führt doch wahrhaftig weiter, als Dein tolles Streben nach Luft- und Hirngespinsten«.

Wir hören dahinter förmlich Goethe in seinem übermütig-optimistischen Ton des ersten Weimarer Jahres. Er sei »rein glücklich«, schreibt er in jenem Sommer 1776, »... bin weder Geschäftsmann, noch Hofdame und komm in beiden fort«. Wie mag das Lenz in seiner ausweglosen Einsamkeit verletzt haben.

Rothe verliert schließlich die Geduld mit Herz: »Alle Deine Klagen und Leiden und Possen helfen Dir bei uns zu nichts ... verzeih mir's, was können wir anders tun – lachen drüber – ja lachen entweder Dich aus der Haut und der Welt hinaus – oder wieder in unsere bunten Kränzchen zurück.«

Ende November 1776 zeigt Lenz Goethe das Manuskript des »Waldbruder«, schenkt es ihm.

Nichts kann mehr für Lenzens Gutgläubigkeit, seine Arglosigkeit, die völlige Abwesenheit jeglicher Berechnung und Taktik sprechen als dieses Geschenk.

Goethe aber muß sich vom »Waldbruder« angegriffen gefühlt haben. Hatte er im Sommer leichthin davon gesprochen, daß er Lenz das Dichten überlasse (Weisse am 11. Juni 1776: »Vor kurzem sprach ich Goethen, der, wie er sagt, seine literarische Laufbahn Lenzen überlasse.«), so ist es nun gerade Lenzens sensibles Künstlertum, von dem er sich verunsichert fühlt. Nicht im Sinne einer Konkurrenz, sondern weil in Lenz, dem begabten Dichter, etwas ist, was Goethe tief verborgen in sich selbst fühlt. Ein Jahr später wird Goethe seine eigene Heilung von »Melancholie« und »Wahnsinn«, wie er sagt, durch »Psychodramen« erwägen. Die Gefährdungen des Künstlers durch Depressionen, hypochondrische Zustände, Selbstzweifel und Selbstübersteigerungen kennt Goethe ebenso. In Jakob Lenz aber treten sie ihm ständig gegenüber. Und Lenz in seiner sozialen und seelischen Unbehaustheit, in seiner qualvollen Suche nach einer Alternative empfindet und reflektiert die Konflikte des Künstlertums natürlich weitaus stärker.

Goethe disqualifiziert das als krank. Lenz ist der erste kranke Künstler, der seinen Weg kreuzt. Goethe wehrt sich dagegen, wie er sich später gegen Kleist und Hölderlin wehren wird, sie als krank und pathologisch bezeichnet, wie er die Romantik abwehrt, wie er die Bilder von Goya und Hogarth verwirft: er mag die harten Dissonanzen nicht, sie entsprechen seinem Harmoniestreben nicht, er baut seinen Grundsatz immer weiter aus, jeder einzelne habe durch Bildung und Streben eine Chance zur Vervollkommnung in der Gesellschaft. Lenzens tragisches Scheitern aber, sein unglückliches Leben, wie später Selbstmord und Verfall in Wahnsinn bei Kleist und Hölderlin, signalisieren die brutale Realität: die bürgerliche Gesellschaft hindert das Individuum durchaus an seiner Entfaltung.

Goethe stößt Lenz von sich; aus Angst vor der eigenen Gefährdung. Mit ungeheurer Energie wird er »die Kelter allein ... treten«; dennoch werden die Gefährdungen ihn einholen: seine Flucht vom Weimarer Hofe nach Italien ein Jahrzehnt später und sein Künstlerdrama »Torquato Tasso« legen davon Zeugnis ab.

Das gespannte Verhältnis der beiden Freunde wird 1776 durch einen weiteren Umstand zum Äußersten getrieben.

Seit Goethe in Weimar ist, seit Herbst 1775, wirbt er um Charlotte von Stein. Ihr Verhältnis ist wechselvoll und spannungsgeladen. »Wenn das so fortgeht beste Frau werden wir wahrlich noch zu lebendigen Schatten«, schreibt Goethe ihr am 1. September. Einige Tage später: »Wir können einander nichts sein und sind einander zu viel.«

Goethe will sie in Kochberg besuchen, aber sie verbietet es ihm. »... ich werde nicht nach Kochberg kommen denn ich verstund Wort und Blick«, erwidert Goethe.

In diese Situation hinein fällt Charlottes Bitte, daß Lenz nach Kochberg kommen solle. Und sie muß diesen Wunsch wiederholt geäußert haben.

Am 10. September schreibt Goethe der Freundin: »Ich schick Ihnen Lenzen, endlich hab ich's über mich gewonnen. O Sie haben eine Art zu peinigen wie das Schicksal, man kann sich nicht darüber beklagen, so weh es tut. Er soll Sie sehn ... Er soll mit Ihnen sein – mit Ihnen gehen ... Sie lehren, für Sie zeichnen, Sie werden für ihn zeichnen, für ihn sein. Und ich – zwar von mir ist die Rede nicht, und warum sollte von mir die Rede sein –.«

Unverkennbar: Goethe ist eifersüchtig, ist verletzt; schreibt noch unter den Brief: »Ade. Von mir hören Sie nun nichts weiter, ich verbitte mir auch alle Nachricht von Ihnen oder Lenz.«

Vom 12. September bis zum 31. Oktober 1776 wird Lenz mit Charlotte von Stein in Kochberg weilen, anderthalb Monate. Vertraut muß ihr Verhältnis gewesen sein, sie öffnen sich einander, Lenz spricht mit ihr über seine Zukunftspläne. Besuche in Kochberg: die Herzogin Anna Amalia, Luise, Karl August. Das erste Zusammentreffen Lenzens mit Johann Gottfried Herder. Im Umgang mit Charlotte von Stein gewinnt Lenz offenbar seine Heiterkeit, die Galanterie der Straßburger Jahre wieder. Eine glückliche Zeit. Die Illusion der Geborgenheit.

Lenz verehrt Charlotte, umschwärmt sie, aber er weiß genau, Goethe ist es, dem sie angehört und angehören will. Lenzens Gedicht »Abschied von Kochberg« gibt darüber eindeutig Auskunft:

> Auch ich sah ihren Pfad, auch mir
> War es ver gönnt ein Röschen drauf zu streuen,
> Zur Priesterin des Gottes sie zu weihen
> Und hinzuknien vor ihm und ihr

heißt es da, und das Gedicht endigt mit den Zeilen:

> Ich aber werde dunkel sein
> Und gehe meinen Weg allein.

Lenz gibt sich keinen Hoffnungen hin, verhält sich aber äußerst undiplomatisch Goethe gegenüber. »Ich bin zu glücklich Lieber als daß ich Deine Ordres dir von mir nichts wissen zu lassen nicht brechen sollte«, liest der Freund in Weimar, und in bezug auf seinen Englischunterricht erfährt er: »Die Frau von Stein findet meine Methode besser als die Deinige.«

Ist Lenz wirklich so naiv, so arglos? Offenbar ja. Denn einmal heißt es auch bei ihm, Goethe komme nicht nach Kochberg, »er ist so von Geschäften absorbiert in W.«. Goethe aber verzichtet bewußt. Charlottes Hinwendung zu Lenz, sein langer Aufenthalt in Kochberg müssen Goethe mißfallen.

Trifft Lenz auch keinerlei Schuld, so sieht Goethe ihn, wenn auch niemals als ernsthaften Konkurrenten – dazu ist

162

er sich seiner Sache zu sicher –, doch bewußt oder unbewußt als Schuldigen.

Hinzu kommt der merkwürdige Umstand, daß Lenz nicht nur Charlotte von Stein, sondern auch Friederike Brion und Goethes Schwester Cornelia sehr nahegestanden hat. Seine dichterischen Reflexionen über diese beiden Frauen schenkt Lenz Goethe – wieder arglos, denn er rührt damit an wunde Stellen, an Dinge, die Goethe vergessen, verdrängen, nicht wahrhaben möchte.

Nicht nur in der Politik und in der Dichtung, auch in den Frauen tritt ihm in Lenz die eigene Vergangenheit, die er von sich abgetrennt hat, immer wieder vor Augen. Lenz zwingt ihn, in diesen Spiegel zu sehen.

Goethes Verhältnis zu Charlotte und zu seiner Schwester Cornelia bildet den Hintergrund für das am 26. Oktober 1776 begonnene und in vier Tagen niedergeschriebene Drama »Die Geschwister«. Mitte November beginnen die Proben für eine Aufführung im Weimarer Liebhabertheater. Ende November findet sie statt.

Ohne Lenz. Ihm hat man nichts davon gesagt. Goethes Diener entschuldigt sich nachträglich dafür.

Zitate aus Briefen Charlotte von Steins verwendet Goethe zu ihrer Betroffenheit und zur hämischen Klatschfreude der Weimarer Hofleute in seinem Drama »Die Geschwister«.

Kann nicht ein Wortwechsel darüber ein auslösendes Moment des Streites zwischen Lenz und Goethe gewesen sein? Oder – ein völlig anderer Gesichtspunkt – die Haltung beider zur jungen Herzogin Luise? Oder ein Wort Lenzens über seine Freundschaft zu Charlotte – nein, nicht einmal ein Wort; eine Andeutung, eine Geste, ein Lächeln könnte genügen. Die Beziehungen sind so sensibilisiert, der emotionale

Bereich dem Mann Goethe vielleicht nur willkommen, eine Verletzung durch Lenz zu dramatisieren, zur Beleidigung hochzustilisieren, um endlich den Vorwand für den Bruch zu haben.

Was dann geschieht, geht jedenfalls in rasendem Tempo, mit Kälte und erbarmungsloser Härte von Goethes Seite vonstatten.

Binnen weniger Tage muß Lenz die Stadt, das Territorium des Fürstentums verlassen; von »exiler«, von Verbannen ist die Rede. Fürsprecher Lenzens werden abgewiesen, Vermittler nicht gehört. Eine Abfindungssumme wird ihm geboten. Lenz weist das Geld zurück. Er will gehört werden. »Da ich aber nach meiner Überzeugung erst gehört werden müßte, ehe man mich verdammte«, schreibt er verzweifelt. Er kommt nicht zu Wort.

Am 1. Dezember 1776 geht Lenz aus der Stadt. Leer, bitter geht er. »Das allerhöchste Leiden ist Geringschätzung«, schreibt er einmal und: »Ihn nicht auf das Fest greifen, sondern so ganz in der Stille und gleichsam daß kein Hund oder Hahn danach krähte von der Welt schaffen ... Ein Gott der auf der ganzen Erde Revolutionen zu machen die Kraft und den Beruf in sich spürte, so gleichsam wie ein aufschießendes Unkraut in der Geburt erstickt zu werden ...«

Bei Goethes Schwester Cornelia und ihrem Mann Georg Schlosser in Emmendingen nahe Straßburg findet der Ausgewiesene für Wochen, ja Monate Zuflucht, Geborgenheit. Die Christnacht verbringt er dort, das Frühjahr 1777.

In kurzer Zeit schreibt er eine umfangreiche Erzählung nieder, den »Landprediger«; noch im gleichen Jahr erscheint sie in drei Teilen in Boies »Deutschem Museum«. Ein Landpfarrerdasein wird verherrlicht. Ernsthafter Versuch einer realen Perspektive? Zugeständnis an den Publikumsgeschmack? Beschwörungsformel sich selbst gegenüber? Wohl letztlich eine bitter-sarkastische Ausstellung bürgerlich-beschränkter Tüchtigkeit. Den Zustand der inneren Zufriedenheit erreichen die beiden Helden, Pfarrer Mannheim und seine Frau, erst, als sie den »allertödlichsten Feind« in ihrem Leben, das Schreiben von Romanen und Gedichten, besiegt haben. Der Pfarrer verfaßt fortan nur Abhandlungen über Viehseuchen und Pferdekuren, seine Frau läßt das Verseschreiben, begnügt sich mit Liedchen von Hagedorn und Gleim. Auf ihr poetisches Treiben sehen die beiden wie auf ein Laster gleich dem Kaffeetrinken oder Pfeiferauchen zurück. Der Platz im bürgerlichen Leben ist gefunden.

Schreiben, ernsthaft Schreiben ist Existenzbedrohung, ist eine zerstörerische Kraft – das meint Lenz und stellt es bitter zur Schau.

Es ist sein eigenes Problem. Er wird keine Antwort finden.

Von Emmendingen aus unternimmt Lenz Reisen nach Straßburg, Colmar, nach Basel, nach Zürich.

Die Schweiz wird ein Anziehungspunkt für ihn. Lavater nimmt ihn für ein Vierteljahr in seinem Züricher Haus auf. Neue Freunde lernt Lenz kennen. Sarasin, den Baseler Seidenfabrikanten und Mäzen, Füßli, den Historiker und Politiker, Iselin, den Popularphilosophen, Hirzel, den Arzt, der durch seine 1761 veröffentlichte physiokratische Schrift »Die Wirtschaft des philosophischen Bauern« den Musterbauern Jakob Gujer aus Wertmatswil bei Uster, genannt Kleinjogg, berühmt macht, sein Hof wird Wallfahrtsort aller Schweizreisenden.

165

»Ich schwärme in der Schweiz herum«, schreibt Lenz. Anfang Mai nimmt er an der Tagung der Helvetischen Gesellschaft in Bad Schinznach teil. Im Juni macht er eine vierzehntägige Fußwanderung durch die »wilden Cantons«, die Schweizer Berge, besteigt den Sankt Gotthard, den Grimsel, den Furka.

Dann geht er nach Emmendingen, will Schlosser beistehen. Etwas ist passiert, das ihn außerordentlich trifft: Goethes Schwester Cornelia ist am 8. Juni, sechsundzwanzigjährig, nach der Geburt ihres zweiten Kindes gestorben. »Mir füllt diese Lücke nichts –«, schreibt Lenz, »ein edles Wesen von der Art auf der Welt weniger kann sie einen schon verleiden machen.«

Schließlich treibt es ihn wieder in die Schweiz, Wanderungen in den Süden. Umkehr. Monate in Zürich, in denen er Zeuge politischer Kämpfe wird. »Die Bürgerschaft scheint es möchte bei nichts weniger aufhören wollen als bei einer Revolution«, notiert Lenz. Er will darüber schreiben.

Überhaupt: die verschiedensten Pläne beschäftigen Lenz in dem Schweizjahr. Ein Stück für Sarasins Liebhabertheater fängt er an, entwirft Gedanken für eine Töchterschule in Basel, ein großangelegter Reiseplan nach Italien entsteht. Mit den Schweizer Philanthropins setzt er sich auseinander, gedenkt wohl gar, an einer solchen Anstalt eine Stelle anzunehmen, fährt deswegen Ende Oktober nach Marschlins, aber die Schule ist Mitte 1777 eingegangen. Auch landwirtschaftliche Fragen faszinieren ihn. Er studiert, wie schon in Straßburg und Weimar, weiterhin die Physiokraten. Schrieb er schon in Thüringen, in Berka: »... ich möchte die Stunde verwünschen, da ich nicht ein Bauer geboren bin«, so idealisiert er auch in der Schweiz – wie alle seine Freunde – den Bauernstand, spielt vielleicht sogar mit dem

166

Gedanken, Bauer zu werden. Wie es Heinrich von Kleist 1801 in der Schweiz auf einer kleinen Insel im Thuner See tun wird, wie es Gottfried August Bürger, Johann Heinrich Merck und Lenzens Schweizer Freund Christoph Kaufmann in der Tat versuchen – und daran scheitern. Es ist keine Alternative.

Wir wissen nicht im einzelnen, welche verzweifelten Anstrengungen Lenz macht, um seine Lebens- und Existenzkrise zu überwinden. Wir wissen nur, nichts gelingt ihm, nichts.

Am Ende des Schweizjahres steht er vor einem Abgrund. Bis an die äußerste Grenze der Angst muß er in dem Jahr physisch und psychisch getrieben worden sein. Er hat überall Schulden, bei Sarasin, bei Lavater, bei Füßli – hat sogar die Sachen, die er noch in Weimar besaß, seine »Uhr, silberne Schnallen, Degen, Hirschfänger« versetzt. Völlig mittellos ist er. »Ich bin ein Fremder . . . unstet und flüchtig und habe so viele die mit mir unzufrieden sind«, schreibt er und klagt über seine »unbehelfsame Existenz«.

Heimlich, hinter seinem Rücken sammeln Freunde für ihn, Kaufmann und seine Braut organisieren es: »Wer den edlen, guten Jüngling kennt und liebt, trägt gewiß gern etwas zu seiner Ruhe bei – so ist er noch immer gedrückt, daß in der Länge auch sein moralischer Charakter drunter litte – und Sie werden sehen, wie Ruhe und stille Befreiung von Sorgen herrliche Wirkungen in ihm hervorbringen«, heißt es in einem Rundschreiben vom 29. November 1777.

Aber es ist schon zu spät. Lenz ahnt den Zusammenbruch, stemmt sich verzweifelt dagegen. Sein beklemmend klageloses Gedicht »An den Geist« spricht davon:

O Geist! der du in mir tobst
Woher kamst du, daß du so eilst?
O verzeuch noch himmlischer Gast
Deine Hütte vermag's nicht
All ihre Bande zittern
Kann nicht weiter empor.

Sei nur getrost, bald bist du frei
Bald wird dir's gelungen sein, grausamer
Teurer grausamer Gast!
Bald hast du dein steinern nordisch
Treues Haus übern Kopf dir zertrümmert
Ach da stehst du wie Simson und wirfst
Wirfst – strebst – wirfst's übern Haufen
Weh uns allen, schone noch, schone
Dieser treuen Hütte Trümmer
Möchten dich sonst unter sich begraben.

Sieh noch hält sie mit schmeichelnden Banden
Dich zurück, verspricht dir reine
Tausend reine Lebensfreuden
Zur Belohnung für deine Müh'.
Schone noch Grausamer, Undankbarer
Kehre zurück, heft ihre Gelenke
Wieder mit zarter Selbstlieb' zusammen
Denn Gott selber baute sie dir,
Klein und gebrechlich wie sie da ist.

Wenn sie ausdauret dann breche sie
Erst wenn der Baum gesaftet, geblüht
Früchte mehrjährig getragen, verdorr' er,
Gehe sein Keim ins ewige Leben

Aber jetzt, heilige himmlische Flamme
Jetzt – Erbarmen! – verzehr ihn noch nicht.

Am Ende des Schweizjahres, im November in Winterthur,
muß mit Lenz etwas passiert sein. Die Dokumente darüber
fehlen. Pfeffel spricht von einem »Unfall«, und man »sollte«
Lenz »nach Hause jagen oder ihm einen bleibenden Posten
ausmachen«. Sarasin meint, »der Kavalier« solle »einen Beruf wählen, dessen er warten« müsse. Lavater antwortet
ihm darauf: »Lenzen müssen wir nun Ruhe schaffen, es ist
das einzige Mittel ihn zu retten, ihm alle Schulden abzunehmen und ihn zu kleiden.«

Wie kann dieser Unbehauste, der grauenhaft genau weiß,
wie gefährdet er ist, Ruhe finden! Bis zum Jahresende ist er
noch in Winterthur bei Kaufmann.
   Anfang Januar 1778 bricht dieser mit einigen Freunden,
Lenz unter ihnen, auf, »zu Fuß« geht es »die Straße nach
Emmendingen« hinunter. Rast bei Georg Schlosser. Dann
trennen sie sich, Lenz geht allein weiter, das Steintal ist sein
Ziel. Die Freunde haben ihn zu einem Besuch bei Pfarrer
Oberlin in Waldersbach überredet.
   Am 20. Januar kommt Lenz bei Oberlin an. Im Morgen-
grauen des 8. Februar wird er, bewacht von drei starken
Männern, aus dem Pfarrhaus geschafft. Ein gefährlicher
Mensch, ein Verrückter! Nach Straßburg bringt man ihn.
   Übereinstimmend haben Mediziner Lenzens Krankheit
als Schizophrenie gedeutet. Weichbrodt stellte 1920 die Di-
agnose Katatonie, das ist eine Form der Schizophrenie, die
früher auch »Spannungsirresein« genannt wurde. In neue-
ster Zeit, Ende der sechziger Jahre, sind zwei medizinische
Dissertationen (von Herwig Böcker und Johanna Beuthner)

zu ähnlichen, wenn auch differenzierteren Urteilen gelangt. Aber der alleinige psychiatrische Gesichtspunkt, der die Diagnose der Krankheit zwar aus Leben und Werk heraus interpretiert, aber dennoch letztlich die Krankheit als ein endogenes Phänomen betrachtet, ist müßig, werden nicht die tieferen Brüche und Widersprüche in Lenzens Leben und seiner Umwelt, seiner Zeit analysiert, wird nicht nach dem Normalen und Verrückten innerhalb der Lebensformen der damaligen Gesellschaft generell gefragt.

Die erste Woche in Waldersbach verläuft in völliger Harmonie. Oberlin ist erfreut über Lenzens Besuch. Lenz interessiert sich für alles, besichtigt die Schulen, verbringt die Zeit mit »Zeichnen und Malen der Schweizergegenden, mit Durchblättern und Lesen der Bibel, mit Predigtschreiben«. Am 25. Januar predigt er – wie damals in Sesenheim bei Pfarrer Brion und vielleicht in Kochberg in Thüringen – nun von der Kanzel der Waldersbacher Dorfkirche. Kaufmann und seine Braut sind dabei, wollen ihn mit nach Winterthur zurücknehmen, auf der Liste ihrer Hochzeitsgäste steht er. Aber Lenz hat sich bei der Herwanderung am Fuß verletzt, die Wunde muß erst heilen. Da geht Oberlin statt seiner mit. Er überträgt Lenz die Amtsgeschäfte. Einige Wochen will er wegbleiben.

Aber vorzeitig kehrt er zurück. Nämlich als er von Schlosser und Pfeffel über Lenz aufgeklärt wird: dieser Dichter sei verrückt.

Die letzten fünf Tage nach Oberlins Wiederkehr sind schrecklich. Oberlin überfällt Lenz mit Vorwürfen; seine Krankheit sei »Strafe Gottes«, Folge seines »Ungehorsams gegen seinen Vater«, seiner »herumschweifenden Lebensart, seiner unzweckmäßigen Beschäftigungen«, das heißt seines Dichtens.

170

Die harten Vorwürfe Oberlins lassen Lenzens ständig bedrohten Daseinsentwurf völlig zusammenbrechen.

In diese fünf Tage fallen die ersten Ausbrüche von absoluter Verzweiflung, die sich zu Selbstmordversuchen, zu Wahnsinnsanfällen steigern.

Lenz hat wohl in Oberlin den eigenen Vater wiedererstehen sehen. Die Bedrohung muß grauenhaft gewesen sein. »Das stille Land der Toten ist mir so fürchterlich und öde nicht, als mein Vaterland.«

Oberlin redet nach bestem Gewissen, nach seinen religiösen Vorstellungen. Als Lenz weg ist, verfaßt er Wochen danach, in einer Art Verteidigungshaltung, einen fünfzehnseitigen Bericht, lange Passagen angeblich wörtliche Rede Lenzens, suggestiv wertend.

Georg Büchner, der fünfzig Jahre später in seiner großartigen »Lenz«-Novelle Oberlins Bericht zum Teil wörtlich verwendet, bezieht aber eine ganz andere Haltung. Er versteht Lenzens Einsamkeit als Folge des Wunsches, ohne verbildende Kompromisse leben zu wollen, begreift seine Unfähigkeit zur Anpassung, seine panische Flucht vor dem Wahnsinn und schließlich sein Eingeholtwerden als Leiden an der Welt. Der »Riß«, der durch die Welt geht, spaltet Lenz selber.

Lenzens Zeitgenossen sehen es ausnahmslos anders, sie suchen die Schuld bei Lenz allein. Leben wie alle, ein Amt annehmen, beständig werden – das ist die Alternative.

In Straßburg wird man es dem Dichter sagen, dann in Emmendingen, wohin man ihn Ende Februar 1778 bringt. »Ich habe ihm heute eine Proposition getan, wodurch ich ihn gewiß kurieren würde«, schreibt Schlosser, in dessen Haus Lenz lebt, am 2. März. »Aber er ist wie ein Kind, keines Entschlusses fähig; ungläubig gegen Gott und Menschen.« Die

»Proposition« heißt: sofortige Rückkehr nach Livland. Schlosser setzt auch einen dementsprechenden Brief an den Vater auf, worin der Sohn für alles um Verzeihung bittet, und zwingt Lenz, darunter zu schreiben: »Vater! ich habe gesündigt im Himmel u. vor Dir u. bin fort nicht wert, daß ich Dein Kind heiße.« Das ist das Äußerste.

Wiederum, wie bei Oberlin, Anfälle. Schlosser läßt ihn in Ketten ans Bett fesseln. Heilungsversuche. Klinger kommt, schert Lenz die Haare vom Kopf, zieht ihn nackend aus, wirft ihn (Anfang März!) in das Wasser des hinter dem Haus fließenden Baches. – Mitte März vorübergehende Besserung. Daraufhin erneutes In-ihn-Dringen: »... nichts als seine Heimreise kann ihn wieder zurecht bringen«, Schlosser am 28. März 1778. Danach nochmals Anfälle. Heftiger, länger andauernd. Wochen, Monate geht das so.

»Seine Krankheit«, schreibt Pfeffel nach einem Besuch bei Lenz, »äußert sich durch eine beständige Schreibsucht; er hat uns aber seine Papiere nicht gewiesen, ungeachtet ich zweimal Begierde danach äußerte ... Sein Wärter sagte uns auch, er habe in der Nacht mit ihm ringen müssen, weil er nicht leiden wollte, daß man zur Beförderung seines Schlafes ihm sein Schreibzeug wegnehme.« Schreiben ist für Lenz vielleicht die einzig ihm verbliebene Möglichkeit gewesen, die innere Qual zu bezwingen, die würgenden Phantasmagorien loszuwerden. Und das nun gewaltsam unterbunden.

Verrückt geworden sei der Dichter Lenz, heißt es in Deutschland. Georg Christoph Lichtenberg verbreitet von Göttingen aus das Gerücht, Lenz säße »jetzt zu Frankfurt im Tollhaus«. So am 8. Oktober 1778 an einen Freund.

Lenz ist nicht im Irrenhaus. Schlosser hat zwar Anfang April 1778 mit dem Gedanken gespielt, am achten schreibt er nach Straßburg: »Wir sind nun entschlossen, ihn ins Frankfurter Tollhaus zu bringen.« Aber er tut es nicht und rettet Lenz damit vielleicht das Leben. Fast ein ganzes Jahr noch kümmert sich Schlosser um Lenz, bringt ihn, von den bei Freunden gesammelten Geldern (Goethes Mutter beteiligt sich initiativreich daran), bei einem Schuhmacher in Emmendingen, dann bei einem Förster in Wiswyl und schließlich von Januar bis zum Sommer 1779 bei einem Arzt in Hertingen unter.

Aus dieser Zeit haben wir wenig Dokumente, die Monate in Hertingen liegen völlig im dunkeln. Kein einziger Brief von ihm, keiner an ihn existiert. Was er geschrieben, gedichtet hat in der Zeit seiner Krankheit, kennt niemand.

Im Sommer 1779 kommt Lenzens in Jena studierender jüngerer Bruder Karl nach Hertingen, um ihn – auf Drängen Schlossers – nach Livland zum Vater zurückzubringen. Das Reisegeld hat ihm Goethe in Weimar überreicht. Er habe sich auf der »Promenade« im Stern in einem »liebreichen Gedenken an Jakob Lenz« geäußert, schreibt der Bruder später, »selbst seine Schwächen berührte er mit vieler Delikatesse. Seine nachmaligen Äußerungen erscheinen freilich nicht konsequent.« Karl Lenz sucht auch Wieland auf, der »beißende Urteile« über Jakob abgibt, und Herder sowie seine Frau, die an des Dichters Schicksal »größte Teilnahme« bekunden.

In Hertingen findet Karl den Bruder »in Apathie und Erstarrung«, unfähig zu sprechen, in »tiefster Melancholie immer geradeaus starrend«.

Von der Schweizer Grenze wandern die Brüder im Hochsommer quer durch Deutschland der Ostsee entgegen. Die Reise tut Lenz gut. Seine Sprache kehrt wieder, er sucht Kontakt zu den einfachen Menschen. Sogar bei strömendem

Regen wandern sie. »Dies Leben ... schien sein wahres Element zu sein«, erinnert sich der Bruder, keine »Unpäßlichkeit« focht ihn an, »vielmehr brachten alle Strapazen und Fatiguen den Kranken wieder auf die Beine«. In Lübeck angekommen, nimmt Doktor Curtius die Brüder auf, verschafft ihnen die »angenehmste Aufheiterung, und bewirkte solchergestalt ohne alle andere, als diese geistige Arznei, bei unserem in Gesellschaften noch immer schüchternen Jakob Lenz ein halbes Wunder, indem Letzterer ... von Tag zu Tag immer aufgeräumter und gesprächiger wurde«.

In Travemünde besteigen die Brüder dann ein Schiff, das sie nach Riga bringen wird. »Das größte Schauspiel von Himmel und Wasser, von Auf- und Niedergang der Sonne«, schreibt Karl, »fesselten« Jakob Lenz »die mehrste Zeit auf dem Verdeck«.

Am 23. Juli 1779 läuft das Schiff in die Rigaer Bucht ein.

Livland – das Vaterland. »Mein Glück in meinem Vaterlande ist verdorben, weil es bekannt ist, daß ich Komödien geschrieben«, hatte Lenz schon in Straßburg notiert. Fürwahr, es ist so! Goethe mit seiner »neuen freien Sprache« habe ihn »verdorben«, die »Herdersche und Klopstocksche Sekte ihm Sitten und Tugend genommen, ihn zu anstößigen Komödien verleitet«, meinen Vater und Brüder. Hinzu kommt die überstandene Krankheit. Die Vorurteile gegen ihn sind mächtig. Das Kainsmal der doppelten Narrheit.

Zwei Jahre, vom Sommer 1779 bis zum Sommer 1781, wird Lenz durch Livland irren, nirgends Halt, nirgends Ruhe finden. Für einige Wochen Hauslehrer auf einem Gut bei Dorpat, ansonsten keine Stelle, keine feste Unterkunft. Ein »Landläufer«, ein Umhergetriebener.

Der Vater ist zu einem Zeitpunkt, da Katharinas Politik immer starrer und reaktionärer wird – der Pugatschow-Aufstand war im Jahr 1775 –, zum ersten Mann der Kirche Livlands avanciert, Superintendent in Riga, mit 2 000 Albertstalern Gehalt im Jahr, einem Gut, einem geräumigen Wohnhaus hinter der Predigerkirche. Jakob Lenzens Brüder und die Männer der Schwestern haben alle gutdotierte Stellen, wohnen in geräumigen Pfarr- und Amtswohnungen.

Wäre da nicht Platz für den sich in seine Bücher, seine Manuskripte vergrabenden Lenz? Jakobs körperlicher Zustand muß sich verschlimmern unter den äußeren Umständen, unter denen er jahrelang lebt. Dabei versucht er verzweifelt, sich »anzupassen«, sich in eine »Lücke hineinstoßen«, wie die »andern Räder … treiben« zu lassen, eine »vorzüglich künstliche kleine Maschine« zu werden, eine »Biographie« also zu haben, gegen die aufzubegehren er einst angetreten war.

Vater und Brüder, überlegen durch ihre bornierte Scheintüchtigkeit, wollen Jakob ihre Normen aufzwingen, bis er, ein »furchtsam hingekrümmter Wurm«, seine Nichtigkeit beteuert. All sein künstlerisches Werk sei ein Nichts. Vater und Brüder, nicht er, schreibt er demütig, werden Livlands Namen Ehre machen. Die Predigten des Bruders vermittelt Lenz an einen Leipziger Verleger. Das Leben des Vaters will er für eine Weltgeschichte bedeutender Männer beschreiben.

Aber auch literarisch versucht sich Lenz anzupassen. »Ein Ball anderer zu sein, … ist eine ewige Sklaverei«, hatte er 1771 geschrieben. Jetzt erklärt er, »der erste Grundsatz der Erziehung sei die Anerkennung einer Macht über uns«. Er schreibt eine schwülstige Ode an Katharina und das Haus Romanow. Er publiziert 1782 in einer Mitauer Zeitschrift, deren ständiger Mitarbeiter er fast drei Jahre ist, zwei neue Stücke: »Die Sizilianische Vesper. Ein historisches Gemälde« und »Myrsa Polagi oder die Irrgärten«, ein Lustspiel. Beide sind schwach. Ob Lenz überhaupt der Verfasser sei, darum wurde vor allem bei dem letzten Stück gestritten. Er ist es sicher, nur ist es ein kaum wiederzuerkennender, dem Publikumsgeschmack sich beugender Lenz.

Man treibt ihn so weit, daß er sogar Hand an sein Frühwerk legen will, eine »verbesserte Ausgabe« von »fünf« seiner »Jugendstücke« plant.

Er wird es nicht tun, wird sein Werk nicht zerstören.

Im Gegenteil, er wagt sogar Widerspruch. Interessant ist unter diesem Aspekt das im Januar 1781 in Mitau publizierte Prosafragment »Etwas über Philotas Charakter«. Lenz erzählt die Geschichte eines schwermütigen jungen Mannes, der an dieser Schwermut, einer Geisteskrankheit wie die Leute meinen, stirbt. Lenz widerlegt dieses oberflächliche Urteil. ». . . sollte die Begierde, die alles das hervorbringt was höhere Glückseligkeit des Lebens machen kann, verdienen, daß man sich mit bärtigen Zensoren herumstelle, und des wütenden Kreuzige; zum andernmal riefe? – . . . Und würde – ohne diese Begierde – die Welt sich nicht bald in ein Pfärrich – oder lieber in einen Kohlgarten verwandelt haben – wo sich so fein gemächlich vegetieren läßt.«

Die Verteidigung seines Lebens und seiner Kunst spüren wir dahinter. Aber Vater und Brüder verstehen Jakob nicht, wollen ihn nicht verstehen.

». . . mehr als tödliche Wunden« habe das »unbegreiflich traurige Schicksal dieses Lieblings« unter seinen Söhnen seinem »Vaterherzen« geschlagen, schrieb Lenzens Vater, als dieser noch in der Schweiz weilte. Würde seine Krankheit nicht geheilt, sei es besser, er stürbe. Wie »willig, obgleich

176

unter tausend Vatertränen« wolle er »diesen Isaak« Gott »hinopfern«.

Er opfert ihn in der Tat, da er ihm keine Unterstützung gibt. Nicht einmal ein Empfehlungsschreiben gibt er ihm mit nach Sankt Petersburg, wo Lenz während seiner Livlandzeit mehrere Male sich verzweifelt bemüht, am Hofe Katharinas eine Stellung zu erhalten. Vergebliche Bittgänge, endlose Demütigung. Er scheitert, weil er ohne Beziehungen, ohne Gönner ist. Wie wichtig die am Zarenhofe sind, macht der zeitgleiche Aufstieg zweier deutscher Dramatiker, der Maximilian Klingers und der August Kotzebues, deutlich. Sie beide haben Fürsprecher, Gewährsmänner in wichtigen Positionen bei Hofe.

Lenz aber geht leer aus. »Man rät mir hier von allen Seiten nach Moskau« zu gehen, schreibt er im Juni 1781 an den Vater aus Sankt Petersburg.

Im Hochsommer desselben Jahres macht sich Lenz auf die Reise nach Moskau.

Dreißig Jahre alt ist Jakob Lenz, als er in Moskau eintrifft. Mit einundvierzig wird er sterben. Elf Jahre lebt er in der Stadt, die längste Zeit, die er je in seinem Leben am gleichen Ort verbringt. Vaterland nennt er Rußland fortan, der Fremde, mit einer verzweifelten, anhänglichen Liebe. Rußland – das ist Moskau für ihn.

Seine Krankheit wird nicht geheilt. Die Bedingungen von Lenzens Leben sind nie so, daß dies geschehen könnte. Aber die Krankheit kommt offenbar für lange zum Stillstand, über Jahre wohl, vor allem in der ersten Moskauer Zeit. Dann erneute Ausbrüche. Wieder Besserung. Schließlich in den letzten drei Jahren, von 1789 bis 1792, ein ständiges Quälen. Ein Dokument vom 20. April 1789, Karamsin in

177

einem Brief nach der Schweiz an Lavater: »Lenz befindet sich nicht wohl. Er ist verwirrt. Sie würden ihn gewiß nicht erkannt haben, wenn Sie ihn jetzt sähen. Er wohnt in Moskau, ohne zu wissen, warum. Alles was er zuweilen schreibt, zeigt an, daß er jemals viel Genie gehabt hat, jetzt aber . . .« Mitten im Satz bricht Karamsin ab.

Die Moskauer Jahre Lenzens sind überschattet von seiner Krankheit. Die verbreitete Auffassung aber, er habe diese elf Jahre in geistiger Umnachtung dahingedämmert, ist unhaltbar. Dagegen spricht eindeutig Lenzens vielseitige und unermüdliche Tätigkeit in Moskau als Lehrer, als Schriftsteller, als Übersetzer, als Reformer und Mitglied eines fortschrittlichen Vereins. Eine enorme Kraft muß dazu gehört haben, unter seinen Bedingungen das zu leisten.

Und Lenz bleibt – mit allen sich daraus ergebenden Widersprüchen – den Ideen, mit denen er angetreten war, bis ans Ende treu.

Dabei muß man sich vor Augen führen, daß seine schwierige soziale Lage lebenslang anhält. Ein Außenseiter bleibt er bis zuletzt. Und dazu kommen noch fremde Sprache, fremde Kultur und Sitte im selbstgewählten Exil. Niemals eine feste Bleibe. Wechselnde Wohnungen, von Freunden beschafft, im Hause des bekannten Historikers Gerhard Friedrich Müller die ersten drei Jahre, später in verschiedenen Häusern Nowikows, ein Jahr lang zusammen mit Karamsin und Petrow in jenem Haus unweit der Menschikow-Kirche, in der Mansarde oben die beiden, links im Eckzimmer darunter Lenz. Dann bei Engalytschew. Im Sommer meist wohl monatelanges Umherziehen in der Umgebung Moskaus, von einem Landhaus zum anderen. Ein »Landläufer« eben. Ohne Geld, ohne festes Einkommen.

Einen Berufsabschluß wird er nie erlangen, er bleibt ein

ewiger Student. Schon deshalb erhält er in Moskau keine Anstellung auf Dauer. Wie in Deutschland und in der Schweiz auch hier Befremden – selbst der Freunde – darüber. Als Nichtstun wird das ausgelegt und auf seinen Namen »Lenz« bezogen. Mit Linz oder Lunz unterschreibt der Unglückliche da manchmal, wie er selbst in einem Brief mitteilt. Lentái ist das russische Wort für Faulpelz.

Als Lehrer arbeitet Lenz fast fünf Jahre in Moskau. Als Hauslehrer in reichen russischen Adelshäusern zunächst, vermittelt durch Müller. Wie demütigend muß für Lenz die Rückkehr zum Hofmeisterdasein gewesen sein. Und ein notdürftiger Unterhalt trotz allem nur. Nach dem Tode Müllers unterrichtet Lenz an öffentlichen Schulanstalten, wohl am Kaiserlichen Gymnasium und an der Zöglingsanstalt der Madame Exter. Ständig beschäftigen ihn Reformpläne für das Schulwesen, viele handschriftliche Notizen hat er dazu gemacht. Er will bessere Lehrbücher, weniger Despotismus den Schülern gegenüber und mehr Bildung für das Volk. »Plan zu einer Subskription für die Erziehung der Landleute in den Dörfern des Falkenwaldes und Troitzschen Klosters durch Lehrer aus Seminarien« heißt ein elfseitiger Entwurf Lenzens, von dem wir nur die Überschrift kennen. Da die Örtlichkeiten nahe Moskaus genau bekannt sind, mag es sein, daß Lenz den Plan mit anderen zusammen ausgeführt hat. Mag auch sein, er hat mit diesem wie mit anderen nur Entmutigung erlebt.

Seine Hoffnungen jedenfalls auf »irgendeine Art *fixer* Existenz in dieser Mütterlichen Stadt« – in einem Brief vom 19. November 1785 an den Vater ausgedrückt (»Vielleicht bin ich so glücklich, da die hiesige kais. Universität sich unserer Anstalt mit besonderem Eifer annimmt, wenigstens dem Namen nach nur einige Ansprüche auf eine Art von

Bürgerrecht bei derselben zu erhalten.«) – erfüllen sich nicht. Immer seltener ist dann von seiner Tätigkeit als Lehrer die Rede. Schließlich gar nicht mehr. Lenz wendet sich dem Übersetzen zu.

1787 erscheint seine Übertragung von Sergej Pleschtschejews »Übersicht des Russischen Reiches nach seiner gegenwärtigen neueingerichteten Verfassung«, verlegt bei dem Moskauer Universitätsbuchhändler Rüdiger. Dann beginnt Lenz die Übersetzung von Michael Tschulkows von 1781 bis 1788 in sieben Teilen und einundzwanzig Bänden erscheinender »Historischer Beschreibung des russischen Handels«. Er wird sie nicht zu Ende bringen. Und Geld ist auch damit kaum zu verdienen.

Mit dem Nationalcharakter, der Poesie und Geschichte der Russen beschäftigt sich Lenz in seiner Moskauer Zeit.

Er will zwischen der russischen und deutschen Literatur vermitteln, schreibt über Cheraskow, den Karamsin den »besten russischen Dichter« nennt, übersetzt fünf Gesänge der »Rossiade«, schickt sie zur Veröffentlichung nach Deutschland. Sie gehen verloren. Dem Rigaer Verleger Hartknoch teilt Lenz 1787 mit, daß Cheraskow und andere ihn ermuntert haben, eine Anthologie neuer russischer Literatur für Deutschland herauszugeben. Diesen Plan verfolgt Lenz über längere Zeit. Noch 1791 wird in einem Brief Karamsins an Wieland davon die Rede sein: Lenz sei der richtige Mann dafür, meint Karamsin.

Auch Dramen gehen in Lenzens Kopf umher. Eines behandelt den schon immer in Rußland politisch brisanten, aber nach der Niederschlagung des Pugatschow-Aufstandes 1775 besonders gefährlichen Stoff des falschen Zaren. Ob das Stück verlorengegangen oder Fragment geblieben ist, bleibt ungeklärt. Eine einzige Szene ist überliefert.

Sicher gab es mehr, auch zu anderen Themen; Fragmenta-risches, geschrieben, entworfen, teilweise ausgeführt. Ver-brannt hat Lenz viele Papiere Ende der achtziger Jahre; verbrannt und vernichtet haben auch andere Handschrift-liches von ihm.

In Deutschland wird Lenzens Drama »Der Hofmeister oder Vorteile der Privaterziehung« zwischen 1780 und 1791 elfmal am Mannheimer Theater gespielt. Ansonsten ist es ruhig um ihn. Kein Verleger fordert ihm etwas ab, er ist vergessen.

In Rußland hat Lenz keine Chance, übersetzt und aufge-führt zu werden. Zwar kennt er wichtige Übersetzer, berät sie auch. Ein Interesse an der jungen deutschen Literatur in Rußland ist vorhanden: Goethes »Werther« erscheint 1781 auf russisch. Wieland wird übersetzt, am Petersburger und Moskauer Theater spielt man zunehmend deutsche Stücke. Aber der Favorit heißt August Kotzebue. Die Welle des Sen-timentalismus trägt ihn nach oben. Die Kassen der Theater füllen sich, die Tränen fließen. Kotzebue erobert mit seinen Stücken die russische Bühne. Das ist nicht zuletzt das Werk von Lenzens engstem Moskauer Freund, dem jungen Dich-ter Karamsin. Vielleicht ist Lenz dabei, als am 23. April 1791 im Medoks-Theater Kotzebues »Menschenhaß und Reue« Premiere hat. Das Haus ist brechend voll. In einer überschwenglichen Rezension schreibt Karamsin darüber: »In den Logen und im Parterre sah ich die Tränen laufen: das schmeichelhafteste Lob, dessen sich der Verfasser des Dra-mas rühmen kann!« Wie mag Lenz zumute gewesen sein, als er das gesehen, gelesen hat.

Lenzens plebejische, gegen Einfühlung gerichtete Stücke, die vom Schicksal einfacher Soldaten, Bürgermädchen, von kleinen Hofmeistern und heruntergekommenen Adligen berichten – in tragikomischer, zerrissener Weltsicht –, bleiben Karamsin völlig fern. Er wird Goethe; Lessing, Klinger und selbst den Weimarer Verleger Bertuch mit dessen Trauerspiel »Elfriede« bewundern. Vom Dramatiker Lenz kein einziges Wort. Das muß eine große Bitternis für Lenz gewesen sein.

Wie ihm auf der anderen Seite die Zuwendung des um fünfzehn Jahre jüngeren russischen Dichters gutgetan hat, ja vielleicht die beglückendste Freundschaft seiner Moskauer Exiljahre überhaupt war. Über sieben Jahre währt die Freundschaft, eine Zeitlang sehen sie sich täglich, wohnen im selben Haus. Lenz hat Karamsins Persönlichkeit entscheidend geprägt und beeinflußt. Für ihn kehrt er noch einmal zu seinen Anfängen zurück: Natur, Genie, tragische Charaktere – die kühnen Aufbruchsgedanken seiner »Anmerkungen übers Theater« vermittelt er ihm, öffnet ihm die Augen für Shakespeare, bereitet ihn gedanklich auf die Westeuropareise vor.

Er, Lenz, wird Westeuropa nicht wiedersehen, so sehr er sich auch danach sehnt. Aus dem kalten Petersburg wird er ins Elsaß nach Sesenheim schreiben an die von ihm einst so geliebte Friederike Brion, wird den Tanz mit ihr auf den Rheininseln als die schönste Zeit seines Lebens bezeichnen. Und in Moskau schreibt er noch kurz vor seinem Tode in einem Brief: »Ach wäre doch die Moskwa der Rhein.« Nicht einmal nach Livland wird er reisen können, obwohl er das immer möchte. Vater und Brüder verhindern es. Nicht nur seine Krankheit und sein Dichten sind der Grund. Hinzu kommt Lenzens politische Haltung. Seine Verteidigung Rußlands und seiner Kultur. Seine Zugehörigkeit zu dem Moskauer Aufklärer- und Freimaurerkreis um Nowikow, dem fortschrittlichsten in Rußland überhaupt. »Geheimnisse der Freimäurerei« sehen Vater und Brüder in all seinem Tun und verurteilen es scharf.

Um Nowikow bildet sich in Moskau in Opposition zu Katharina und dem Petersburger Hof in den achtziger Jahren ein Zentrum progressiven Denkens und Handelns. Nowikow leitet eine vielseitig tätige Gruppe. 1779 pachtet er für zehn Jahre die Moskauer Universitätsdruckereien, stellt weitere Druckpressen in seinem Haus in der Lubjanka und in dem in der Nikolskaja auf, gründet die »Typographische Gesellschaft«. Eine rege Übersetzertätigkeit beginnt, auch Zeitungen und Zeitschriften werden herausgegeben. Und Arbeit auf sozialpolitischem Gebiet: Apotheken, Krankenhäuser, Schulen werden gebaut. Im Hungerjahr 1782 verteilen Nowikow und seine Freunde Getreide unter die Bevölkerung. In ihrer »Gelehrten Gesellschaft der Freunde« finden Dispute statt, Vorträge werden gehalten. An dieser Tätigkeit nimmt Lenz über viele Jahre produktiv teil, hält selbst Vorträge, macht viele Vorschläge, ist mit den führenden Freimaurern, mit Nowikow, Kutusow, Trubetzkoi und anderen befreundet, wohnt, wie gesagt, über lange Zeit in Nowikows Haus.

Nach Westeuropa richtet sich ihrer aller Blick. Und als einer aus ihrem Kreis, der junge Karamsin, im Mai 1789 dorthin aufbricht, weiß er noch nicht, was ihn erwartet. Schon wenig später schreibt er an seinen und Lenzens Freund Pleschtschejew nach Moskau: »Das ganze Elsaß ist unruhig. Ganze Dörfer bewaffnen sich, und die Bauern nähen die Nationalkokarde an ihre Mütze. Die Postmeister, die Postillione, die Weiber – alles spricht von der Revolution.«

Die Französische Revolution. Im fernen Moskau fallen die Schatten der großen Revolution auch auf Jakob Lenzens letzte Lebensjahre, er bewegt sich darin in Wirrnis und Klarheit.

»Sansculottisch« seien ihre frühen Ideen als Stürmer und Dränger gewesen, meint Goethe, eine »literarische Revolution« hätten sie heraufbeschworen. Wo sind die Freunde nun, als die wirkliche Revolution beginnt, Herder und Klinger, Schlosser, Merck, Goethe – Schubart und Bürger, die die Jungen einst so begeistert begrüßten?

Schubart hat nach der Abbüßung seiner zehnjährigen Festungshaft nicht mehr lange zu leben, im Oktober 1791 stirbt er. Bürger stirbt drei Jahre später, verarmt und geächtet in seiner Vaterstadt Göttingen. Beide sind für die Revolution in Frankreich eingetreten. Auch Herder in Weimar tut das; schon in den achtziger Jahren hat er scharf und klar wie nie polemisiert, so daß Goethe viel Mühe hat, ihn zu bewegen, »solche Formen und Hüllen zu wählen, welche die Veröffentlichung nicht von vornherein unmöglich machten«. Maximilian Klinger lebt wie Lenz im russischen Exil. Obwohl er von Jahr zu Jahr Pläne macht, nach Deutschland zurückzukehren, bleibt er ein hoher Beamter am Zarenhof in Petersburg, lebt er ständig in der Angst, als Jakobiner zu gelten und in Ungnade zu fallen. Johann Heinrich Merck ist einer der frühen Freunde Lenzens, der die Vorgänge mit eigenen Augen sieht. Anfang 1791 fährt er nach Paris. Der Maler David führt ihn in den Jakobinerklub ein. Merck wird Mitglied. Wieder nach Deutschland zurückgekehrt, hat er den Auftrag für die Ideen der Jakobiner zu wirken. Er sieht sich in Darmstadt dazu außerstande. Als die Gesellschaft, in der er zu existieren gezwungen ist, zum Krieg gegen das revolutionäre Frankreich rüstet, setzt Merck am 27. Juni 1791 seinem Leben ein Ende. »Grillenkrank« nennt ihn Goethe, auf des Freundes lebenslange Depressionen anspielend.

Goethe nimmt an der Seite Karl Augusts am Feldzug der

reaktionären Mächte gegen das Land der Revolution teil, erlebt die Schlacht von Valmy; »von hier und heute geht eine neue Epoche der Weltgeschichte aus«, sagt er da. Wenig später gehört er zu den Besetzern des jakobinischen Mainz. Das kühne Experiment wird endgültig zerschlagen, die revolutionäre Stadt sinkt in Schutt und Asche. Georg Forster ist da schon in Paris, geht, wie er über einen anderen sagt, den »Weg alles revolutionären Fleisches«, 1793 stirbt er einsam in Paris. Die deutschen Freunde haben sich von ihm ausnahmslos losgesagt, auch Lenzens einstiger Freund Georg Schlosser, bei dem – wie bei so vielen – die anfängliche Begeisterung für die Französische Revolution in Resignation und Rückzug umschlägt.

Lenz lebt fernab von den Ereignissen, in Moskau, in Rußland. Er lese »kaum Zeitung«, und wenn, »nie ganz«, schreibt er. Aus der Zeitung, die voll von haßerfüllten Entstellungen aus der Feder französischer Emigranten ist, kann er sich sowieso kein Bild machen.

Seine russischen Freunde reagieren sensibel und produktiv auf die Vorgänge in Frankreich. Alexander Radistschew beendet sein Buch »Reise von Petersburg nach Moskau«, eine scharfsichtige, anklagende Analyse der russischen Leibeigenschaft. Er deutet die Zukunft als soziales Gericht, als einen alles verschlingenden neuen Pugatschow-Aufstand. Eine »Sturm-Glocke der Revolution« nennt die Präsidentin der Russischen Akademie der Wissenschaften, die Fürstin Daschkowa, empört das Buch. Die Zarin Katharina sagt, die Schrift verbreite »die französische Pest der Auflehnung gegen die Obrigkeit«, Radistschew sei ein »Staatsfeind«, »schlimmer als Pugatschow«, und verurteilt den Schriftsteller für sein Buch zum Tode; wandelt das Urteil dann in lebenslange Verbannung um.

185

Kutusow ist Radistschews Buch gewidmet, dem engen Vertrauten des Moskauer Kreises um Nowikow. Die Moskauer deuten das brutale Vorgehen Katharinas als Vorboten eigener Verfolgung. Und mit Recht!

Das zweite Exempel, das die Zarin statuiert, ist gegen Nowikow und seinen gesamten Kreis gerichtet. Anfang 1792 wird Nowikow auf seinem Landgut Awdotschino gefangengenommen, seine Häuser in Moskau werden von der Geheimpolizei umstellt, alles wird durchsucht und beschlagnahmt. Nowikow wird in der Schlüsselburg eingekerkert und ohne Anklage und Gerichtsverfahren zu einer fünfzehnjährigen Festungshaft verurteilt. Eine radikale Polizeiaktion gegen alle Moskauer Freimaurer beginnt zugleich mit der Verhaftung Nowikows.

»Man verfolgt mich. ... Ich winde mich als ein Wurm im Staube und flehe um Erlösung«, schreibt Lenz 1790. Das ist die Grundstimmung seiner letzten Lebensjahre, die seine Sterbensjahre sind.

»Ich leide unausstehlich lieber Bruder! ich leide – und darf nicht heraussagen, von welcher Seite her.«

Das Klima der Angst und Depression, gipfelnd im Urteil der Zarin gegen Radistschew und Nowikow, beherrscht alle seit Jahren. Ursachen für Ängste und Verfolgungsgedanken liegen in der Wirklichkeit selbst. Man braucht nicht krank zu sein, um neben sich Feinde zu wähnen.

Lenz aber ist krank, und in den letzten Jahren verschlimmert sich sein Zustand. 1791 ist von »monatelang dauernder Krankheit« die Rede. »Aufgestanden aus den Armen des Todes«, heißt es 1790/91, von »ziemlich ernsthafter Krankheit«, von »heftigen Schmerzen« schreibt Jakob um die Jahreswende 1792, und im Januar dann, er sei dem »Tode bisweilen nahe«. – Den Briefen Lenzens nach muß die Krankheit in diesen letzten Jahren begleitet gewesen sein von Phasen geistiger Verwirrung, völliger Ablösung von der Wirklichkeit. Wahrscheinlich, wie vor zwölf Jahren am Beginn der Krankheit im Elsaß, und nun immer häufiger ist eine folternde Leere in ihm und eine unablässige Sucht, sie auszufüllen.

Lenzens Projektemacherei, die zuletzt manische Formen annimmt, steht unter diesem Zeichen. Die einzig ihm verbliebene Form einer Klammerung an die Welt ist es; eine Art trauriger Travestie seiner in Straßburg verkündeten Idee, »daß handeln, handeln die Seele der Welt sei...«.

Lenz entwirft Bittschriften, Briefe, macht unzählige Reformvorschläge. Die Absonderlichkeit liegt nicht in den Inhalten (alle Pläne haben einen ganz realen Hintergrund), sondern in dem immer grotesker werdenden Verhältnis zwischen Vorschlag und möglicher Verwirklichung.

So will Jakob zum Beispiel im Revolutionsjahr 1789 die 12 000 Pud wiegende Kremlglocke einschmelzen. »Wir haben eine unnütze Glocke«, schreibt er dem Grafen Anhalt, dem Verantwortlichen für das gesamte Erziehungswesen Rußlands. Die »Gnade« der »huldreichen Monarchin« solle gestatten, das Metall dieser Glocke in eine »stehende Presse« zu verwandeln für Nowikow. Das Symbol der Zarenmacht umgewandelt in Lettern, damit der von Katharina gehaßte Volksaufklärer seine Tätigkeit verdoppeln könne. Wir kennen die politischen Verhältnisse, in die hinein Lenzens Vorschlag trifft.

Noch als die »Typographische Gesellschaft« längst verboten ist, als sogar infolge der revolutionären Ereignisse in Frankreich vielerorts in Rußland französische Hauslehrer durch deutsche ersetzt werden, als die Einfuhr sämtlicher französischer, ja aller westeuropäischer Literatur verboten ist, als zum Beispiel Bacmeister, ohne die wahren Gründe nennen zu dürfen, sein international angesehenes Unternehmen der »Russischen Bibliothek« einstellen muß, weil jegliche Tätigkeit auf diesem Gebiet als staatsgefährdend angesehen wird – will Lenz eine französische Zeitung gründen.

Er scheint von allem nichts zu wissen, ist ein Naiver, ein Narr, schreibt, was er denkt. Ist arglos, offen, geschwätzig zu jedermann, kennt weder Vorsicht noch das Maß an Zurückhaltung in diesen politisch brisanten Zeiten. Er kann damit seinen Freunden gefährlich werden.

Lenz gerät möglicherweise in eine doppelte Isolierung. Freunde ziehen sich unter Vorwänden zurück. Als Geringschätzung, als Hohn mag Lenz das empfinden, zumal er durch Krankheit und Lebenslage äußerst verletzbar und mißtrauisch gewesen sein muß. Jerczembski, ein Moskauer, schreibt 1792: »Von allen verkannt, gegen Mangel und Dürftigkeit kämpfend, entfernt von allem, was ihm teuer war, verlor er doch nicht das Gefühl seines Wertes; sein Stolz wurde durch unzählige Demütigungen noch mehr gereizt und artete endlich in jenem Trotz aus, der gewöhnlich der Gefährte der edlen Armut ist. Er lebte von Almosen, aber er nahm nicht von jedem Wohltaten an und wurde beleidigt, wenn man ihm unaufgefordert Geld oder Unterstützung anbot, da doch seine Gestalt und sein ganzes Äußeres die dringlichste Aufforderung zur Wohltätigkeit waren.«

Sollte Lenz noch bis zuletzt in Nowikows Haus an der Lubjanka gewohnt haben, so findet er am 22. April 1792 das Haus des Morgens von bewaffneten Soldaten umstellt und besetzt.

Von einem Tag auf den anderen ist er obdachlos.

Alle seine Freunde sind Freimaurer, die jetzt in Angst und Bedrängnis leben. Wer also wird ihn aufnehmen?

Lebt Lenz aber im Haus eines anderen, dann ganz sicher bei einem Freimaurer. Auch in dem Fall ist er gefährdet, sein Verwirrtsein kann andere gefährden.

Einige Wochen nach dem Beginn der Polizeiaktion gegen die Moskauer Freimaurer stirbt Jakob Michael Reinhold Lenz. Auf einer nächtlichen einsamen Straße oder Gasse Moskaus, wie überliefert ist, in der Nacht vom 23. zum 24. Mai 1792. Wo er beerdigt wird, ist unbekannt. Sein Werk ist in Deutschland bereits vergessen. »Er starb von wenigen betrauert, von keinem vermißt«, in »nutzloser Geschäftigkeit« habe er dahingelebt, wird es in einem zeitgenössischen Nachruf in der »Jenaischen Allgemeinen Literaturzeitung« heißen.

Lenz hat sein Schicksal vorausgeahnt, als er 1775 an Herder sein Drama »Die Soldaten« schickte und schrieb: »Es ist wahr und wird bleiben, mögen auch Jahrhunderte über meinen armen Schädel verachtungsvoll fortschreiten.«

Schloß Kochberg, den 29. April 1985

Lenz – eine geheime Lernfigur

Ich möchte einige Worte sagen über den, dem heute eigentlich die Ehrung gilt: Jakob Lenz. Über seinen geistigen Mut, seine Ansprüche an das Leben, die Unfähigkeit, Leute mit Harmonien zu versorgen, Weigerung, als Dichter und Theatermann »Brustzuckerbäcker«, »Pillenversilberer« zu sein.

Lenz gestaltet, was er sieht, leidet, erfährt. Seine erschütternde Wahrheit. Er bequemt sich zu nichts; läßt nicht die Finger vom heißen Eisen Gegenwart, ausschließlich schreibt er über sie, vermengt in ihre Widersprüche, qualvoll ihnen ausgeliefert. Er läßt nicht ab, dem Publikum den Zerrspiegel seiner Borniertheit vor Augen zu halten. Nimmt nicht wahr, daß es nicht hineinsehen will. Ein Theater für das »ganze Volk« erträumt er, der Plebejer mit dem radikalen sozialen Gestus, er, der »stinkende Atem des Volkes«.

Lenz will den Menschen nicht als »künstliche kleine Maschine«, als »Rad«, das in eine »Lücke in der Republik« hineingestoßen wird, dort eine Zeitlang stößt und treibt, »bis wir wenns noch so ordentlich geht abgestumpft sind und zuletzt wieder einem neuen Rade Platz machen müssen – das ist ... ohne Ruhm zu melden unsere Biographie ... Kein Wunder, daß die Philosophen so philosophieren, wenn die Menschen *so leben*. Aber heißt das gelebt? heißt das seine Existenz gefühlt ... er muß in was Besserm stecken, der Reiz des Lebens ...«.

Eine Biographie ersehnt Lenz, in der unsere »handelnde Kraft, unser Geist, unser höchstes Anteil sei«, sie allein gebe »unserem Körper mit allen seinen Sinnlichkeiten und Empfindungen das wahre Leben ...«. Ansonsten sei »all unser Genuß ... unser Wissen doch nur ... Leiden ... aufgeschobener Tod«.

»Was lernen wir hieraus? ... daß handeln, handeln die Seele der Welt sei ... daß diese unsre handelnde Kraft nicht eher ruhe, nicht eher ablasse zu wirken, zu regen, zu toben, als bis sie uns Freiheit um uns her verschafft, Platz zu handeln ...« Jakob Lenz fand diesen Platz nicht. Zweimal durchwanderte er Deutschland, von Osten nach Westen, von Süden nach Norden. Dazwischen liegen seine produktivsten Jahre. Deutschland nimmt ihn nicht auf. Er wurde nicht erkannt, nicht gebraucht. »Das allerhöchste Leiden ist Geringschätzung«, sagt Lenz. Seine Dramen werden als wilde Geste eines Schamlosen gedeutet. Niemals sieht er eines seiner Stücke auf der Bühne. Im Moskauer Exil muß er erleben, wie der deutsche Dramatiker August Kotzebue Triumphe feiert. Schlangen vor den Kassen, ein überfülltes Theater, Jubelrufe, Begeisterung, Tränen. Lenz inmitten.

Wie hält man das aus, fragte ich mich, dieses lebenslange Nicht-gebraucht-Werden? Woher die innere Kraft, zum radikalen Denkansatz zu stehen, Mut zu bewahren? War es der Abgrund eines mißlungenen Lebens, an den ich trat? Oder war da das Licht einer Hoffnung in die Solidarität unserer Hoffnungen zu nehmen?

Ich will Lenzens Verletzbarkeit spüren und damit seine Menschlichkeit. Und die Versäumnisse an Menschlichkeit um ihn, mit welcher Logik sie einherkommen, mit welchen einsehbaren Argumenten. Sehen, wie einer sich zugrunde richtet, den Ursachen des Scheiterns nachgehen, den Zwängen des Verstummens. Diesem: »Ich aber werde dunkel sein / Und gehe meinen Weg allein.« Ausschließlich Lenzens Leben, die geringsten Umstände dieses Lebens beginnen mich zu beschäftigen. Dieser Mann, bedeckt von unzähligen Schichten vergilbter, beschriebener Bogen, im Blättersarg seiner Manuskripte. Ihn sehen, sein Gesicht, seine Gestalt. Wissen, wie er gelebt hat. Ich fange zu suchen an, reihe Detail an Detail, hartnäckig, unter Schwierigkeiten, als ob es mich selbst beträfe, und bin zugleich befremdet von der Absurdität meines Unterfangens.

Die Orte seines Lebens. Die Landschaft seiner Kindheit: Livland. Der braune Himmel darüber. Die Stadt, in der er aufwuchs, Dorpat. Ein Abenteuer, dort hinzugelangen. Unmöglichkeit, die möglich wird. Ich bin da. Der Domberg, Dohlen- und Krähenschwärme, vergehender Schnee Ende März. Wasserbäche. Stadtarchiv. Bibliothek. Freundlichkeit, überaus großzügige Hilfe. Nie hätte ich es allein geschafft. Auch nie begriffen: Lenzens Kindheit unter Letten, Esten, Russen. Gespräche. Berührungen, die mich zum erstenmal in meinem Leben über mein Deutschsein in seiner Bitternis und bedrückenden Verantwortung nachdenken lassen.

Riga. Das Archiv der Familie Lenz. Die Handschriften von Jakob. Kasten um Kasten öffne ich, Briefe, kleine Zettel mit Zeichnungen (Landschaften, Frauenköpfe), Notizen, flüchtige. Sätze, Worte – Struktur eines Lebens? Zufall der Überlieferung: das gerade ist erhalten, anderes nicht. Lenzens Schrift mir bald vertraut, regelmäßig, schön in frühen Jahren, später hektisch, die Buchstaben bedrängen einander, qualvoll zusammengepreßtes Gewirr.

Rechts oben auf einem Brief aus den letzten Jahren steht, mühsam entziffere ich es: »Ein Kind brannte, aber wie und wofür?« Eine Zeile, deren Sinn ich erst später ahne, das Buch ist längst fertig, ich bin endlich in Kraków, sehe den dortigen Lenz-Nachlaß. Die Moskauer Papiere. Alles unveröffentlicht. Blatt um Blatt nehme ich heraus. Nicht zu beschreibendes Gefühl. Viele Zeichnungen. Ein wiederkehrendes Motiv: Flammen, loderndes Feuer, die Angstvision, das Inferno. »Ein Kind brannte, aber wie und wofür?« Dostojewskis Idiot, als den ich Lenz in Moskau gehen sehe.

Moskau. Auch hier gebe ich nicht auf, Häuser zu suchen, in denen Lenz wohnte. Ich verliere mich im Gewirr der Altstadt, in den Hinterhöfen von Kitaigorod. Suche oftmals vergeblich. Dann das Haus Nowikows. Dreißig Schritte durch eine schmale Toreinfahrt, der Lärm der Hauptstraße fällt ab. Ein dämmriger Innenhof. Jemand übt auf einer Geige. Vor mir ein seltsam gebeugter Quader, das Haus. Schmutziger Farbton eines ekelerregenden und zugleich warm-vertrauten Gelbs. Endlich, beim zweiten Moskau-Aufenthalt, das Haus, in dem Lenz und Karamsin wohnten. Linkisch, verloren, umstellt von modernen Bauten. Zufall, daß es erhalten ist. Zufall auch, daß ich es finde. Ich habe eine Wegskizze von Juri Lotman aus Dorpat. Die Mansarde, darunter das Fenster links außen, zweiter Stock, sagte er. Ich sehe hinauf. Was sehe ich, wenn ich es sehe?

Das Tal der Vogesen, die Militärfestung am Rhein, Straßburg, die Stadt von Lenzens Glück – ich war nie dort. Ich *erschaffe* es mir. Wie redlich oder unredlich ist das alles? Und was sagen Räume, Landschaften über den, der sich darin bewegt, über diesen Lenz, der durch alles ging wie ein Fremdling?

Thüringen: Ilmtal, Schloß Kochberg, Berka. Die Gegend meiner Kindheit. Lenz bleibt ferner denn je. Nicht nachlassender Versuch einer Zwiesprache; fragwürdige Annäherung.

Festhalten an den Dokumenten. Aber auch sie in der Überlieferung bruchstückhaft, über Jahre kein einziges

Zeugnis; vieles vernichtet: das Straßburger Archiv brannte im Krieg 1780/81 aus, das Moskauer 1812 beim Rußlandfeldzug Napoleons. Anderes verlagert im Zweiten Weltkrieg, verschollen, manches schon zu Lenzens Zeiten. Oder vorsätzlich vernichtet, Wirken am Bild für die Nachwelt. In Weimar gewiß. Goethes Bruch mit Lenz, die Ausweisung aus der Stadt – Schweigen.

Dennoch: aus allen Unwägbarkeiten erwächst langsam, in Umrissen, der zweihundert Jahre Entfernte. Hochbegabt, heiter, gütig, unfähig zum Kompromiß, unklug im Umgang mit Menschen. Anstrengend daher, schwierig. Lästig schließlich. Für seinen geistigen Mut, nahm ich wahr, zahlte er mit Einsamkeit, mit Ausschluß aus der Gemeinschaft. Mit Krankheit und Exil. Besessen, naiv, konsequent ging er seinen Weg, den bitteren. In den Augen seiner Zeitgefährten, selbst seiner Dichterfreunde, ein lächerlicher Mensch, einer, der sich nicht einzupassen weiß, seine »Haut wie ein Narr zu Markte trägt«.

»– ach, wir armen schreienden Musikanten! Das Stöhnen auf unserer Folter, wäre es nur da, damit es durch die Wolkenritzen dringen und weiter, weiter klingend wie ein melodischer Hauch in himmlischen Ohren stirbt?« – »Sie schreiben, man liest sie nicht; sie schreien, man hört sie nicht; sie handeln, man hilft ihnen nicht.« Erfahrung aller, die sich an Deutschlands »gesellschaftlicher Mauer die Stirn wund reiben«. Georg Büchner wird der erste sein, der diesen Lenz versteht, weil er, wie er, als »einziges Kriterium in Kunstsachen« ersehnt, »daß Was geschaffen sei, Leben habe ... Leben, Möglichkeit des Daseins ...«.

An Jakob Lenz nehme ich wahr: Dasein in der Kunst schloß Leben aus. Unlebbares, mißlungenes Leben. Dem Scheitern der persönlichen Existenz steht der Widerstand der Dichtung, die Dauer des Werks gegenüber. Dichtung, die nicht leben hilft, ihn aber überleben läßt. Das eine der Preis für das andere?

Geheimer, faszinierender Widerspruch, mit dem Lenz mich bedrängte. Plötzlich brach Geschichte auf, dieses tote Material, an dem wir unsere Besserwisserei, unsere Urteilssucht ausließen – wurde lebendig, erregend, sprach. Wir waren gemeint, wir Heutige standen im Licht. »Verachtungsvoll« über Lenzens »armen Schädel fortschreiten« – oder seiner Einsamkeit in uns Raum, Dauer geben. Es ist keine Frage einer historischen Gerechtigkeit ihm, dem Toten gegenüber – es ist die unsere, entscheidet über unsere Fähigkeit, in uns, im anderen neben uns Ansprüche zu erkennen, wachzuhalten, die Voraussetzung für Kreativität sind. Unsere Hoffnungen und Träume wurden befragt, der geschichtliche Abstand rückte sie von uns weg, um sie sichtbarer zu machen. Verluste wurden signalisiert. Ich sah Lenzens Gesicht, es war das unsere. Er trat durch die Tür, wir waren es.

Während ich an dem Buch schrieb, habe ich darüber niemals nachgedacht. Später, heute, aus diesem Anlaß, frage ich, hätte ich fünf Jahre meines Lebens an ein fremdes, fernes Leben gewandt, wenn diese Wege zu Lenz nicht auch Wege zu uns, Wege zu mir gewesen wären? Ende der siebziger, Anfang der achtziger Jahre – Erfahrungen bewältigen. Sarah ging. Franz Fühmann fehlt. »Der Wahrheit nachsinnen – Viel Schmerz«. Nüchternheit und Kenntnis waren notwendig. Lenzens Leben beschreiben. Eine Sprachform finden. Ich suchte lange. Bis Wortwände fielen, zwischen denen wir gefangen waren. Sprache als Möglichkeit, Bedrängendes zu sagen. Daseinsform, die alle Kräfte freisetzte. Lang vermißte Verantwortlichkeit.

Lenz eine geheime Lernfigur. Zufall? Wahlverwandt-schaft zwischen ihr und mir, der Schreiberin? Nein. Den-noch: schwebende Frage.

Die Antwort verdrängt, weil sie unbequem war. Genera-tionserfahrungen betraf, die man nicht wahrhaben wollte, schamhaft verhüllte, auch vor sich selbst. Und doch waren sie da, bestimmten, schneidend und kalt, zuweilen bis zur hoffnungslosen Traurigkeit unser Leben. Die Erfahrung meiner Generation, nicht mit den Eigenschaften gebraucht zu werden, die uns wichtig waren, unsere Kräfte nicht gefor-dert zu sehen. Kein Training daher. Verkümmerung. Blaß, farblos. Eine Generation ohne Biographie. Wir wurden ein-ander gleich; Mittelmaß, das sich in Geschäftigkeit ver-brauchte. Geschäftig waren wir; Anstrengungen, deren Sinn nicht einzusehen war, Kraft, die sich verzehrte. Nichtigkei-ten oftmals, Scheingefechte. Wir Unmündige, die von Vor-schriften lebten. Die die Spielregeln einhielten, krampfhaft, gegen uns selbst gerichtet. Wir Nachgekommenen. Vorwurf und Auszeichnung. Wo blieb unsere Konzentration auf das, was wir doch wollten mit allen Sinnen, die neue Gesell-schaft, das »Einfache, das schwer zu machen ist«? Was geschah mit unserem Mut, unserer Risikobereitschaft, unse-rer Freude an der Verantwortung, unserer Lust am Denken, am Verändern, was mit unserer Naivität, unserer Arglosig-keit?

Nicht, daß man keine Verwendung für uns hatte. Chan-cen gab es genug. Aufstieg war möglich. Die Türen standen weit offen. Aber warum, wenn wir durch diese offenen Tü-ren gehen wollten, so viel hinter uns lassen von allen diesen Eigenschaften, die dieser Gesellschaft, wie wir mit eigenen Augen sahen, doch so angemessen waren? Warum wollte man uns so reduziert, so dressiert? Warum war es so viel einfacher, jene »künstliche kleine Maschine« zu werden, von der Lenz spricht. Warum wurde das honoriert? Drängende Frage.

Wir verloren sie in unserem mit Geschäftigkeit ausgefüllten anstrengenden Alltag. Verloren selbst unsere Träume. Undenkbar die Lenzens in unseren Hirnen. »Der höchste Zustand der Bewegung ist unserem Ich der angemessenste.« – Unruhe war ihm reicher als Ruhe. – »Das größtmögliche Feld« wollte er vor sich haben, »unsere Vollkommenheit zu erhöhen, zu befördern. Und anderen empfindbar zu machen, weil wir alsdenn das größtmögliche Vergnügen versprechen können, welches eigentlich bei allen Menschen in der ganzen Welt in dem größten Gefühl unserer Existenz, unserer Fähigkeiten, unseres Selbst besteht.« Sätze, die uns beschämen. Doppelt beschämten, sahen wir auf unsere Kinder. Ich erinnere mich eines Gesprächs mit einem Lehrer meiner Söhne. Beschwerde rief mich in die Schule. »Er denkt zuviel und fragt zuviel.« Der erste Satz. Heiter-ironische Einleitung, glaubte ich, und mußte wahrnehmen: dem war nicht so. Der Lehrer trug mir das ABC des Einfunktionierens vor. Meine Erregung, meine Einwände fanden in ihm keinen Millimeter Raum. Völlig sicher war er sich, es war ihm zur zweiten Natur geworden. Wer hatte ihn so zugerichtet? Armer Mensch, dachte ich. Er aber seinerseits sah mich mitleidig an. Sein Blick sagte: Wie kann man nicht wissen, wie es lang geht.

Genau dieses Wissen über den Gang der Dinge, was zu sagen ist oder nicht, zu tun oder nicht, zu denken oder es nicht zu wagen, zu fragen oder schweigen – ist es, was uns die Neugier nimmt, die Lust an der Geschichte, an den sinnlichen Aufregungen wirklicher Verantwortung; ist es, was unsere Arglosigkeit erstickt, uns in andere Sphären als die der Produktion abdrängt, uns klein macht. Rädchen und Schräubchen – »das ist . . . ohne Ruhm zu melden unsere Biographie«. Wie werden wir da den Frieden gewinnen können? Den Frieden. »Das allerhöchste Leiden ist Geringschätzung.« Lenz meinte die anderen. Wir müssen uns meinen. Uns nicht gering schätzen, uns wichtig sein. Das allein, spüre ich, kann die »Wachstumsstelle einer menschenmöglichen Zukunft« sein.

(1987)

»Am liebsten tät ich auf die Straße gehn und brüllen«

Zu Franz Fühmanns »Im Berg«

1 · Franz Fühmann wäre in diesem Jahr siebzig geworden.

Ich habe sie wieder gelesen, die frühen Erzählungen »Das Judenauto« und »Der Jongleur im Kino« und die beiden Bücher, die ich am meisten liebe: das Ungarn-Tagebuch von 1973 »Zweiundzwanzig Tage oder Die Hälfte des Lebens«, dieses originelle heiter-traurige vielschichtige Geflecht von Biographie und Geschichte und den Essay von 1982 »Vor Feuerschlünden: Erfahrung mit Georg Trakls Gedicht«, ein Text von bezwingender Logik, Gedankenschärfe und aufwühlender Wahrheit.

Anlaß dazu war Franz Fühmanns Ende 1991 postum im Hinstorff-Verlag erschienener Band: »Im Berg«, Texte und Dokumente aus dem Nachlaß.

Das »Bergwerk« war Lebens- und Arbeitsthema von Fühmanns letztem Jahrzehnt. Metapher seines Lebens auch. Fühmanns früher Tod ließ das »Bergwerk« unvollendet bleiben. Hundertneunundzwanzig Seiten Text liegen vor, zwanzig Seiten Material zu Struktur und Konzeption. »Bericht eines Scheiterns. Fragment« schrieb Fühmann, schon vom Tode gezeichnet, unter das Typoskript.

In seinem Testament heißt es: »Ich habe grausame Schmerzen. Der bitterste ist der, gescheitert zu sein: In der Literatur und in der Hoffnung auf eine Gesellschaft, wie wir sie alle einmal erträumten.«

Das Scheitern als persönliches, oder als Paradigma der Epoche; eines, der über »Auschwitz zum Sozialismus« ge-

kommen war und nun den »Blutzoll« ein zweites Mal entrichten mußte?

Über Franz Fühmann, Jahrgang 1922, schrieb sein
Freund HAP Grieshaber, »er kenne keinen dieser Generation, der so gebrochen sei ... Keinen, der nach solchen
Frakturen: Jesuitenschule, Hitlerjugend, Nazisoldat, russische Kriegsgefangenschaft, Antifaschule, Stalinfunktionär,
Bitterfelder Weg, sich von Mal zu Mal neu erhebe, ins Gericht gehe mit sich selbst, mit der Kunst, mit der Lauterkeit,
narbenbedeckt vom uralten Hader, was denn Gerechtigkeit
sei.«

Eine »groteske Dressurapotheose« nannte Fühmann sein
Leben. »Zu-sich-selbst-Kommen in der Schule des Irrwegs,
den man als Irrweg nur dann erkennt, wenn man ihn mit
existentiellen Konsequenzen bis zu einem harten Ende
durchleidet ...«

Er hat es getan. Zweimal. Faschismus – Stalinismus.

Fühmanns Thema war nicht so sehr die Wandlung, wie
oft geschrieben wird und wie er es in früher Zeit selbst na-
hegelegt hat, sondern die Kontinuität. »Mein Problem ist
das Kontinuum«, Fühmann 1982. Das Ungarn-Tagebuch
schon nährte die Zweifel: gewandelt?; gewendet nur, als
»Neophyt«, erwachsener Neugetaufter bezeichnete er sich,
eine Gläubigkeit gegen die andere tauschend.

Fühmanns Grundthema, sein Kontinuum ist: Arbeit an
der Schuld der Selbstauslöschung. Wie man der eigenen
Stimme mißtraut, sie unterdrückt, falscher Tapferkeit erliegt, sich fremd wird, sich selbst auslöscht – durch Gläubigkeit, die der Verführung durch Ideologie entspringt. Immer
geht es bei Fühmann um Ideologie. Ein sehr männliches
Werk.

Das Testament spricht von der gescheiterten Hoffnung auf die sozialistische Gesellschaft. Fühmann hat vorweggenommen, was Millionen jetzt als Erfahrung verarbeiten müssen. Er hat es aufrichtig, wahrheitsbesessen getan, sich lebendigen Leibes seziert; der Marsyas seiner Geschichte, dem die Haut vom Leibe gezogen wird, das war ER.

»Dichter sein heißt aufs Ganze aus sein...«. Sich heute dem Werk Franz Fühmanns zuzuwenden, in einer Zeit, da viele vom hastigem Verspeisen von Löwenherzen neuen Mut erhoffen, bedeutet die eigentliche Ermutigung: seine bitteren Erfahrungen teilen.

2 · Franz Fühmann war der einsamste Mensch, der mir begegnet ist. Und er war heimatlos. Beides steigerte sich in seinen letzten Lebensjahren in der DDR. Und er war der arbeitsbesessenste, den ich kannte. Er liebte das Wort Orgie. Vom »orgiastischen Studium« des Marxismus in der Antifaschule bei Moskau sprach er. Rief man ihn im Herbst an, so konnte man sicher sein, von Pilzorgien in den märkischen Wäldern und orgiastischen Pilzmahlzeiten zu hören. Wo das Wort aber eigentlich zutraf: sein Leben war eine einzige ununterbrochene Arbeitsorgie.

Mit vier lernt er lesen – ein frühreifes Kind – und beginnt zu dichten. Mit neun kann er den Faust auswendig. Teil eins ganz, vom zweiten die großen Monologe. Euphorion ist seine Lieblingsgestalt. Im Jesuitenkloster – mit zehn kommt er dorthin, mit vierzehn flieht er. Schreibt einen eigenen Faust. Er hat mir die Schüler-Kladde mit den Entwürfen gezeigt. Und jenes Heftchen, kleinkarierte Seiten, dünnes Papier, heller Leinenumschlag, von der Mutter in die rechte Ecke das Monogramm FF gestickt, das er mit an der Front

hatte. Rilke. Auch als Soldat dichtet er unentwegt. »... ein
Teil geht auf den endlosen Märschen verloren, ein kleiner
Teil wird gerettet«, steht am 25. 7. 44 in der Nazizeitung
»Das Reich«. Auch als Kriegsgefangener im Kaukasus
schreibt er. Mit einem Tintenstiftstummel, den er für drei
Brotrationen eingetauscht hat, auf eine Holzschindel, am
nächsten Tag kratzt er es mit einer Scherbe wieder aus, er
besitzt nur die eine Schindel. – Fühmann schreibt bis zur
Stunde seines Todes. Die Operationen beschädigen ihm das
Augenlicht, er kann keine Buchstaben mehr erkennen. Er
ändert seine Arbeitsmethode, schreibt – im Krankenbett in
der Berliner Charité – mit Maschine, Zehnfingersystem,
blind.

Ein besessener Arbeiter. Ein »jede Zeitvergeudung als
Todsünde hassender Mann«.

Fühmann, der Erzähler, der Essayist, der Pamphletist.
Fühmann der Kinderbuchautor: der Untergang Trojas, die
Irrfahrten des Odysseus, Reinecke Fuchs, Shakespeare-Mär-
chen, Prometheus, die Nibelungen. Fühmann der Sprach-
spieler, der Verfasser von Marionetten- und Kasperstücken,
von Filmszenarien und Hörspielen. Fühmann, der Nach-
dichter, aus dem Tschechischen, dem Ungarischen: Vitêzlav
Nezval, Milán Füst, Miklos Radnoti, Attila Józef. Andere.
Fühmann der Förderer junger Dichter. Fühmann der Brief-
schreiber, der noch zu entdecken sein wird. Allein seine zau-
berhaften Briefwechsel mit Kindern. (Laut Testament sind
die Briefe für zwanzig Jahre gesperrt.) Fühmann der Kunst-
kenner und Sammler; die Schätze in seiner Bibliothek.

Dem Umfang und der Vielfalt seines Werkes ensprach seine
Detailbesessenheit im Umgang mit dem Wort, das er nach
Gottfried Benn den »Phallus des Geistes« nannte.

Wer jemals eine Manuskriptseite von Fühmann in der Hand gehalten hat, kann seine »Sisyphusarbeit« ermessen. Er änderte unablässig. Er arbeitete mit Schere, Klebstoff, farbigen Filzstiften, in Ton und Stärke unterschiedlichen Papieren. Überklebte die Sätze und Absätze. Eine verwirrend bunte Landschaft entstand. Ein Blatt konnte mit der Zeit »Kartonstärke«, ja »Brettstärke« annehmen. »Man kann jemand damit eine richtig Beule in den Kopf schlagen. Ich habs schon gemacht.« Fühmann in einem Brief an einen Zehnjährigen.

Von einem »störrischen, besessenen, unmenschlich-verzweifelten Fleiß«, sprach er selbst, »der sich im buchstäblichen Sinn des Wortes nicht eine freie Stunde gönnte und der beim acht-, zehn-, mitunter sogar zwanzigfach vorgenommenen Feilen kein Wort neben dem anderen ließ, um solcherart, in einem Durchprobieren, einer schier maschinenhaften Kombination aller nur möglichen Wortverbindungen, aus dem kruden Ausgangstext schließlich doch eine bestechend gültige Fassung zu gewinnen, deren leichtem Fluß man, wie einer guten Artistenleistung, die vorhergehende schweißtreibende Dressur nicht ansah und die wie in einem glücklichen Zug niedergeschrieben schien.«

Fühmann kannte keinen Feiertag, kein Wochenende. Immer ein vorgegebenes Tagespensum. Er trank, um sich wachzuhalten, Unmengen von Kaffee. Mehrmals hatte er Kaffeevergiftungen.

In Märkisch-Buchholz, südlich von Berlin, besaß er – neben seiner Stadtwohnung am Straußberger Platz – ein kleines Arbeitshaus. Mitten im Kiefernwald, uneingezäunt, ein würfelförmiger Steinbau. Einmal, der Tag meines Kommens war ihm in eine falsche Kalenderspalte gerutscht, trat er in

einem phantastischen Aufzug aus der Tür. Viel zu weites rot-
weißes Nicki, schwarze Turnhosen, unrasiert, das schütte-
re Haar wirr, an den Füßen überdimensionale mehrfarbi-
ge Wollhausschuhe. Seine Arbeitskleidung! Das Haus war
fußkalt. Und im Sommer von einer unerträglichen Hitze.
»... die Füße in einem Schaff Wasser und ein nasses Tuch
um die Stirn«, so saß er dann.

Sein Arbeitsraum. Kanonenöfchen, Liege, Tisch; ein Kü-
chentisch mit Wachstuchdecke, seitlich, am Fenster, war
sein Schreibtisch. Sein Stuhl. Dahinter Regale. Überquellend
von Büchern, Papieren, Ordnern, Mappen. Auch auf dem
Fußboden Stapel von Büchern, Zeitschriften, die Schreib-
maschine darauf, die ungeöffnete Post mit einem Stein be-
schwert. Über der Liege – sein Blick fiel vom Arbeitstisch
dorthin: die Wandzeitung. Eigenwilliges Dokument seines
Arbeitsprozesses, visuelle Anregung der Phantasie, zu jeder
Arbeit entstand eine neue Wand. Fotos, Postkarten, Gedichte, Zeitungsausschnitte, Collagen, Landkarten; ich sehe
die Georg Trakl-Wand vor mir.

Das Arbeitszimmer war der größte Raum. Drei weitere
winzige. Die Dusche: eine Zweimalzweimeter-Kammer,
eine Emailleschüssel, eine Gießkanne. In der Wellblechga-
rage das Fahrrad. Eine bescheidene Einsiedelei. Fühmanns
Leben konzentrierte sich völlig auf die Arbeit.
Erinnerungen an Begegnungen mit ihm.

Leipzig, Gohliser Schlößchen, Fühmann an dem kleinen
Biedermeiertisch, schwarzer Rollkragenpullover, die Dich-
terkluft, er liest Trakl, März 1977. Überfüllte Räume, atem-
lose Stille. – Ein Jahr später, wieder Leipzig. Fühmann und
Ludvík Kundera stellen ihre Nachdichtung von Nezval vor.
Danach in der Wohnung des Verlegers. Fühmann nennt ihn
seinen Ausbeuter. Kundera ist schweigsam, ist keine Men-

schen mehr gewöhnt. Seit dem Einmarsch in Prag, seit zehn Jahren, hat er Auftrittsverbot in seinem Land. Fühmann, ich sitze zwischen beiden, spricht von seiner Trunksucht in den fünfziger und sechziger Jahren: Betäubung aufbrechender Widersprüche; die unabgegoltenen Ideale, »statt des Trunkenseins das Betrunkensein«. Jetzt kein Tropfen mehr. Seine Alkoholentziehungskur in der Rostocker Psychiatrie, 1968.

Frankfurt/Oder. Die Romantikerkonferenz. Eine Aufführung von Kleists »Prinz von Homburg«. Später stehen wir am Fluß. Die Spuren der Hochwasserwellen vom Sommer 77 sind noch zu sehen. Über den Strom, vom östlichen Ufer her, kam Fühmann aus der Gefangenschaft. Er erzählt, wie er dort den Auftrag erhielt, in eine Blockpartei einzutreten. Zehn Jahre Kulturfunktionär der NDPD, Vorstandsmitglied; die Unsäglichkeiten, der Bruch. – Ich sehe vor mir, was er auch war, dieser Fühmann, nach katholischem Ritus auf den Namen Franz Antonia Josef Rudolf Maria getauft. Der mit seinen Mitschülern den »Katzenartigen« verbrennen wollte, der im Braunhemd und Stiefeln zur Schule ging. Zwischen seinem Vortrag »Das ethische Leitbild des Germanentums«, gehalten als Soldat an der Fronthochschule in Athen, im Sommer 43, und dem Artikel über Marxismus und Kunst, erschienen im »Neuen Deutschland« vom 28. 11. 48, verfaßt auf der Schulbank der Antifaschule bei Moskau, liegen kaum fünf Jahre. Die Wende zum stalinistisch geprägten Marxismus, der ND-Artikel unerträglich dogmatisch. Auch die »Thesen zu Fragen von Literatur und Kunst« von 1957 (postum 1991 publiziert) tun weh. Denkmuster, denen wir so oder ähnlich ausgesetzt oder auch zeitweise erlegen oder verhaftet waren. (Die meisten wollen es nicht mehr wahrhaben.) – Fühmann, der Bobrowski ablehnt, weil er seine Poesie aus der verlorenen litauischen Heimat gewinnt (später verneigt er sich vor ihm), Fühmann, der einundsechzig gegen die Aufführung von Heiner Müllers »Die Umsiedlerin oder das Leben auf dem Lande« ist, eine fatale Stellungnahme abgibt. Er wird sich korrigieren. »Ich will nichts vergessen«, sagt Fühmann. – Wir verlassen die Oder, gehen durch die dunklen Straßen von Frankfurt. Das Kreischen einer Frau, ein Mann schlägt auf sie ein. Fühmann will ihr zu Hilfe eilen, der Mann beschimpft ihn unflätig, bedroht ihn. Die Frau lacht ordinär, über diesen Tölpel, der helfen wolle.

Berlin, Unter den Linden, das kleine Café gegenüber der sowjetischen Botschaft. Wie immer ist es voll. Die Kellnerin träge und patzig. Fühmann fängt einen Disput mit ihr an, will das Verhältnis Gast – Bedienung vom Kopf auf die Füße stellen, wird prinzipiell. Ich ahne, sozialistisch-realistisch geprägt, den Ausgang, sehe ihn in den lauernden Augenwinkeln der verstummten umsitzenden sozialistischen Realisten. Und so kommt es. Wir werden gar nicht bedient. Wir verlassen das Café. Als wir vor dem Brandenburger Tor nach rechts abbiegen, sagt Fühmann, er ist noch immer erregt: »Wo leben wir eigentlich?«

Ja, wo lebten wir!

Ende Oktober 1977. Ich werde offiziell verwarnt wegen meines Freundeskreises. Franz Fühmann ist gemeint. Mir wird schlecht vor Scham. Über die, die es zu sagen wagen, über mich, die ich dieser Beschämung bedarf, um mich Stück für Stück zu lösen. Ich war weit weniger mutig als Fühmann, weit weniger konsequent. Auch ich habe ihn, im Glauben, ihn zu schützen, von der Richtung, in die er wollte, abzu-

halten versucht, ihn damit tiefer in seine Einsamkeit ge-
stoßen.

Ein letztes Bild, 28. November 1983, ein halbes Jahr vor
Fühmanns Tod. Akademie der Künste der DDR. Gedenkver-
anstaltung für Franz Kafka. Fühmann liest »Schakale und
Araber«. Es war schon nach der zweiten schweren Operation, er hatte schon eine aufgemeißelte Wirbelsäule, er trug
ein Stahlkorsett, der Arzt war mitgekommen. Fühmann las
den Text, die »a« – Schakale und Araber – breit in seiner
süddeutsch eingefärbten Mundart, er skandierte den gesamten Text, er las schon vom Rande des Hades, des
schwarzen Nichts. Jedes Wort wurde eine Botschaft. Nie
vergesse ich die Stimme, den Anblick.

Dieses Unbedingte an Fühmann; Orgiastische, diese Besessenheit. Das war es, was als Lebenshaltung an ihm faszinierte, sich übertrug. Man konnte sich nicht entziehen.
Verführung. Es war auch etwas Unheimliches, Diabolisches
an Fühmann. Die hohe Gestalt, seine Bewegung, seine Sprache, seine herausfordernde Gestik, der breite Mund, die
großen Hände. War nicht sein Lachen zugleich ein Fluchen,
seine Heiterkeit ätzende Bitternis. Alles in der Schwebe,
doppelbödig. Glücksgott und Schmerzensmann.
 Als ich das nachgelassene Fragment »Im Berg« Anfang
1992, acht Jahre nach Fühmanns Tod, zu lesen begann, da
stand er vor mir, »Schakale und Araber« skandierend, in
seinem Stahlkorsett. In »deutschen Stahl« gekleidet, wie er
bei seiner letzten Lesung sagte. Das Bild vom Eisengitter um
den Leib verließ mich nicht, im Gegenteil, es drängte sich
immer stärker auf. Eine Entsprechung, Einzwängen der
Seele – die zu den Ursprüngen des »Bergwerks« führte? Ge-

heimer Zusammenhang zwischen Physis und Psyche. Die
»Krankheit zum Tode«, die von hier ihren Lauf nahm.

3 · Die ersten Pläne zum Bergwerk-Projekt stammen vom
Anfang der siebziger Jahre. Fühmann wollte das Innere eines
Bergwerkes sehen. Am 6. Juni 1974 fuhr er zum ersten Mal
ein; in einen Kupferschacht im Mansfeldischen.
    Er war überwältigt. Von einem »Urerlebnis« sprach er. Er
wisse, das sei von nun an sein »Ort«, seine »Landschaft«.
»Hat man, wie Don Quijote, die Fünfzig überschritten,
denkt man nicht, daß dies einem noch geschehen könne.«

Diesem »Urerlebnis« war ein körperlicher Gewaltakt vor-
ausgegangen, Fühmanns mir bis heute unbegreiflicher Gestaltwandel.
    Als ich ihn das erste Mal sah: Ein großer, schwerleibiger
Mann, ungeschlachter Körper, massiger Nacken, massiger
Kopf, Wieland Försters Bronze von neunundsechzig zeigt
ihn so, gewaltige Rundungen, ein – wie Fries sagt – von »den
Göttern verdammter Seher aus einer archaischen Zeit«.
    Im Dezember 1973 begegnete mir ein anderer. Ich er-
kannte ihn nicht. Das sollte Fühmann sein?
    Er hatte eine Hungerkur hinter sich, hatte hartnäckig ge-
fastet, um abzunehmen. Sich mit den Pedalen durch märkischen Sand gequält. Gegraben im Schweiße seines Angesichts. Erst als er mir die riesige Grube zeigte, die er auf
seinem Grundstück in Märkisch-Buchholz ausgehoben
hatte, glaubte ich es und begriff: Er hatte es getan, um ins
Bergwerk einfahren zu können; die schmalen Gänge im
Berginneren, in denen man sich nur kriechend fortbewegen
konnte.

Leben und Schreiben; Führmanns Gestaltwandel war das erste Kapitel seines »Bergwerks«. Aus dem archaischen Seher war nach der gewaltsamen Abmagerung eine hagere, schlanke Asketengestalt geworden. Der Kopf nun länglich, faltig, furchendurchzogen das Gesicht, obwohl er sich hatte liften lassen, ein – wie sein Freund Kundera sagte – »junger Greis« nun, ein »alter Jüngling«.

Das Hungern behielt Führmann bei. Ein üppiges Mahl bei seinem Verleger – eine Vogelportion auf seinem Teller. Nie habe ich ihn wirklich essen sehen. Sein Kühlschrank in Märkisch-Buchholz quoll über von leckeren Sachen. Sie waren für seine Gäste. Er bewirtete großzügig, ermunterte immer wieder zum Zulangen. Er selbst aß nichts. Er ernährte sich einzig von frischem Obst, frischem Gemüse; seiner fatalen Rohkost. Besessen, wie er alles tat, wollte er seinen Körper bezwingen. Der Preis für das Eindringen in die Tiefe der Erde.

»... und dann krochen wir, das Band lag voll Erz; wir krochen daneben; zuerst kroch ich auf Knien und Ellenbogen; dann, als der Druck auf die Knie ins Gefühl umschlug, die Kniescheiben spräengen, versuchte ich auf dem Bauch zu kriechen, aber da blieb ich zusehends zurück, also kroch ich wieder auf Knien und Ellenbogen, doch im sofort niederschießenden Schmerz versuchte ich nach einem Kriechen auf Ellenbogen und Zehenspitzen abwechselnd eine Art Schlängeln in der Seitenlage und einen Watschelgang in gekrümmtester Haltung, ich sah die Lichter in fernster Nähe; der Obersteiger war wohl schon droben, ich sah ihn nicht, nur die schlagenden Lichter ... ich kroch wieder auf Knien und Ellenbogen; die Druckschmerzen wurden unerträglich, ich kroch weiter ... und dann kroch ich noch manche hundertmal.« – In den Jahren 1974-76 fuhr Fühmann in verschiedene Bergwerkschächte ein, für Tage, für Wochen. Er arbeitete im Berginneren, war – bis 1979 – Mitglied einer Bergarbeiterbrigade.

Bereits nach der ersten Einfahrt, dem »Urerlebnis«, noch im Juli 1974, fixierte er ein Buchprojekt. Auch ein Verlagsvertrag wurde geschlossen. Der Arbeitstitel lautete: »Schriftsteller und Arbeiter; Platz der Literatur im Arbeiterstaat«. Bitterfelder Weg? 1964 hatte Fühmann ihn öffentlich abgelehnt, als für sich nicht gangbar bezeichnet.

Dennoch: die Welt des Arbeiters blieb für ihn geheimes Begehren. »Knabensehnsucht« schon, das andere, die »grauen Fabriken«. Im Ungarn-Tagebuch der »Kofferschlepper«, ein »Bürger« aus der »Welt« seiner »Sehnsucht«. Das waren die Bergleute für ihn auch; ihre schwere körperliche Arbeit, immer im Angesicht des Todes. Die große Metapher Bergwerk. Die philosophische Dimension. Fühmann holte weit aus.

Das »Bergwerk« sollte ein Pendant zu »Zweiundzwanzig Tage oder Die Hälfte des Lebens« werden. Der Akzent war gesetzt. Er hatte die Fünfzig überschritten. Es ging um die zweite Hälfte des Lebens. Fühmann wollte hundert werden (Ich höre ihn das sagen, begleitet von seinem sarkastischen Lachen.) Waren die »Zweiundzwanzig Tage...« auf die Vergangenheit gerichtet, so sollte es im »Bergwerk« um das »Hier und Heute« gehen. Er sprach vom »Bergwerk« immer als einem Roman, in der Form durchaus offen; Berichte als Grund, eingebaut Briefe, Tagebücher, Sachliches, Dokumentarisches. Er war besessen von seinem Plan. Es gab kein Gespräch mehr, in dem es nicht um das »Bergwerk« ging. Etwas »Großes« sollte es werden, sein Hauptwerk, der »Abschluß«.

Aber der Stoff sperrte sich, gab sich nicht frei. Trat ihm nicht, wie er es beglückt beim Ungarn Tagebuch erfahren hatte, »mit eigenem Willen« entgegen. Verharrte; zäh, dumpf, taub. Die Geschichte des Bergwerkromans ist die Geschichte seiner Verhinderung.

Sieben Jahre kämpfte Fühmann verbissen. Permanentes Gefühl des Scheiterns. Immer drängte anderes heran. Fühmann sah es als Vorarbeit, Übung, Variation; das Grundthema, das EIGENTLICHE, blieb das »Bergwerk«.

Ein »Sediment« von »Tagebüchern, Notizzetteln, Dokumenten ... in Kisten gepfercht, in Packtaschen gestopft, in Schachteln...« häufte sich in Jahren auf: Material zum »Bergwerk«.

Am 15. September 1977 schrieb Fühmann mir. »Auf jeden Fall fang ich dann mit dem Bergwerk an, das muß jetzt kommen...«

Er saß an E. T. A. Hoffmann.

Sieben Monate später in einem Brief an seine Lektorin: »... das ›Bergwerk‹ ist angefangen. Nun ist nichts mehr aufzuhalten.«

Es wurde aufgehalten. Fühmann wandte sich Georg Trakl zu, der Essay »Vor Feuerschlünden«, in den Jahren 1977 bis 1981 viermal gänzlich umgearbeitet, entstand.

15. September 1980: er »... redigiere ... den Trakl zu Ende.... Und dann kommt endlich, und unvermeidlich, Das Bergwerk«

Fühmann arbeitete am Trakl weiter, begann die Arbeit zu Freud.

22. Oktober 1981: er wolle »verzweifelt noch etwas fertig machen, um dann völlig frei ins Bergwerk zu gehen.«

Wieder verging ein Jahr.

1. September 1982: »Ja, und jetzt das Bergwerk – alle Wege stehen offen – wenn ich jetzt zögre, wirds nie etwas.«

Zur Jahreswende 82/83 war es soweit. Fühmann nahm das »im Hingang eines Jahrzehnts monströs gewordenen Sediment« vor.

Dezember und Januar, täglich acht bis zehn Stunden Arbeit. Am 24. Januar an die Lektorin: »Ich hab jetzt die Konzeption, in ein paar Riesenschüben hat sie sich eingestellt, ... natürlich wieder so ein Siebener- Zyklus, ... nämlich sieben Hauptstücke..., das wären an die 1000 Seiten ... wenn ich, verwegen gerechnet, eine halbe Seite als Tagesleistung ansehe (allerdings kontinuierlich durchs Jahr durch), kommen sieben Jahre Arbeit raus.«

Fühmann stürzte sich ins Schreiben. »... ich stecke klaftertief im Bergwerk«, am 8. Februar 83 an seinen siebzehnjährigen Freund Joachim. »Das Bergwerk wächst, baut sich aus ... Es schießt von allen Seiten heran...«, im gleichen Monat an die Lektorin. – Ende Juni 1983 sind die Kapitel 1-12 fertig (122 von den überlieferten 129 Seiten).

Ein halbes von den sieben für das »Bergwerk« veranschlagten Lebensjahren ist vergangen. Im Juli die Konzeption für das nächste Kapitel. Ende des Monats, am 26., Einlieferung in die Charité, Operation. Danach wieder »Bergwerk«. Zweite schwere Operation im Oktober.

Kampf um Weiterarbeit. Die Erfahrung des Zu Spät. 1977 hatte Fühmann mir geschrieben: »Das Zu Spät ist eine der furchtbarsten Erfahrungen, ich mache sie jetzt mehrfach. Es ist die Erfahrung des Todes. Gnade dem, der sie in der Kunst machen muß.«

Er mußte sie machen.

Am 6. Dezember 1983 gibt er die Weiterarbeit am »Bergwerk« auf, versieht den Text mit dem Untertitel »Bericht eines Scheiterns«. Hinter dem Wort »Bergwerk« erscheint fortan in seinen Briefen ein Kreuz: gestorben. Aber es läßt ihn nicht los. Noch ein letztes Mal kehrt er zurück, drei Monate vor seinem Tod. Ein Teilstoff aus dem »Bergwerk«, die Erzählung »Das Glöckchen«. Er scheitert. »Dies Bergwerk ist verhext«, schreibt er am 3. 6. 84. »Liegt da ein Fluch drauf?«

4 · Warum gab der Stoff sich nicht frei? Während des ganzen Jahrzehnts, in dem Fühmann doch, künstlerisch immer radikaler werdend, der großartige Text »Vor Feuerschlünden«, ein Meisterwerk, gelang. Anders. Der E. T. A. Hoffmann, die Erzählung »Marsyas«. Im Fremden kam Fühmann sich nah; er war der Trakl, das »spinnerte Schorschel«, der gehetzte Hoffmann, zwischen Amt und Poesie zerrissen, der arglose Silen, den Mächtigen zur Folter ausgeliefert. Die unmittelbare Gegenwart aber sperrte sich.

Vom »Mangel des Bodens, der Luft, des Gebotes...« hat Franz Kafka gesprochen.

Franz Fühmanns Gang ins Berginnere war dies: Mangel des Bodens, der Luft, des Gebotes. Extreme Antwort auf eine extreme Situation.

Dieser Fühmann, Böhme mit tschechischem Paß, dem im Zweiten Weltkrieg die »Haut der Heimat« abgezogen worden war, der freiwillig das östliche Deutschland gewählt hatte, und sich zunehmend im märkischen Sand, in Preußen, in der DDR, seiner Wahlheimat, fremd fühlte – »Ersatz«

nur, keine Heimat –, der erkannt hatte, daß sein Verbot der Erinnerung an böhmisches Erbe, österreichische Vorfahren, Kindheit im Riesengebirge, falsche Tapferkeit gewesen war, messerscharf hatte er sein früheres Leben von sich getrennt; der, da er Kindheit und Herkunft wiedergewinnen wollte (im »Jongleur im Kino« der Versuch, im Trakl-Essay dann die größte Nähe), spürte, wie tief die Schnitte ins eigene Fleisch waren – dieser Fühmann sucht im Erdinneren, wo seine Hände Gestein berührt, das seit Millionen Jahren keine menschliche Hand berührt hat, – seine »Landschaft«, seinen »Ort des Nachdenkens«.

Gespenstisch.

Das Jahrzehnt, in dem Fühmann mit dem Bergwerkstoff rang, war jenes, das dem Zusammenbruch der DDR vorausging. Seine Schaffenskrise ist existentiell mit der Krise des Sozialismus verbunden.

1975 verlor Fühmann seinen neben Wieland Förster wohl einzigen Freund, Kurt Batt; Opfer der Kulturpolitik. »Ich habe ... was mir beim Tod von Kurt Batt furchtbar klarzuwerden begann ... keine geistige Heimat ... Ich reise im Land umher, und lese und diskutiere, ... aber was nutzt mir ein Kontakt mit Lesern und Bibliothekaren und Studenten und Lehrern, ja selbst Kollegen, deren Maßstäbe mit denen übereinstimmen, wie sie im offiziellen (!!!) Lehrplan für den Deutschunterricht gesetzt sind, ... und kein, kein kein Lehrer steht auf und schmeißt diesen Lehrplan ins zuständige Fenster.« Das schrieb Fühmann mir am 20. 8. 1976. Ein Vierteljahr später, im November, wurde Biermann ausgewiesen. Die Einsamkeiten wuchsen. Fühmann, als Erstunterzeichner dagegen, erfuhr Zurückweisungen und Ausgrenzungen. Die ihn schmerzten: der Bürgermeister von Märkisch-Buchholz schnitt ihn; über die er lachte: ein Buch über ihn wurde als »konterrevolutionär« aus dem Plan gestrichen; die er spöttisch ins Witzige kehrte: Einladungen zu Lesungen wurden zurückgenommen, überall plötzlich Wasserrohrbrüche. – Der Freundeskreis, die Kirche, die Akademie, der Westen nun der Raum.

Fühmann nahm die nach dem November sechsundsiebzig im Land sich ausbreitende lähmende Dumpfheit, das »Gesellschaftsgestocktsein«, dies ununterbrochene satte Versichern, wie herrlich weit wir es gebracht haben, diesen »warmen klebrigen brei ... kaum noch durchsichtig« (er zitiert Hilbig) nicht hin.

Er kämpfte: um einen Disput in der Öffentlichkeit – er scheiterte, um einen im Schriftstellerverband – vergeblich; er trat aus dem Vorstand aus. »Damit ist dieses Kapitel in meinem Leben abgeschlossen«, Brief vom 15. 9. 1977.

Die tiefste Verletzung aber – sie berührte sein Lebensprojekt – : es gab Spannungen im Bergwerk, mit Partei, Gewerkschaft, die Bergleute schrieben ihm beckmesserische, anmaßende Briefe, beschuldigten ihn politisch. Es kam zum Bruch. »Das war der letzte Griff der Garotte. Nun drückten sie ihm die Wirbel entzwei.« (Eine widerliche Geschichte einer Manipulierung in einer ganzen Kette anderer, sie wird noch aufzuzeichnen sein.) Ein Grundzug von Fühmanns Wesen war – er hat es in seiner Novelle »Barlach in Güstrow« an einem anderen beschrieben, gleich diesem – Arglosigkeit. Fühmann suchte ein neues Bergwerk, die Zinnerzgruben in Altenberg. Alles war schon »durchgestellt«. Ein Kampf gegen Windmühlenflügel. Doppelzüngigkeit und Zynismus der Politiker überstiegen sein Vorstellungsvermögen.

5 · Unter den Materialien zu Struktur und Konzeption des »Bergwerks« in Fühmanns Nachlaß befindet sich eine Notiz, vermutlich aus dem Tagebuch von 1975 und 1981 als Typoskript geschrieben:

»Ach Schwesterchen in meinem Raum aus Eisenlatten...
Ach Schwesterchen ich geh zu grund
Ach Schwesterchen jetzt komm zu mir
Ach Schwesterchen der Tag wird grau
Ach Schwesterchen, der Eisenmann
....
aber aus dem dreckigen Sozialismus Schwester kommen
    wir
schon nicht mehr hinaus.«

In einer späten Aufzeichnung, Mai/Juni 1983, zur Kapiteleinteilung (sieben ingesamt) heißt es: »Kapitel 6: Die Spannung. Das Unheil... Kapitel 7: Das Aufbrechen der Fragen – das Katastrophenende.« Im Fragment lesen wir auf einer der letzten Seiten – geschrieben unmittelbar vor Ausbruch der Krankheit –, die »Gebrechen«, an denen er »seit einiger Zeit« leide, seien »allesamt... nicht so sehr physisch bedingt als Symtome der unerträglichen Ohnmacht vor der unbewältigten Gegenwart, die weiter Ohmacht bleiben wird...«

»– also entweder werden wir von Alkoholikern oder Wahnsinnigen oder Grottenolmen regiert«, Fühmann am 16. 3. 1982 an seine Lektorin. »Am liebsten tät ich auf die Straße gehn und brüllen.«
    Eruptiver Ausbruch. Erst als für Fühmann die »erträumte Gesellschaft«, der Sozialismus, sich endgültig als Surrogat

216

entblößte, der letzte Schatten einer Hoffnung schwand – erst da stellte er seine 1974 formulierte Konzeption des »Bergwerks« in Frage. Er wolle – so in eben jenem Brief vom 6. 3. 1982 – »zur Literatur, ohne Rücksicht auf diese Scheiße von Oben/Unten, ohne diesen Kaninchenblick... Das Bergwerk ist auch wieder Oben/Unten, ist es sogar als Hauptproblem«.

Er legte den Finger auf die Wunde. Voraussetzung, daß der Stoff sich freigeben konnte. Denn es waren nicht nur die Zwänge der niedergehenden DDR, die das Bergwerk-Projekt stocken ließen, es war auch ein selbstauferlegter Zwang. Eine letzte Gläubigkeit; ideologisches Korsett.

Fühmann bestimmte sich als Künstler in Abhängigkeit vom Arbeiter, im weiteren Sinne vom Arbeiterstaat.

Als er das erste Mal ins Bergwerk einfuhr, überwältigt von der »gnadenlosen Echtheit der Grube« (er liebte das Wort »gnadenlos«, wie er das Wort »jäh« liebte), fragte ihn ein Häuer, was er, der Schriftsteller, denn schriebe. Fühmann: »diese Frage traf mich ins Herz«.

Von »jähem Schuldgefühl« des Intellektuellen den körperlich Arbeitenden gegenüber ist dann die Rede, von der »Aura der Scham«, von der »Pein« seiner »Deplaziertheit«, der »Fragwürdigkeit seiner Position«. Es gipfelt in dem Satz: »War denn mein Schreiben überhaupt Arbeit?«

Sein »kühnster Traum« sei, hatte Fühmann 1964 notiert, »einmal, vielleicht in zehn Jahren, die Poesie und schöpferische Potenz ... schwerer körperlicher Arbeit ... in einer Novelle in der Nachfolge von Tolstois ›Herr und Knecht‹ ... zu gestalten.«

Er machte sich zum Knecht und die Arbeiter zu Herren; zu einem Zeitpunkt, da dem Staat längst die Lüge aus dem Mund kroch: »Ich, der Staat, bin das Volk.«

Auf dem schwarzen Buchumschlag des Nachlaßbandes
»Im Berg« ist eine Fotografie. Fühmann mit Bergleuten,
kurz vor der Einfahrt offenbar. Der Dichter mit geschultertem Selbstrettungsgerät, Grubenlampe, Arbeitshelm. Auf
dem Helm ein großes B: Besucher. Der, der sich nicht
auskennt, im Notfall keine Rettung holen kann, der andere;
Besucher eben. Fühmann hat den Blick gesenkt, ernstes,
nachdenkliches, beinah schmerzvolles Gesicht. Die Bergarbeiter in Positur, erhobenen Hauptes, Blick zur Kamera,
selbstbewußt, breit, lachend. ICH BIN EIN BERGMANN,
WER IST MEHR!

Der Bergmann als Mythos. Die Mythisierung der Arbeits-
welt. Das »Mißlingen des Fragments« habe – so Fritz Ru-
dolf Fries – eine »programmatische Ursache«. – »Es ist die
Unvereinbarkeit der real existierenden Banalität mit den
Mythen.« – »Phantasie und Planproduktion schließen ein-
ander aus.« – Die Phantasie bleibe »Arbeitsprogramm im
Notizbuch des Dichters.« Fühmann hat die »Antwort« im
»Mund«, nicht aber in »Fleisch und Blut«.

In seinem lebenslangen Schuld- und Rechtfertigungs-
druck hatte Fühmann sich ein letztes Mal zwischen »Dok-
trin und Dichtung« – beides sei in ihm »verwurzelt«, beides
nehme er »existentiell« – gespannt, sich dem »inneren Zen-
sor«, der »Inkarnation seiner Lebenserfahrung« gebeugt.

Erst als er die »sinnlos gewordenen Selbstzwänge« hinter
sich ließ, konnte der Stoff sich freigeben. Parallelität von
Glaubensverlust und Kunstgewinn. Fühmann war angekommen. Der »Raum aus Eisenlatten«, das Korsett. Physis
und Psyche. Stab für Stab hatte Fühmann gesprengt; eine
übermenschliche Kraftanstrengung.

6 · Fühmanns Bindung an den Arbeiter hatte noch eine weitere Schicht. An einer Stelle des Fragmentes spricht er vom »Verlangen, in diesen Rhythmus einzugehen, vielleicht sogar darin aufzugehen«. Der Bergmann als Bürger aus der Welt seiner Sehnsucht.

Es ist das Verlangen nach dem einfachen Da-Sein. Jenes Verlangen, das in Kleist in tiefster Bedrängnis den Plan entstehen ließ, als Landwirt auf einer Insel in der Schweiz zu leben, Lenz in seiner Qual im thüringischen Berka verwünschen ließ, nicht als Bauer geboren zu sein. Barlach – Fühmann hat es dargestellt – nach der Entfernung seines Engels aus dem Güstrower Dom bei Hirten und Fuhrleuten im dörflichen Parum Zuflucht erhoffen ließ, vor dem Exil, in dem er – geächtet – in Deutschland lebte.

Es ist bei allen – zwischen Todesangst und Lebensgier – das Verlangen, die Grenze zum Leben hin zu verrücken.

Auch bei Fühmann. In diesem Sinn ist die Arbeit im Berg das andere »zum gehaßt-geliebten Schriftstellerschreibtisch, zu Bücherstaub und Papierexistenz«. Fühmanns Nicht-Gebrauchtwerden, obwohl er mit seiner Kunst dienen wollte – dieses Wort vom Dienen taucht bei ihm immer wieder auf – führt zu tiefster Bedrängnis; zum Gefühl der Vergeblichkeit seines Schaffens. Und damit zu Überdruß und Ekel.

»... man mag sich noch so oft sagen, daß Literatur nicht das Leben sein kann ... etwas in einem weiß es besser; und wenn man auch nicht dran zugrunde geht, so reibt man sich doch ein Leblang daran auf und schmeckt noch im Glück des Werk-Vollendens den Überdruß am Artefakt. – Papier, Leinwand; Gips; armselige Zeichen: man stößt dererlei angewidert von sich. – Am farbigen Abglanz hätten wir das Leben – nein, das Leben haben wir als Leben, allein wir können es nicht halten, wir haben es im steten Entgleiten ...«

Durst nach Da-Sein. Ihm entspringt auch Fühmanns Engagement für junge Dichter. Unendlich viel Zeit, kostbare
Kraft hat Fühmann in den letzten Lebensjahren darauf verwandt. Es wurde – wie auch die Hingabe an die Kinder – Teil
seiner Existenz; das Leben – ein Werk.

Durch sie, die Jungen, ging nicht mehr jener »Riß«, sie
trugen nicht mehr das »Kreuz« seiner Generation. Fühmann beneidete sie um ihre »Homogenität«, ihre wilden
Durst-Schreie, ihre Daseins-Gier. Er trat für sie ein, schrieb
über sie, förderte sie. Es wurden immer mehr. Seine Radikalität, seine zunehmende Bekanntheit im Westen zog sie in
Scharen an. Fühmann vermittelte, begab sich für sie in die
Maschinerie des Apparates, machte Versprechungen für sie,
die nichts versprechen wollten, schleppte Steine aus dem
Weg, hob Knüppel auf; ermutigte die Hiergebliebenen, besuchte die Weggegangenen. Noch als Todkranker.

»Was mußte er«, fragt Fries, »auch noch diese jungen
Leute auf seiner Schulter tragen ... Die zu leicht waren, pur-
zelten ihm ohnehin von der Schulter (und leichtes Spiel
hatten die Hundefänger), aber da hatten sie ihm schon aus
den Taschen gezogen, was ein Vater so zu geben hat, Geld,
Klamotten, Ratschläge, Empfehlungsbriefe ...«

»Überfordert und überschätzt uns nicht«, hatte Fühmann
sie gebeten. Einige haben es getan. Als ich ihn das letzte Mal
in der Charité besuchte, sprach er mit Bitternis davon. Dennoch: der Spruch auf seinem Grabstein gilt ihnen, den
jungen Dichtern. In der Annäherung an sie lebte auch
Fühmanns Sehnsucht, seine Einsamkeit aufzuheben. Vergeblich.

Mir schien, die einzigen, die das vermochten, waren die Kinder. Fühmann und Kinder. Es war wunderbar, ihm da zuzu-

sehen. Er spielte für eine Weile hingerissen das Kind, das er nie gewesen war, und lebenslang heimlich zu sein begehrt hatte. Die Kinder nahmen das gierig an, sie liebten ihn abgöttisch; er entgrenzte sie und sich, gleichwertige Partner; er sprach mit ihnen über Nietzsche und Freud als seien es Leute aus der Nachbarschaft, er verwandelte die märkischen Kiefern in Drachen und Gespenster, ein Wettlauf begann, wie auch bei den Sprachspielen, zwei Worte, zehn e: ekelerregendes Regenwetter. Ich habe Fühmann nur mit Kindern so lachen sehen, Tränen lachend; er war wunderbar.

Und Frauen? Lieben, Geliebtwerden, Wärme; seltsam fremde Worte, bringt man sie mit Fühmann in Verbindung, seinem männlich-asketischen Werk. Sein Leben glich dem.

Schöpferkraft als sublimierte Sexualität, er neigte diesem Gedanken Freuds immer stärker zu. War das nicht auch Teil einer Selbstauslöschung, Härte gegen sich, Abwehr? »Was trachte ich nach Glücke? Ich trachte nach meinem Werke!«

Vor dem Fenster von Fühmanns Arbeitszimmer in Märkisch-Buchholz, stand – er konnte sie, aufschauend, vom Schreibtisch sehen – »dunkel im Gras, im Schnee, unter Sonne und Regen« – eine Bronze von Wieland Förster: »Paar«. Zwei Liebende in der Umarmung, Fragmente von Körpern, »Winkelmaß der Geschlechter«. – »... als sie zum ersten Mal dort stand«, schreibt Fühmann, »schien sie mir in der Fülle des Vitalen die schiere Möglichkeit eines Glücks. Langsam, und gegen Widerstände, begreife ich ihre tapfere Trostlosigkeit: im unstillbaren Verlangen der Liebenden wie im Wissen des Mannes, daß er auch hier keine andere Erfüllung findet, als sich einen Ewigkeitsaugenblick noch einmal schräg gegen das Weltall zu stemmen.«

Die Beschwörung der Vergeblichkeit auch da. Frauen in Fühmanns Leben. Seine Mutter, seltsam blaß, er wehrte stets ab, sprach nicht über sie. Die Frau, mit der er über dreißig Jahre verheiratet war: sein »schlesisches Weib«. Die Tochter Barbara. Seine Schwester, die wie Trakls Grete hieß.

Dichterinnen, über deren Werk er schrieb: Sarah Kirsch und Barbara Frischmuth – Schwestern im Geiste.

Die Malerin, die zu Fühmanns Texten starke Grafiken schuf: Nuria Quevedo.

Frauen, die seinem Werk dienten. Die Lektorin Ingrid Priegnitz; Gesprächspartnerin, Gefäß über Jahrzehnte. Umsichtig, aufopferungsvoll begleitete sie das Werk, betreut – Fühmann hat es im Testament festgelegt – den Nachlaß. Die Frau, die ihn in den letzten Jahren chauffierte, ihn zu Lesungen begleitete, die Bibliothekarinnen, Verehrerinnen, Kritikerinnen ... Fühmann kannte viele, ermutigte viele, teilte sich in Briefen mit, hörte begierig zu – während der Zeit des Zusammenseins, – dann fiel er in seine Einsamkeit zurück.

Das Bergwerk sei seine »Braut«, sagte er, und um diese Braut »warb« er. Eine der letzten Frauen, die für ihn wichtig wurden, war eine Behinderte aus der Anstalt von Fürstenwalde. Eine Frau, Mitte Dreißig, von den Knien bis zu den Füßen gelähmt. Statt in einem Rollstuhl bewegte sie sich – mit Knieschützern und dicken Gummistulpen angetan – auf Knien fort. Fühmann berichtet, wie er und diese gelähmte Frau »derart miteinander tanzen«. Ihre Fotografie hing in dem Raum, in dem er arbeitete, aß, schlief. »Ich lerne von ihr, auch auf Knien zu gehen.« Der Kreis schließt sich, wieder führt er zum »Bergwerk« zurück.

7 · Als Fühmann im Februar 1983 seinem siebzehnjährigen Freund schrieb, er »stecke klaftertief im Bergwerk« – und da der wesentlichste Teil des Fragmentes entstand, dieser dichte, erregende Text, vollendet im Unvollendeten –, war die Nachricht auf einer Ansichtskarte; Fühmann wählte sie immer bewußt, das Bild gehörte zum Mitgeteilten. Auf der Karte war ein besetztes Haus in Kreuzberg zu sehen, an der Fassade der Spruch: »Ich kann meine TRÄUME nicht fristlos enlassen / Ich schulde ihnen noch mein LEBEN.«

Wieland Förster berichtet, daß Fühmann ihm, zwei oder drei Tage vor seinem Tod, bei einem Besuch in der Charité gesagt habe, er wisse jetzt, wie das »Bergwerk« sein müsse, ihm den Ablauf erzählt habe, er hatte sich von allem frei gemacht, hatte den Mythos neu gefaßt.

Das Zu Spät. Der Tod.

Jeder ernsthafte und große Dichter – und Fühmann war das – bezahlt sein Werk mit seinem Leben; das »Bergwerk« war Fühmanns Preis.

Ich habe Fühmanns Totenmaske betrachtet, lange. Es muß ein qualvolles Ende gewesen sein.

Risse, Brüche, Umbrüche, Mitte und Ende des 20. Jahrhunderts. Er hat vieles verdrängt, sich immer wieder gestellt, die Verdrängungen aufgearbeitet, vorbehaltlos, irrend, suchend, wahrheitsbesessen. Leben und Werk: ein Spiegel, in dem wir uns finden können, sind wir bereit, seine bitteren Erfahrungen zu teilen: »Der Wahrheit nachsinnen – viel Schmerz.«

Berlin, den 21. August 1992

»Der Kopierstift hinter dem Ohr
des Soldaten …«

Schriftsteller und Archiv

1 · Schriftsteller und Archiv. Scheinbar ein Gegensatz, einander ausschließende Pole. Ist Literatur nicht immer Erfindung, poetische Überhöhung, Fiktion? Braucht nur *der* Schriftsteller das Archiv, der *ohne* Phantasie ist? Das Archiv einzig eine Domäne der Wissenschaft? Selbst dann, wenn es um vergangene Lebensschicksale, um Historie geht? Lion Feuchtwanger hat sich dazu bekannt, daß er sich niemals darum »gekümmert« habe, »ob die Darstellung der historischen Fakten exakt war. Ja, ich habe oft die mir genau bekannte aktenmäßige Wirklichkeit geändert, wenn sie mir illusionsstörend wirkte. Im Gegensatz zum Wissenschaftler hat, scheint mir, der Autor historischer Romane das Recht, eine illusionsfördernde Lüge einer illusionsstörenden Wahrheit vorzuziehen«.

Die Haltung Feuchtwangers hatte für mich immer ein großes Fragezeichen. Die Entgegensetzung von Wissenschaftler und Autor, der erklärte Graben zwischen Wissenschaft und Kunst, das Pochen auf die Sonderrechte des Schreibenden. Literatur als »illusionsfördernd«, die »aktenmäßige Wirklichkeit«, die Wissenschaft, als »illusionsstörend«? Das schien mir unannehmbar.

2 · Vielleicht oder ganz sicher deshalb, weil ich eine verräterische Nähe zu dem spürte, wie uns in einem östlichen Land, in der DDR, Geschichte dargeboten wurde; ein Konglomerat aus »illusionsfördernden Lügen«.

Die Geschichte – so meine Erfahrung – war von Widersprüchen gereinigt, Umbrüche und Abgründe wurden negiert; eine gerade Linie, aufsteigend, auf den Punkt zu, der Sieg hieß. Wir befanden uns – um ein Wort von Walter Benjamin abzuwandeln – in den »Bleikammern der historischen Gesetzmäßigkeit«. Stets wurde im Individuellen das Gesellschaftliche transparent gemacht. Auch in der Literaturgeschichte. Nicht auf der Höhe der Zeit. Das Schubfach flog zu. Das Individuum war verschwunden.

In dieser Geschichtsauffassung blieb für den einzelnen kein Raum. Was blieb, war das kahle Gerippe der historischen Gesetzmäßigkeit.

Die Geschichte ohne Fragen, ohne Antworten. Totes Material. Todlangweilig.

Das Abspeisen, Überfüttern mit Ideologie, mit Surrogaten im täglichen Leben, in Zeitungen, Geschichtsbüchern mußte – über so lange Zeit propagiert – Spuren in ganzen Generationen hinterlassen.

Ich habe dies 1987 für mich und meine Generation öffentlich zu formulieren versucht: In der Dankrede zur Verleihung des Lion Feuchtwanger-Preises am 27. August 1987 in der Akademie der Künste der DDR, gedruckt in der Zeitschrift »Sinn und Form«, Heft 1, 1988, unter dem Titel »Unruhe«. Die ungewöhnlich starke Resonanz legte nahe: es mußte die Erfahrung vieler sein. Eine Generation, deren Kräfte nicht gefordert wurden. Verkümmerung daher. Blaß, farblos, einander gleich. Eine Generation ohne Biographie. Die sich in Scheingefechten verbrauchte, sich auf das gesellschaftlich geforderte Maß schrumpfen ließ; »künstliche kleine Maschinen«, die »funktionierten«.

Wenn heute über den Zusammenbruch der DDR, über die Schuld jedes einzelnen – nicht derer, die jetzt so eilfertig zu allein Schuldigen erklärt werden –, nachzudenken ist, so beginnt es für mich bei dieser Generationsprägung und deren Folgen.

Was hat das mit dem Thema Archiv zu tun? Ich denke: In einem von Ideologie überfluteten Land erschien das Dokument, das Archivierte wie ein Rettungsanker, mit dem die Wahrheit festzumachen war, Boden unter die Füße zu bekommen war. Das Überfüttern mit »illusionsfördernden Lügen« weckte den Hunger nach dem »Aktenmäßigen«, dem Archivierten. Das durchlebte Gefühl, daß Geschichte ausgesetzt werde, stillstehe, weckte die Gier nach ihr. Diese Gier hieß zugleich: Rückgewinnung der Individualität durch Aufarbeiten der Geschichte.

3 · In meiner eigenen Biographie fallen Interesse für das Archiv und Beginn meines Schreibens zusammen. D. h., die Liebe zum Archiv ist nicht meiner Ausbildung als Germanistin, meiner Herkunft von der Wissenschaft geschuldet, sondern ursächlich an die beschriebene DDR- oder ostspezifische Geschichtserfahrung geknüpft.

Das Gefühl des Mangels als Antrieb für das Schreiben.

Auch äußerlich bedeutete es eine Zäsur in meinem Leben. Das war 1978. In der »Lücke in der Republik«, in die ich »hineingestoßen« war und mich drehte, drohte ich »abzustumpfen«; »heißt das gelebt«, fragte ich mich täglich, ich war achtunddreißig, es würde bis ans Ende so weitergehen.

Ich wollte nicht mehr Teil dieser »Maschine« sein, wollte aufhören zu »funktionieren«.

Ich brach aus, verließ die »Maschine«, die »Institution«, wurde freiberuflich.

Ein Wagnis mit ungewissem Ausgang, finanziell, menschlich. Sturz in den freien Fall. Aber – kein Kollektivzwang mehr, keine Vorschriften: endlich war nur ich verantwortlich für mich, konnte tun, was ich wollte.

Ich hatte die Briefe der Caroline Schlegel-Schelling herausgegeben, brauchte, um als Freiberufliche eine Steuernummer zu bekommen, einen Nachweis über ein neues Projekt.

Ich entschied mich für Jakob Lenz. Obwohl mir alle abrieten, der Verlag hob die Arme, das kaufe und lese keiner. Vielleicht gerade, weil man mir abriet, entschied ich mich dafür. Widerspruch war lockend. Der Verlag hatte Hauptmann, Hofmannsthal, Goethe vorgeschlagen. Daß es für mich nicht Goethe sein konnte, der Anerkannte, der, der im Licht stand (freilich in enger Erbeauffassung von den Widersprüchen gereinigt), war klar. Es konnte nur der im Schatten sein, der Gescheiterte, Nichtanpassungsfähige, der Schwierige: Lenz. Nicht durch das Verspeisen eines Löwenherzens, sondern indem ich die bitteren Erfahrungen eines anderen teilte, konnte ich mir selbst Mut machen. Und darum geht es beim Schreiben wohl immer.

Eine biographische Arbeit über Lenz und eine Werkedition sollten es werden. Ich ahnte noch nicht, daß, bis ich beides geschafft haben würde, sieben Jahre vergehen sollten.

Lassen Sie mich im folgenden nun von meinen Erfahrungen mit den Archiven erzählen. Zunächst während der sieben Lenz-Jahre, dann beim Cornelia Goethe-Buch, später während der Arbeit an dem im Frühjahr 1992 erschienenen Roman »Ich bin nicht Ottilie« und schließlich bei der Beschäftigung mit Franz Fühmann, der für mich von einem Lebenden zu einem im Totenreich der Archive überging.

Wenn ich meine Arbeit überdenke, so gehören zu ihren Glücksmomente die in Archiven. Ich erinnere mich der Erregung im Weimarer Goethe- und Schiller-Archiv: zum ersten Mal ein Autograph von Lenz in der Hand halten. Der Freude: etwas lang Gesuchtes zu finden. Der Spannung: öffnen sich die Archivtüren oder nicht?

4 · Beginnen wir mit Lenz. Ich fand einen Verlag, der zu einer Lenz-Werkausgabe bereit war: der Insel-Verlag Leipzig. Die Herausgabe der Texte. Die Lenz-Editionssituation war unbefriedigend, die der Autographe verworren.

Lenz war zeitlebens ein Unsteter, Umhergetriebener: Riga, Dorpat, Königsberg, Straßburg, Weimar, Emmendingen, Basel, Zürich, Petersburg, Moskau. Immer aufgebrochen, geflohen, im Koffer Manuskripte dalassend, Bitten um Nachsenden. In Livland, zu Lebzeiten und nach dem Tode der Familie nichts wert, der Nachlaß nachlässig verstreut. In Moskau Papiere verloren, verbrannt, von ihm selbst, von Freunden. In Weimar zum Teil die Zeugnisse sorgfältig vernichtet, Spurenverwischung, der Streit mit Goethe.

Dennoch die Orte waren auszumachen, wo noch etwas lag: Basel, Zürich, Straßburg, Weimar, Westberlin, das Baltikum und Polen. Im Westen und Osten also. Für den Westen brauchte man ein Visum und Valuta; ich hatte weder das eine noch das andere. Auch der Verlag konnte mir nicht helfen.

Also der Osten. Estland, Lettland, Riga, Tartu, Tallin, die Genehmigung lief über Moskau – es war wenig aussichtsreich.

Polen. Dort mußte enorm viel Material sein. Ich hatte mir

in der Deutschen Staatsbibliothek Unter den Linden eine genaue Auflistung gemacht. Der Varnhagen-Nachlaß, in dem
sich die Lenz-Autographe befanden. Zu Ende des faschisti-
schen Krieges war er in das Kloster Grüssau ausgelagert
worden, dann nach Krakau gekommen. Die polnische Regierung dementierte den Besitz. Der Westen, BRD-Forscher,
wiesen den Weg exakt nach. Der Osten, die DDR, stellte sich
an die Seite der Polen. Zeitweise jedenfalls. Der Hintergrund: der Streit von BRD und DDR, wer der rechtmäßige
Erbe des Preußischen Kulturbesitzes sei. Eine Reise nach Polen, ins Krakauer Archiv, war für mich nicht möglich, die
Entwicklung in Polen durch die »Solidarnos|'c|'« schloß sie
dann grundsätzlich aus. Die Nachwirkungen des faschisti-
schen Krieges, die Spannungen zwischen Moskau und dem
Baltikum, die deutsche Teilung, die Entwicklung in Polen
warfen ihre Schatten, umklammerten den toten Dichter im
Blättersarg seiner Manuskripte.

Was tun unter solchen Bedingungen? Ich war in den Fluß
gesprungen und der Fluß trieb mich fort; allerdings –
vielleicht aus den genannten Gründen – in ungeahnter
Weise. Mich beschäftigte immer ausschließlicher das Leben von Lenz. Der qualvolle Widerspruch von Überleben
im Werk und unlebbaren Leben. Die Edition trat in den Hintergrund. Das biographische Buch »Vögel, die verkünden
Land. Das Leben des Jakob Michael Reinhold Lenz« entstand.

Ich suchte lange nach einer Sprachform. Dabei eröffneten
mir de Bruyns Jean Paul-Buch, Adolf Muschgs über Keller
und Wolfgang Hildesheimers Mozart-Buch faszinierend
neuartige Zugänge zum Genre historischer Roman/Biogra-
phie oder wie immer man das nennen will. Das war nicht
überlastige Wissenschaft für einen Kennerkreis. Die Spra-

che war relativ einfach, hatte Brillanz. Zugleich erfüllten diese Bücher Erwartungen, die man an Wissenschaft stellt. Da wurden nicht Wunsch und Wirklichkeit vermischt, nicht eigene mögliche Reaktionen des Schreibenden zum Maßstab des Beschriebenen gemacht. Es wurde nicht eine Gestalt der Einbildungskraft aufgedrängt, sondern eine der Vorstellungskraft angeboten. Lauter, überprüfbar, demokratisch. Die Bücher waren aus einer jahrzehntelangen Beschäftigung, einer Art Liebesverhältnis zu den beschriebenen Autoren hervorgegangen. Das Dienen am Werk des anderen und die eigene Subjektivität gingen eine glückliche Verbindung ein. Sympathie wurde nie zur Apologie. Gründliche Kenntnisse, wissenschaftliche Aufbereitung, philologische Kleinarbeit waren Voraussetzung, selbstverständlicher Bestandteil.

Die Autoren reklamierten nicht – wie Feuchtwanger – Sonderrechte des Schreibenden, von der Wissenschaft abgegrenzt; im Gegenteil, sie schütteten den Graben zu; auf dieser unbestellten Fläche, dem öden Grenzland zwischen Wissenschaft und Kunst, wuchs dieses Neue.

Für mich war das sehr wichtig, bestimmte mein Verhältnis zum Dokument als dem Primären, zur davon abgeleiteten, möglichst noch wie mit einer Nabelschnur damit verbundenen Fiktion, als dem Sekundären.

An einer Stelle der Arbeit wurde der Drang, die Landschaft von Lenzens Kindheit mit eigenen Augen zu sehen, in den Archiven von Riga und Tartu zu arbeiten, übermächtig. Beim Straßburg-Kapitel hatte ich ihn noch erfolgreich unterdrücken können. Jetzt schien mir, ich könne ohne die Reise nicht weiterschreiben. Ich zog Erkundigungen ein, im Weimarer Archiv, im Staatsarchiv Potsdam. Sie ermutigten nicht. Niemand war reingekommen. Mir kam eine Idee. Ich warf mir den Mantel Feuchtwangers um, tat, als ob mich das »Aktenmäßige«, die Archive überhaupt nicht interessierten. Widerrief meinen ersten Brief an den Schriftsteller-Verband. Nun war es eine harmlose Schriftstellerreise, an keiner Stelle des Antrages tauchten die Archive auf. In meinem Kopf aber nahm es Formen von Besessenheit an: ich mußte da hinein gelangen.

Die Reise wurde genehmigt. Aber Tartu in Estland war ausgeklammert. Militärisches Sperrgebiet. Atomwaffenabschußrampe munkelte man. Ich ließ nicht locker. Der Verband bemühte sich. Zweimal wurde die Reise verschoben. Dann sagten die Leute im Verband, es ist zwecklos, wir haben alles versucht, fahren sie, es muß ohne Tartu gehen.

Ich flog nach Moskau. In Scheremetjewo fragte mich die junge russische Dolmetscherin – immer bekam man jemand zur Seite, niemals durfte man allein durchs Land reisen –, ob ich meine Ziele angegeben hätte, ich käme sonst nicht aus Moskau heraus. Ich verneinte. Wir gingen zurück.

Ein blutjunger Soldat, achtzehn höchstens. Stoppelschnitt, abstehende Ohren. Hinter dem einen klemmte ein Kopierstift. Wir trugen es ihm vor, auf russisch, auf deutsch. Lettische SSR, Litauische SSR, Riga, Tallin, sagte ich. Und fügte auf einmal verwegen hinzu: Tartu. Die Idee war mir im Moment gekommen, als ich auf meine Schreiben in der Plastefolie gesehen, sie gewendet hatte. Auf der Vorderseite ein Schreiben mit Behördenstempel, Ministerium für Kultur der UdSSR. Es war das offizielle Absageschreiben für Tartu. Aber die Absage stand auf der unteren Hälfte des Blattes, war verdeckt. Auf der Rückseite mein allererster Brief an den Schriftstellerverband mit der Bitte Tartu. Ich ließ Behördenstempel und das Wort Tartu mehrmals vor den Augen des Soldaten wechseln. Er sah ungläubig darauf, sagte dann:

231

gorod sakrit, die Stadt ist geschlossen. Ich wiederholte den Vorgang. Er deutete, wir sollten warten, verschwand. Kam mit seinem Vorgesetzten zurück. Wieder Behördenstempel – Tartu. Der Offizier nahm die Plastefolie, ich fürchtete, er könne die Schreiben herausnehmen, er tat es nicht, las, wies uns dann barsch ab: gorod sakrit. Er wendete sich, ließ uns stehen.

Wir waren wieder mit dem jungen Soldaten allein. Ich wollte schon aufgeben. Da sagte die junge Dolmetscherin: jeschtscho ras, noch einmal. Wir legten los, ich redete russisch, sie deutsch, beide beides durcheinander. Wir faßten den Soldaten jeder an einem Uniformärmel, ein Wortschwall prasselte auf ihn. Er stand wie betäubt, völlig reglos, sah uns mit großen Augen an. Wir ließen ihn los, selbst über uns erschrokken. Stille trat ein. Ich starrte auf seine abstehenden Ohren, sie schienen sich zu bewegen. Eine Ewigkeit verging. Dann – ich sehe es noch heute in Zeitlupe – machte er eine Bewegung mit der Hand zum Ohr, sah in Richtung, wohin sein Vorgesetzter verschwunden war, nahm den Kopierstift, einen weißen Zettel, ein Vordruck (Paßformat), – schrieb mit dem Kopierstift in steilen Buchstaben: Riga – Tallin – ich hielt den Atem an – Tartu. Er legte den Zettel in meinen Paß, gab ihn mir. Wir bedankten uns nicht, rannten wie die Furien davon, zu unglaublich war es.

Im sowjetischen Schriftstellerverband – alles lief sehr offiziell – hielt ein Funktionär eine Rede, er bedaure außerordentlich, daß Tartu nicht möglich sei. Sie hätten es auch nach der Absage nochmals auf höchster Ebene, das bedeute der Kulturminister selbst, versucht. Leider vergeblich. Bei dem Wort »höchster Ebene« entwischte mir ein glucksendes Lachen, ich sah den Kopierstift hinter dem Ohr des Soldaten, mit ihm hatte er den bürokratischen Apparat außer

Kraft gesetzt, der Schriftzug mit dem Kopierstift das Sandkorn im Getriebe.

Die Dolmetscherin nahm meinen Paß. Der Funktionär sah entgeistert auf den Zettel. Nachdem er sich gefaßt hatte, lief alles in kurzer Zeit reibungslos. Er »stellte« neu »durch«. Ein Hotel in Tartu, es gab nur ein einziges, aber es war leer. Die Änderung der Reiseroute, andere Schlafwagenplätze.

So kam ich nach Tartu in Estland. Wir betraten Tartu, das ehemalige Dorpat, bis 1939 die Hälfte der Bevölkerung deutsch, nun eine verbotene, geschlossene Stadt, weil sich dort eine Atomwaffenabschußrampe befand. Eine Deutsche und eine Russin – wir wurden wie fremde Tiere betrachtet. Die estnischen Schriftsteller hoben die Gläser. Warum schreiben Sie über einen Toten, schreiben Sie über uns! Sie machten aus ihrer antirussischen Haltung keinen Hehl. Aber die Jugend und Schönheit der Dolmetscherin versöhnte sie. Ich ließ sie bei ihnen.

Und verschwand in der Bibliothek. Eine supermoderne, wie ich sie später nur in Westberlin fand. Eine riesige Handschriftenabteilung. Mir ging es nicht so sehr um Handschriften, sondern um andere Archivmaterialien: Topographie, Architektur, Stadtgeschichte. Jakob Lenz hatte von seinem achten bis zum siebzehnten Jahr in Dorpat gelebt, eine prägende Zeit. Wie hatte das Elternhaus ausgesehen, wo hatte es gestanden, wo die Schule? Gab es noch Dokumente über die Lehrer? Hatte es eine Schauspieltruppe in Dorpat gegeben, waren Wandertruppen durchgezogen, wie war das mit dem Festungsbau, der Fortifikation, gewesen, die Lenz später in Straßburg unterrichtet. Ein Experte für alte Stadtgeschichte und der junge Stadtarchitekt von Tartu, zu dritt gingen wir durch die Stadt. Mit Plänen und Karten; die Rekonstruktion, hier mußte das Wohnhaus, hier die Schule gestanden haben. Die genauen Jahre des Festungsbaus, die Anzahl der Arbeiter, die Art ihrer Unterbringung in Holzverschlägen im Freien, unweit von Lenzens Elternhaus. Dokumente im Archiv dazu.

Vier Archivarinnen, sie konnten alle deutsch. Nur ein Stichwort genügte. Sie suchten für mich, arbeiteten die ganzen Tage für mich. Ohne sie hätte ich es niemals geschafft, sie vervielfachten meine Kräfte. Eine fünfte, über siebzigjährige, eilte von zu Hause herbei. Sie kannte sich in livländischen Adelsgütern aus. Lokalisierte alle die in Lenzens späten Briefen erwähnten, mit den Datierungen zusammen konnten wir den Irr- und Fluchtweg von Lenz durch Livland nachzeichnen. Ich war ihr, wie allen anderen im Archiv, zu großem Dank verpflichtet. Schloß das Archiv um 20 Uhr, luden sie mich in ihre Wohnungen ein. (Für die Dolmetscherin lief die ganze Zeit ein offizielles Programm ab, damit konnte sie ihre Berichte schmücken.) Ich ging durch die dunkle Stadt, Dohlenschwärme flogen lärmend über sie hin, der Geruch von Holzfeuer stand in ihr. Dann saßen wir an den Kaminen mit den brennenden Holzscheiten, das Gespräch ging weiter: Esten – Russen – Deutsche, Historie, Gegenwart. Nie habe ich so viel über mich selbst, mein Deutsch-sein und über Lenzenes Aufwachsen in einer dreisprachigen, von drei Nationen und ihren Gegensätzen geprägten Stadt erfahren wie in den Arbeitstagen im Archiv und den Abenden an den offenen Holzfeuern in den Häusern von Tartu.

Als ich nach Hause zurückkam, schrieb ich die Kindheitskapitel des Lenz-Buches und das späte Livland-Kapitel völlig neu.

Nach Estland kam Lettland. Wir fuhren nach Riga. Dort

234

ging es mir um Handschriften. In der Lenz-Literatur war Riga immer wieder aufgetaucht. Auch der Nachlaß des Vaters mußte dort sein. Ich hatte keinem »Offiziellen« ein Sterbenswort davon gesagt. Schleppte einen Packen Schreibmaschinen-Manuskripte im Koffer, Briefe vor allem, deren Originale ich nach den Angaben der ersten Herausgeber, Karl Freye und Wolfgang Stammler, in Riga vermutete.

Nach dem Kopierstift des Soldaten, den Erfahrungen in Tartu ... Aber ein drittes Mal Glück haben, das gab es nur im Märchen. Da ich über den Schriftstellerverband gekommen war, konnte mein Weg nur über den lettischen Vorsitzenden führen. Er war kein Funktionär, sondern ein Schriftsteller, ich hatte mich in Berlin erkundigt, auch nach dem passenden Gastgeschenk für ihn. Ich war aufgeregt wie ein Schulkind vor der Prüfung.

An einem Sonntagmorgen kamen wir in Riga an. Der Vorsitzende war nicht in der Stadt, war auf seiner Datsche am Meer. Wir fuhren nach Jurmala hinaus. Es war Anfang März, Schnee und Eis noch, zersplitternde Schollen auf dem Meer. Wir liefen den endlosen Strand entlang. Grelles Licht. Der Vorsitzende brachte seinem Enkel das Skifahren bei. Das Gespräch ließ sich nicht in eine Richtung zwingen. Dann, nach dem Essen mit der Familie, dem Kaffee, dem dritten Cognak – eine Flasche französischer, mein Gastgeschenk – ein Augenwink von mir, die Dolmetscherin war schon gelehrig, sie verschwand im Kinderzimmer –, sagte ich, daß ich über Lenz arbeite.

Die gleiche Reaktion wie bei den estnischen Schriftstellern. Was hätte ein Toter davon. Über ihn, den Lebenden solle ich schreiben. Es folgte ein ausführlicher Bericht über seine Bücher. Er dauerte bis zum sechsten Cognak. Ich wurde unruhig, hatte Angst, den richtigen Zeitpunkt für meine Bitte zu verpassen, platzte heraus. Archiv? Er wiederholte das Wort, indem er es auf der ersten Silbe betonend, komisch verzerrte. Sprang auf. Lachte dröhnend. Stellte sich vor mich. Galante Geste, er könne mir das Land zeigen, er nehme frei. Ohne Familie. Wäre das nicht ein Angebot? Ein staubiges, düsteres Archiv? Hätte ich nichts Besseres zu tun? Er winkte ab. Ging, scheinbar verärgert, mit langen Schritten durchs Zimmer.

Nach einer Weile blieb er vor mir stehen. Wenn es absolut mein Wille sei, nun gut, nichts leichter als das. Der Archivdirektor sei sein Freund, er sehe ihn wöchentlich, er machte eine Geste, die auf gemeinsames Wodka-Trinken schließen ließ. Wieder lachte er dröhnend. Er ging zum Telefon. Erst eine Frauenstimme, dann eine Männerstimme. Der Archivdirektor. Ein kurzes Gespräch der beiden. Er legte auf. Morgen früh ab acht, sagte er zu mir.

Am anderen Morgen empfing mich die Pförtnerin des Archivs, eine alte Lehrerin mit Perücke, sie sprach akzentfrei deutsch, umarmte mich ungefragt.

Auch die Archivarin sprach deutsch. Sie holte Lenz-Kasten um Lenz-Kasten. Dunkle, hohe Kästen. Handschriften, Handschriften, Briefe, alle von denen ich die Abschriften mitführte. Die letzten Benutzer waren Freye und Stammler gewesen, die Herausgeber von 1914. Ich schrieb meinen Namen unter die ihren. Andere Handschriften. Unsortiert. Es gab kein Register. Es war nichts aufgearbeitet. Späte Sachen aus Livland, vereinzelt Moskau. Die Veränderungen in Lenzens Handschrift, zunehmend kleiner; eng, dichtgedrängt die Buchstaben, alle Ränder beschrieben, kaum lesbar. Kuverts mit Zetteln. Eines aus der Zeit in Thüringen auf Schloß Kochberg. Zeichnungen, ein Frauenkopf. Charlotte von Stein? Notizen über eine Anstellung in Weimar, Aussichten für einem Posten beim Militär. Biographisches Detail oder Werk-Entwurf zum »Waldbruder«? Das Gefühl, die allererste zu sein, die diesen Zetteln Aufmerksamkeit schenkte, sie zu entziffern suchte. – Der Nachlaß des Vaters. Seine Ernennungsurkunde zum Superintendenten von Livland, von der Zarin Katharina ausgestellt. Sein Briefwechsel mit den Lehrern in Dorpat, seine ewigen Streitereien mit dem Bürgermeister dort, Schreiben, in denen seine Arbeit beurteilt wird.

Die Fülle des Materials. Wo anfangen, wo aufhören? Edition und biographisches Buch standen mir gleichermaßen nah. Mir schwirrte der Kopf. Fotokopien von dem, was nicht zu schaffen war? Der Archivdirektor, den ich ein einziges Mal kurz sah, sagte, Fotokopien seien nicht möglich. Mikrofilme? Von den Briefstellen, die die ersten Herausgeber ausgelassen haben: ja, sagte er zögernd, aber es könne dauern. Sie kamen dann, als die Ausgabe bereits im Druck war.

Bei der Fülle des Materials hatte ich nur die Wahl: das Mögliche tun in der mir gegebenen Zeit. Viel aber blieb ungetan. Die Archivarin und ihr Mann, ein Historiker, halfen mir, vor allem auch, wenn es um die Entzifferung kyrillischer und griechischer Buchstaben, Worte, Sätze bei Lenz ging. Ich arbeitete fieberhaft von morgens bis abends. Die Dolmetscherin langweilte sich im Hotel, sie frühstückte für zwei. Ich – da die Kollektivschübe der Reisenden die Wartezeiten für Einzelne unerträglich machten – in der kleinen Eckkneipe in Archivnähe. Die estnische Küchenfrau kannte mich schon, es ging stets schnell. Und immer am Nebentisch die gleichen Russen, die aus Wassergläsern ihre Sto-Gramm tranken.

Am Wochenende dann Landschaft, lettische Lenzkenner fuhren mit uns, eine bemalte, hölzerne Dorfkirche von 1760, wie Lenz sie hätte als Kind in Seßwegen erleben können. Rigaer Dom, Altstadt, abends Theater.

Und – unvergeßlich – ein Besuch bei dem russisch-jüdischen Dichter Mark Rasumny. Er war weit über achtzig, war lange im Lager gewesen. Kein Mensch in Riga kannte ihn. Er empfing uns im schwarzen Anzug, unser Gespräch, seine Freude, daß ich seine Poesie liebte. Seine große menschliche Würde.

Dann fuhren wir nach Moskau zurück. Lenzens zehn Moskauer Jahre. Sein Tod hier. Dokumente aus dieser Zeit von ihm selbst verbrannt oder vernichtet von ihm oder anderen aus Angst vor den Polizeirazzien Katharinas gegen die Freimaurer. 1812, beim großen Brand von Moskau, Archivzerstörungen. Andere Moskau-Quellen waren nach dem Ende des Zweiten Weltkrieges in die Jagiellonen-Bibliothek nach Krakau gekommen.

Was ich in Moskau wollte: Einblick in die Freimaurer-Archive. Meine deutschen Slavistenfreunde, die beiden Graßhoffs, denen ich zu großem Dank verpflichtet bin, hatten mir gute Freunde in Moskau empfohlen. Aber auch sie hatten keinen Zugang. Die offizielle Haltung zu den Freimaurern begann sich in diesen Jahren erst langsam zu verändern. Ich war zu früh gekommen. Die Archivtüren blieben geschlossen.

Aber die Stadt Moskau mit den Stalinbauten war offen. Die Rückverwandlung in das alte Moskau von 1780. Wir gingen auf den Vogelmarkt, den es schon damals gab. Lärmend, bunt, das Volk, – alles war geblieben. Das Gedränge war unglaublich; mehrere Knöpfe wurden von unseren Mänteln gerissen. Der Vogelmarkt war für Ausländer

selbstverständlich tabu. Wieder brachte ich die Dolmetscherin in Verlegenheit. Die nächsten Tage ging ich allein. Ich
fand, was ich beim ersten Moskau-Aufenthalt vergeblich gesucht hatte, – das Haus, in dem Karamsin und Lenz gewohnt
hatten. Der Sprachwissenschaftler Juri Lotmann aus Tartu
hatte mir eine genaue Wegskizze mitgegeben. Ich ließ mich
durch Kitaigorod treiben, die tote Symmetrie der Neubau-
ten, dazwischen immer wieder, überraschend, faszinierend
die Asymmetrie; Fragmente des alten Rußland. Die Kir-
chen, Gottesdienste, der zittrige Gesang der alten Mütter-
chen. Der Schnee schmolz, das alte Straßenpflaster Moskaus, auf dem Lenz den Tod gefunden hatte, glänzte vor
Nässe.

Warum erzähle ich das alles? Heute, 1992, ist es schon
Geschichte – die Archivlage hat sich völlig verändert. Vielleicht erzähle ich es, weil es schon Geschichte ist.

Zurückgekehrt in die DDR, schrieb ich das Lenz-Buch zu
Ende, die letzte Seite im Sommer 1984.

Dann saß ich einainhalb Jahre ausschließlich an der Edition der Werke und Briefe von Lenz. Durch die Arbeit in den
Archiven war ich mir der Problematik, der Vorläufigkeit,
der Auslassungen in meiner Ausgabe bewußter. Wissenschaftlichen Anspüchen genügen? Ich hätte die Finger sofort
davon lassen müssen. Ich sah die Editionsfachleute verschiedener Schulen vor mir und ihre Reaktionen. Ich schob die
voraussehbaren Einwände beiseite. Weiblich-praktisch entschied ich mich unter meinen Bedingungen als Freiberufliche, ohne ein Institut, eine Forschungsstelle im Rücken, für
das Machbare. Ich wollte die Texte von Lenz verlegen, sie
sollten verfügbar sein für Studenten, Interessierte, Lehrer,
Theatermacher.

Im Oktober 1985 gelang es mir endlich, mit Hilfe des

Schriftstellerverbandes nach Krakau ins Archiv der Jagiellonen-Bibliothek zu kommen. Ich fand im polnischen Archiv Lenz-Autographe, deren Verfasserschaft für mich bisher fraglich war und die ich deshalb nicht in meine Ausgabe aufgenommen hatte. Ich fand das Konvolut unveröffentlichten Materials zu den »Soldatenehen«, Material aus der späten Moskau-Zeit, alles unveröffentlicht, Zeichnungen, Reformvorschläge. Mein Manuskript war schon im Verlag, all das konnte ich nicht mehr nutzen. Unter großem Zeitdruck wurden lediglich die entstellenden Eingriffe Weinholds in den dramatischen Nachlaß rückgängig gemacht: sein exzessives Einfügen von Frage- und Ausrufezeichen, bis zu zwanzig auf einer Seite. Weiterhin druckte ich die kleinen Fragmente nach den Handschriften, einzelne Gedichte, Briefe. Vieles blieb offen. Ende 1985 setzten Verlag und Herausgeberin einen Schlußpunkt unter die Ausgabe.

1987 erschien sie im Insel-Verlag Leipzig und zeitgleich im Hanser-Verlag München. Die 1985 groß angekündigte Lenz-Ausgabe des Klassiker-Verlages ist bis heute nicht auf dem Markt. 1992 druckte der Insel-Verlag – nun Frankfurt/Main und Leipzig – die drei Bände meiner Ausgabe von 1987 als Taschenbücher nach. Bis auf fünf Lenz-Briefe an Herder, die ich aus mir unerklärlichen Gründen nicht mit den Handschriften verglichen hatte, – noch dazu in nächster Nähe, im Weimarer Archiv (Annelies Klingenberg machte darauf aufmerksam), ich holte es nach –, und bis auf einige kleine Korrekturen ist die Taschenbuchausgabe von 1992 unverändert. Dieser fast unveränderte Nachdruck ist symptomatisch für die Editionssituation.

1992, zum 200. Todestag von Lenz, fanden internationale Konferenzen mit großem Wissenschaftspotential statt: in den USA, Deutschland, England. In Richtung auf eine historisch-kritische Ausgabe – ich halte sie für dringend notwendig – hat sich wenig, fast nichts bewegt. Jüngste Zeichen aus dem Weimar benachbarten Jena, die international starke Beachtung und Unterstützung fanden, lassen hoffen. Lenz, der Unbehauste, mit einer Heimstatt in Thüringen, das wäre schön, stünde dem Land gut an.

5 · Nun zu Cornelia Goethe. Ich war durch Lenz auf sie aufmerksam geworden. Sie faszinierte mich. Aber ein Buch? Nein. Ihr Leben ein leeres Blatt. Private Neugier also. Sie wuchs. 1985 bekam ich zum ersten Mal ein Westvisum. Lenz-Handschriften im anderen Teil Berlins. Ich beantragte ein weiteres Visum, schrieb ein Projekt auf. Bevor ich in den Zug stieg, wußte ich, dieses Projekt würde mich keine Sekunde beschäftigen.

Und in Frankfurt ging ich schnurstracks zum Haus am Hirschgraben. Der Raum im zweiten Stockwerk, in dem Cornelia Goethe gewohnt hatte. Der Blick aus dem Fenster, in den Garten des Damenstifts, in dem die Günderode gelebt hatte. Die Gegenstände, eine kleine Stickerei, unendlich akkurat, der vom Vater gekaufte Flügel, die Eheurkunde, Gratulationsverse zur Hochzeit. Das Bild im Gartensaal, die Elfjährige mit dem Bruder. Die Rötelzeichnung vom Morgenstern, eine reife, sensible Frau. Archiv, Bibliothek. Freundliche, hilfsbereite Mitarbeiter. Eine Fundgrube, das Ausgabenbüchlein von Vater Goethe. Und der Glücksumstand, ich mußte nicht Handschriften entziffern, alles war vorzüglich editorisch erschlossen. Datierungen der Honorare für die Hauslehrer, Kleiderstoffe für Cornelia, Talglichter, Ausgaben für das Weihnachtsfest. Die Phantasie machte Luftsprünge. Aber ein Buch?

Am Wochenende wollten meine Gastgeber mir Straßburg zeigen. Wir fuhren los, während der Fahrt sank der Mut. Manchmal kontrollieren die Franzosen doch, sagten sie. Ich hatte kein Visum für Frankreich. Das Risiko schien zu groß. Sie schlugen eine andere Route vor: auf Lenzens Spuren nach Emmendingen. Lenz-Häuschen, Lenz- und Goethe-Säule, Lenz-Straße, Markt, Schlosser-Haus. Wir standen vor dem Haus, in dem Cornelia ihre Kinder geboren hatte und gestorben war. Ein naßkalter Oktobertag. Wir gingen zum Friedhof. Auch eine Art Archiv. Die Toten in Steine verwandelt, nichts als die Schriftzüge ihrer Namen, Geburts- und Sterbedaten. Cornelias Grab an der Friedhofsmauer, IC-Züge donnerten vorbei, Stacheldraht, wenn man aufsah. Ich berührte den kalten Stein. Und wußte: dieses Buch mußte ich schreiben. Das leere weiße Blatt, das ungelebte Leben war mein Thema.

Als dann »Cornelia Goethe« im Feuilleton der Frankfurter Allgemeinen Zeitung vorabgedruckt wurde, in DDR und BRD fast zeitgleich erschien, erinnerte ich mich der Anfänge. Der Schriftstellerverband gab zwar das Visum. Aber keinen Pfennig Geld. Ja, eine Erklärung, daß man kein Westgeld brauche, war sozusagen überhaupt die Voraussetzung, ein Visum zu bekommen. Meine Mutter hatte mir dreißig Westmark geschenkt. Und italienische Freunde hatten über ihre Freunde in Frankfurt Dritte als Quartiergeber vermittelt. Ich arbeitete im Goethe-Haus; mittags, die Woche über war es sonnig, saß ich auf einer Bank am Main, ein gekauftes trockenes Brötchen und meinen mitgebrachten Käse kauend; mir fehlte nichts, ich fühlte mich gut. Auf dem Rückweg studierte ich die Speisekarten der kleinen Cafés in der Nähe des Goethe-Hauses, um am Abend auf die Frage, was ich gegessen habe, eine Antwort geben zu können. Meine Quartiergeber schöpften keinen Argwohn. Erst viel später – inzwischen sind wir langjährige Freunde – erzählte ich es.

Als das Lenz-Buch Ende 1985 in der DDR erschienen war, bekam ich unter anderem eine Einladung zu einer Lesung nach Freiburg. Ich sagte sofort zu: Emmendingen war in der Nähe. Mit dem Honorar konnte ich die Arbeit im Archiv finanzieren.

Eine neue Erfahrung: ein kleines Stadtarchiv. Der Archivar, ein älterer Herr, äußerst korrekt, überhörte sehr höflich meine Bitte, im Archiv zu arbeiten. Aus der DDR? Er fragte es zweimal. Ich war enttäuscht. Ging. Tat Blumen auf Cornelias Grab. Durchstreifte Stadt und Landschaft. Weilte im Schlosserhaus, das zu einer öffentlichen Bibliothek umgebaut ist. Nach zwei Tagen klopfte ich wieder im Bürgermeisteramt an die Tür des Archivars. Er legte – ich war überrascht – einen Packen abgelichtetes Material vor mich hin. (Ich sah es mit einem Blick, es war mehr als das Jahreskontingent der Staatsbibliothek Unter den Linden, zwanzig Seiten pro Monat war das Limit, keine Seite mehr, auch keine im voraus oder im nachhinein, was hatte mir das bei der Lenz-Ausgabe für Maschineabschreibezeit abverlangt.) Ich starrte auf den Packen. Der Archivar sagte zurückhaltend höflich, ich könne Fragen stellen.

Daraus entwickelte sich dann eine Arbeitsatmosphäre, die ich als Schriftstellerin nahezu als einen Idealzustand Archiv – Benutzer ansehe. Ich fragte. Er antwortete. Gab mir das Material aufbereitet, schriftlich in die Hand. D. h. der Archivar tat die Arbeit. Ich fragte zum Beispiel: Gab es 1774 eine Hebamme in Emmendingen, wenn, wie alt war sie, wie hieß sie? Lebte ein Arzt da? Gab es Lesezirkel? Wer waren die Leute, mit denen Cornelia als Frau des Oberamtmannes hätte in Beziehung treten können, Namen, Berufe. Gab es

243

1774 bis 1777 Zugereiste in der Kleinstadt, die in einer ähnlichen Lage waren wie Cornelia? Und so fort. Topographische Details. Stadtgeschichte.

Sind Archivare Mitarbeiter an Büchern? In gewissem Sinne ja. Ich bin ihnen allen zu Dank verpflichtet, die Erwähnung im Nachwort ist nur ein kleiner Ausdruck dafür. Ob es ein Stadtarchiv oder ein Familienarchiv, die Handschriftenabteilung einer Staats- oder Universitätsbibliothek oder die großen Archive in Weimar und Marbach sind, – die Form des Zugangs, der Grad der wissenschaftlichen Aufbereitung des Materials ist immer entscheidend.

Ebenso wichtig aber ist für mich als Schriftstellerin die menschliche Komponente. Ich habe viel von Archivarinnen und Archivaren gelernt, von ihrer Genauigkeit, ihrem Fachwissen. Besonders hat mich immer beeindruckt, was gemeinhin als skurril gilt: ihre Detailversessenheit, die liebevolle Nähe zum Gegenstand, die auch manchmal zum Nichtloslassenkönnen verführt oder zum eifersüchtigen Besitzdenken. Dennoch unterscheidet sich selbst das für mich wohltuend von einer Literaturwissenschaft, wie ich sie punktuell in den westlichen Ländern zu beobachten glaube. (Die Probleme des Osten lagen anderswo, davon spreche ich nicht.) Wissenschaftsbetrieb, Profilierungszwang, harte Konkurrenz, Stellungsuche sind gegen das DIENEN, d. h. die Arbeit im Archiv gerichtet, die ja immer auch Kleinarbeit, langwierig, zeitaufwendig, oft unscheinbar ist. Sie fördern dagegen das Abheben vom Boden, führen zu gewagten Thesen, erzeugen einen Zwang, Aufsehen zu erregen, bemerkt zu werden, begünstigen Modetrends.

Die Archivare dagegen – so meine Beobachtung – haben sich viel stärker jene kleinen Bleigewichte an den Füßen bewahrt, die sie mit der Erde verbinden, d. h. mit den existentiellen Vorgängen im Leben und Werk der Dichter. Ihr Umgang mit ihnen ist daher für mich lauterer, ethischer, auch intimer. Das kommt mir als Schreiberin sehr nahe. Zudem: die Arbeit an einem Buch, die ja durchschnittlich vier bis fünf Jahre dauert, ist immer von Krisen und Spannungszuständen begleitet. Und der Archivar ist – vom Arbeitsgegenstand her – für den Schreibenden fast die einzige Kontaktperson. Auch psychologisch gewinnt er daher eine Bedeutung. Die Räumlichkeiten eines Archivs, die Art der Aufnahme des Benutzers, der Umgang der Mitarbeiter untereinander, d. h. das gesamte Klima werden vom Schreibenden sensibel wahrgenommen.

Einmal, erinnere ich mich, stand im Archiv in Marbach auf meinem Arbeitsplatz ein kleiner Korb mit Erdbeeren. In Riga, im düsteren, staubigen hohen Archivraum lag oben auf dem Kasten mit Lenz-Handschriften mehrmals ein »Mischka«, eine Praline, im Werk »Roter Oktober« gefertigt, was unübersehbar in kyrillischen Buchstaben auf den dreifachen Papierumhüllungen aufgedruckt war. Ich nenne es als winziges Detail, das nach meiner Ansicht auch die Atmosphäre eines Archives kennzeichnen kann.

6 · Wie wichtig mir Archive geworden waren, spürte ich während der vier Jahre der Arbeit an »Ich bin nicht Ottilie«, meinem jüngsten Buch, das in diesem Frühjahr 1992 erschienen ist. Ich hatte das 18. Jahrhundert, die historischen Gestalten, verlassen, war in die Gegenwart der sechziger und achtziger Jahre in der DDR gegangen; ein Roman nun, Fiktion.

Schreiben bedeutet auch immer – ob in Historie oder Jetztzeit – sich selbst lesen, eigene Erfahrungen verarbeiten.

Das Leben nun ein Archiv unentzifferbarer Dokumente? Ungeordnet, kein Register, keine Kataloge, kein Archivar. Dunkle Gänge, geschlossene Türen. Nur langsam öffneten sie sich, traten die Dokumente der Phantasie in die Helle, wurden lesbar, nahmen Gestalt in der Sprachform des Romans an. Andere neue Glücksmomente: wenn der Stoff mir mit eigenem Willen entgegentrat. Und die Wiederkehr des Gleichen – wie bei Lenz und Cornelia wurde mein Schreiben »geheime Zwiesprache mit dem Verlorenen der Geschichte«. Während ich den Roman schrieb – 1987 bis 1991 – wurde das, was ich beschrieb, das Leben einer DDR-Frau, die alles begehrt und vereinen will: Liebe, Kinder, Beruf – bereits Geschichte. Durch den Zusammenbruch der DDR, das rasende Tempo der Vereinigung.

Ging es da nicht auch um ein Archivieren, um ein Festhalten dessen, was unter den Füßen wie Sand zerrann? Details eines Alltags zum Beispiel, der so nur in dem Land hinter der Mauer gelebt wurde? Es ging auch um Abschiednehmen, um eine lebendige, bewegliche Gestalt unserer Vergangenheit in den vierzig Jahren. Nur verbittert einschwärzen oder sich ganz abwenden? Ohne Vergangenheit ist man ein Mensch ohne Schatten.

Die Aufarbeitung der Geschichte durch jene, die sie durchlebt haben. Weit vor dem Zusammenbruch hatte einer die Zeichen diagnostiziert: der Dichter Franz Fühmann. Er hatte es rückhaltlos getan, sich selbst lebendigen Leibes seziert; der Marsyas seiner Geschichte, dem von den Mächtigen die Haut vom Leibe gezogen wird, das war er. Ein Funk-Essay über Franz Fühmann, den ich zu schreiben begann, brachte mir eine neue, verwirrende Archiv-Erfahrung. Der, den ich als Lebenden gekannt hatte, trat mir nun aus dem Totenreich des Archivs entgegen. Manuskripte, die ich auf seinem Schreibtisch gesehen, über die wir gestritten hatten, nun in Panzerschränken verwahrt, mit Signaturen versehen. Briefe, längst vergessen, ich sah meine eigene Schrift, las, was ich nicht mehr glauben wollte. Kinderzeichnungen, Briefe meiner halbwüchsigen Söhne von damals. Fühmanns Tagebücher, versiegelt. Fühmanns Briefe, testamentarisch für zwanzig Jahre für die Veröffentlichung gesperrt. Sein verzweifelter Kampf der letzten zehn Jahre. »– also entweder werden wir von Alkoholikern oder Wahnsinnigen oder Grottenolmen regiert. ... Am liebsten tät ich auf die Straße gehn und brüllen.« Die eigenen Versäumnisse, die mir entgegentraten; ich hatte weit weniger Mut, war weit weniger konsequent. Und mein Erkennen: Wiederkehr des Gleichen. Wie Jakob Lenz oder Georg Trakl, über den Fühmann seinen großen Essay geschrieben hatte, hat auch er – Fühmann – sein Werk mit dem Leben bezahlt. Das Exemplarische von Leben und Werk. Der bekannte Fühmann, der unbekannte im Archiv. Erst beide zusammen ergeben den wirklichen. Aufarbeiten von Geschichte.

Wie aber wird das geschehen? Welchen Anteil werden die Archive haben? Fühmann hat davor gewarnt, »Zeugnisse« zu verstümmeln. Und er hat gesagt: »In dieser heillosen Epoche von Informationsflut, die uns mit Nichtigstem überschwemmt und Wesentliches vorenthält, bedarf es mehr denn je der Nachricht vom Menschen, und die wird eben zum Nichtigen dann, wenn eine Auswahl sie manipuliert. Das Wesentliche als das Wahre des Seins ist immer das Ganze, das kann sich auch im Teil offenbaren, ... der Torso konzentriert die Gestalt, eine Klitterung egalisiert sie, und dies gerade dann, wenn sie ein scheinbar Ganzes hinstellt.«

Diesen Satz möchte ich hier belassen und mit einem anderen von Franz Fühmann, ebenfalls aus dem Trakl-Essay »Vor Feuerschlünden« enden, der wohl die Summe von Fühmanns Erfahrungen enthält: »Du verlierst nichts von dem, was du einmal warst, und bist gewesen, was du erst wirst.«

Berlin, den 8. Oktober 1992

Eduard Mörike:
»... und möchte mein Schicksal
mit Füßen zertreten«

Als ich Kind war, entsinne ich mich, gab es zweimal Mörike in unserem Bücherschrank. Ein feines, kleinformatiges Gedichtbüchlein. »Gottes deutscher Garten. Die Bücher deines Volkes« stand auf der letzten Seite. Mich zog es in seinen Bann, weil es handgeschrieben war, in Fraktur, der gleichen Schrift, mit der ich mich im Zeichenunterricht mit Redisfeder und Tusche mühte. Das E von Eduard, das M von Mörike in schönstem Buchstabenschwung. Niemals ein Klecks. Ich staunte. Und ich las. Von »verlassenen Mägdlein, Englein mit rosigen Füßen, vom Töchterlein« – viel Weibliches –, von »Sternlein« – die Verkleinerungsformen gefielen mir –, »Leibrößlein, so weiß wie Schnee«. An das »Mausfallen-Sprüchlein« entsinne ich mich, an den »Feuerreiter«, die »Geister am Mummelsee«. Und an die »Nixe Binsefuß«. Die mochte ich am meisten.

Der andere Mörikeband im Bücherschrank gehörte meinem Vater. Ein blaues Buch, erschienen im Langewiesche-Verlag Königstein im Taunus und Leipzig, herausgegeben von Will Vesper. Es enthielt Zeichnungen von Moritz von Schwind zur »Historie von der schönen Lau«. Und wie ich hätte gern die »Nixe Binsefuß« sein mögen, so auch die »schöne Lau«. Kindliche Verwandlungssucht. Andere Elemente. Lüfte, Erde, Feuer, Wasser. Das Wasser war mir recht. Aber wie sehr ich es auch wünschte, zwischen meinen Fingern und Zehen wuchs keine »Schwimmhaut, blühweiß und zärter als ein Blatt von Mohn«.

Irgendwann hat Mörike mich verlassen, habe ich ihn verlassen. Er wurde der schwarze Scherenschnitt mit geschultertem Regenschirm und Philisterhut. Sprang der Schirm auf, dann sah ich ihn als armen Poeten in der Dachstube. Mörike im Winkel des Antiquierten, der Idylle, der biedermeierlichen Enge. Wie es geschah, ich weiß es nicht. War es Lukács' Wort vom »niedlichen Zwerg« oder Theodor Storms von Mörikes »Tiefe und Grazie deutscher Innigkeit«? Deutsche Innigkeit im Nachkrieg. Nein, danke. Vielleicht war es diese innige Verschwiegenheit derer vor uns über deutsche Vergangenheit, die sich seltsam paarte mit der grell beleuchteten betonierten Straße, auf der wir mit forschen Schritten marschierten.

Als ich dann selbst wählte, waren es andere Dichter, Kontinente des Fremden: Pablo Neruda, Ossip Mandelstam, Fernando Pessoa.

Späte Wiederbegegnung mit Mörike. Durch eine Freundin. Dreißig Jahre älter als ich, heute ist sie fünfundachtzig. Halbjüdin. Ihre Mutter ist in Theresienstadt umgekommen. Sie selbst hat überlebt, hat die Zerstörung Dresdens miterlebt. Auf Befehl der sowjetischen Militäradministration hatte sie im »Kulturbund zur demokratischen Erneuerung Deutschlands« Rezitationsabende gemacht, unter anderem Mörike. Jetzt, im Alter, wenn sie nicht schlafen könne, rufe sie die Verse auf. Sie tat es auch für mich. Von ihr, mit ihrer warmen Altfrauenstimme gesprochen, hörte ich: »Ein Stündlein wohl vor Tag – Septembermorgen. Um Mitternacht: Gelassen stieg die Nacht ans Land / lehnt träumend an der Berge Wand ...« mit dem Schluß: »Doch immer behalten die Quellen das Wort / es singen die Wasser im Schlafe noch fort / vom Tage / vom heute gewesenen Tage.« Von ihr hörte ich dieses: »Du bist Orplid, mein Land! / das ferne leuchtet«; – Aus »Peregrina« die Verse: »Die Liebe, sagt man, steht am Pfahl gebunden, / Geht endlich arm, zerrüttet, unbeschuht«; Und: »Ach, sag mir, alleinzige Liebe / wo du bleibst, daß ich bei dir bliebe! / Doch du und die Lüfte, ihr habt kein Haus.« Und jenes: »Ists ein verloren Glück, was mich erweicht? / ist es ein werdendes, was ich im Herzen trage?« Klang und Bild. Die »Anmut eines Leisen«.

Und nun, der Anlaß Fellbach, der heutige Tag. Ich lese wieder, lese neu, schlinge alles in mich hinein. Eine Mörike-Orgie. Das Aufregendste sind die Briefe; was sie sagen, was sie verschweigen. Die Macht der Bildungstradition, die Fessel der Familie, die frühe Prägung durch eine bigotte Schwester. Bestürzung: dieses Leben ein Balanceakt zwischen Selbstbewahrung und Selbstzerstörung. Zerrissenheit. Mörikes: »... und möchte mein Schicksal mit Füßen zertreten.«

Mörikes Beginn steht unter dem Zeichen von Resignation. Da ist nicht mehr jenes hochfliegende des jungen Goethe: »Alles gaben die Götter die unendlichen / Ihren Lieblingen ganz / alle Freuden die unendlichen/ Alle Schmerzen die unendlichen ganz.« Bei Mörike ist demütige Bitte, Gebet: »Wollest mit Freuden / Und wollest mit Leiden / Mich nicht überschütten! / Doch in der Mitten / Liegt holdes Bescheiden«.

Die Begegnung des Neunzehnjährigen mit dem wahnsinnigen Hölderlin. Hölderlin und Mörike, beide Schwaben, beide haben früh die Väter verloren, finanzielle Enge, das Drängen der Mütter und Verwandten zum Pfarrberuf, Klosterschulen in Maulbronn und Urach, dann beide im Tübinger Stift. Dreißig Jahre trennen Hölderlin im Stift und Mörike im Stift. Zäsur in der Geschichte. Der junge Hölderlin vereint mit Hegel und Schelling im trunkenen Freiheitstaumel der Französischen Revolution. Mörike kommt in eine bleierne Zeit. Hölderlins Reise von Bordeaux nach Deutschland, 1802, die kalte Winterreise sehenden Auges, ist längst zurückgelegt. Die Utopie hat keinen geschichtlichen Raum mehr; ein erfundenes, phantastisches Land, Mörikes »Orplid, das ferne leuchtet«. Mußte Hölderlin – seit sechzehn Jahren in geistiger Umnachtung in jenem »kleinen geweißten amphitheatralischen Zimmer« im Turm am Neckar, einundzwanzig Jahre hat er noch vor sich – dem jungen Mörike nicht ein Spiegel eigener Gegenwart und Zukunft sein? Das Thema des Wahnsinns, das dann Mörikes »Maler Nolten«-Roman durchzieht. Jeder Versuch einer Sinngebung des Lebens endet im Paradoxon des Wahnsinns.

»Wahnsinnig aus Gotttrunkenheit« sei Hölderlin, so Waiblinger, Mörikes engster Dichterfreund, Mitstudent, 1804 geboren, derselbe Jahrgang wie er.

Waiblinger denkt nicht daran, Pfarrherr zu werden, lebt einzig seiner Dichtung. Er verläßt Tübingen, geht nach Italien, stirbt dort sechsundzwanzigjährig. Auch er ein Spiegel?

Mörikes lebenslange Ängstlichkeit und Vorsicht; »holdes Bescheiden«.

Ich betrachte Porträts. Der junge Mörike: waches, offenes Gesicht, alles scheint möglich, alles liegt vor ihm. Der reife Mann: herabgezogene Mundwinkel, die auch für alle späteren Bildnisse charakteristisch sind. Enttäuschung. Bitterkeit. Ein »alter grämlicher Kanzleiratskopf« sei »zum Vorschein« gekommen, schreibt Mörike einem Freund, als er eine Fotografie machen läßt. Nennt sich den »traurigsten aller Landfahrer«. Theodor Storm findet, als er den Einundfünfzigjährigen besucht, in dessen »Zügen ... etwas Erschlafftes, um nicht zu sagen Verfallenes«. Eine andere Besucherin vermutet, »daß dieser große Kopf eines schwäbischen Landpfarrers mit den ... stehenden grämlichen Falten nur eine scherzende schützende Maske sei«.

Von Maske sprach schon der achtzehnjährige Mörike. »Blitzschnell« trete er aus seinem »eigentlichen Wesen« heraus, »das« sei »schon so eingewurzelt« in ihm, »daß« er »diese Maske fast bewußtlos annehme«. Mörikes Maskendasein. Die Maske des Vikars, des Pfarrers, die des Verwandten in der weitverzweigten Mörike-Familie, die des ewigen Schuldners, des Mannes in ständigen Geldnöten. Die Maske des Bittstellers um Beurlaubung, Versetzung, Beförderung, die zugleich die der Kränklichkeit sein muß. Wirkliche Krankheit und Krankheit als Maskerade, als Rückzugsvorwand, lebenslang geht Mörike damit um.

Hüllen. War Mörike ein Mann oder eine Frau? Viel Androgynes ist in ihm, in seiner Dichtung. Mörike, der Jüngling, der Greis, das Kind? Auch da schillert es seltsam. Zu Mörikes Tod schrieb Gottfried Keller, es sei ihm, »wie wenn ein schöner Jüngling dahin wäre«. Storm nimmt an ihm einen »kindlichen zarten Ausdruck« wahr, »als sei das Innerste dieses Mannes von dem Treiben der Welt noch unberührt geblieben«.

Die Auflösung: Mörike war »Dichter, jeder Zoll ein Dichter, und nur Dichter«. Und das ist offenes, ungeschütztes Leben. Daher die Masken. Mörike, der sehr genau wußte, daß das

Dichten »das Einzige sei«, worin er etwas »Gutes« leisten könne, fehlte zeitlebens die »Extralebensluft« – so nannte er das Geld –, die ihm Freiheit zum Schreiben hätte geben können.

In der Zeit seiner stärksten poetischen Entfaltung, einige seiner besten Gedichte sind bereits entstanden, er ist voller Pläne, Ideen – wird er Vikar.

Elf Pfarrverweserstellen und Vikariate in schwäbischen Dörfern. Oberboihingen, Plattenhardt auf den Fildern, Ochsenwang. Eine »angebundene Ziege« sei er; er spricht von »lähmenden Gesangbucheinflüssen«, von der »Stickluft« des Konsistoriums. »Alles nur kein Geistlicher.«

Er versucht zu entkommen. Hofmeister, Bibliothekar, »selbst ein Kanzlistenpult, die geistloseste Sekretärstelle« könne es sein, so an einen Freund, dann würde er »sich regen und umtun und Tinte aus allen Poren spritzen«.

Aber der einzige Versuch, eine zweimonatige Anstellung bei einer Zeitung, endet kläglich. Er kann seine »Poesie« nicht »tagelöhnermäßig zu Kauf bringen«, ohne daß sie sich dabei die »Schwindsucht« holt, er »krepiert fast vor Ekel«.

Er entkommt nicht. Im Gegenteil. Der Vierundzwanzigjährige geht einen Kompromiß ein, erklärt die »Dachstube eines württembergischen Pfarrhauses« zu dem »Fleck der Welt«, wo er seine dichterischen Pläne verwirklichen könne.

Es wird ihm bitter, »mit Knirschen und Weinen kaut« er »an der alten Speise«. Mit dreißig wird er endlich berufen. Eine erste feste Anstellung als Pfarrer. Er versucht, die »Stunden zu küssen«, sie für seine Poesie »zu nützen«. Läßt er den Kirchenmantel ein wenig zu hoch fliegen? Von einem Freund besorgt er sich Predigten. Überläßt dem Vikar Registraturkasten, Rechnungen, Kirchenbücher. Klagen der Gemeinde. Kritik der Vorgesetzten. Die Aufforderung, entweder ohne Vikar sein Amt zu versehen oder sein Pensionsgesuch einzureichen. Er tut letzteres. Amtsenthebung. Bewilligt »wegen dauernder Krankheitsumstände unter Vorbehalt seiner Wiederanstellung für den Fall seiner Genesung«. Gesundung – ein Schrecknis, das hieße Rückkehr ins Amt.

Mit neununddreißig ist Mörike Pensionär. Zweihundertachtzig Gulden Ruhegeld. Davon kann er nicht leben. Anleihen bei Cotta, Darlehen bei Freunden. Immer Borgen. Immer Schulden.

Suche, zu Geld zu kommen. Aber niemals Anbiederung. Idee, eine Kleinkinderverwahranstalt zu gründen, zusammen mit der Schwester. Einmal sogar der Plan, ins Ausland zu gehen, als der Bruder Karl wegen demagogischer Umtriebe angeklagt und Mörike mit hineingezogen wird. Endlich dann eine Anstellung am Stuttgarter Catharinenstift. »Pfleger weiblicher Jugend. Fräuleinlektionen« hat er zu geben, wenige Unterrichtsstunden nur. Aber selbst die werden ihm zur quälenden Belastung.

Als der König von Bayern den alten Mörike als Pensionär nach München holen will, lehnt er mit Dankbarkeit ab, schreibt dem Vermittler: »Wenn sie wüßten, welchen Entschluß es mich schon kostet, einer Gesellschaft zulieb in einen anderen Rock zu schlüpfen.«

Nichts charakterisiert Mörike besser. Mörike brauchte weder Londoner Kaffeehäuser noch Stuttgarter noch Münchener Residenzluft. Die existentiellen Voraussetzungen für sein Dichten waren Abgeschiedenheit, Ruhe, Alleinsein, überflüssige Zeit; ein Zustand, wo man »nur im geringsten nichts erzwingen soll«.

Briefstellen: »Im Mondschein nach dem Essen allein im Schlafrock auf dem Hügel ... – Im Hausrock und Pantoffeln im Abendschein das Dorf umlaufen. – Ich stieg die steinichte Kluft zwischen herbstlichem Gesträuch, mit meinem Abendbrot in der Tasche, langsam hinauf. Das sind meine köstlichsten Stunden.«

Der Dichter Mörike brauchte wenig, sehr wenig. Bett und Stuhl, sein Schreibpult, seine Bücher. Er brauchte seinen »artigen Spitzhund«, den er »morgens beim Erwachen« als »einen ausländischen Virtuosen, als den Violinisten Tartini« anredet, seine Vögel (achtzehn waren es einmal in seiner Kammer), seine Katze: »Ich unterhalte mich viel mit meiner Katze.«

Die Morgen- und Abendgänge in die Natur, die Nähe der Lebewesen, das waren die Voraussetzungen, um Stille in ihm zu erzeugen. Ähnliche Ruhezonen waren sein Zeichnen, sein Schreinern, sein Töpfern. Nur im Verkleinern, Detaillieren, Fragmentieren war für den Poeten Mörike ein seelisches Zurruhekommen möglich; Voraussetzung für schöpferische Momente, in denen seine »Gedanken gleichsam auf Zehenspitzen liefen« und er »über sich selbst hingerückt lag«. War dieser Zustand erreicht, konnte ein einziger Ton von der Saite einer Gitarre, die zwischen Tisch und Wand gelehnt stand und an die er zufällig mit dem Knie stieß, das Auslösende sein.

Mörike selbst hat sich wohl nur in einem gut gekannt: im Hinblick auf die Bedürfnisse seiner poetischen Arbeit. Ansonsten war er kein Lebenskundiger, Lebenskluger. Da Dichten sein eigentliches Leben war, trat das andere zurück. Nur eines schien formbar: das poetische Leben.

Und Mörike und die Frauen? Auch sie sind – wie in einem Magnetfeld – seiner Dichtung zugeordnet. Ihr eigenes Leben bleibt blasser Hintergrund.

Die erste heftige verwirrende Liebe des Neunzehnjährigen zu Maria Meyer, dem Schankmädchen, der Vagantin. Er läßt sie »in sich gestorben sein«, bewahrt ihr »Bild«. Maria kam noch zweimal nach Tübingen. Er wies sie ab, floh, verleugnete sich. Sie wird die »Peregrina« seiner Dichtung. Er verwandelt ungelebtes Leben in Poesie. Sie habe ihm »viel genützt«, heißt es. Einer solchen, seine Dichterexistenz gefährdenden Leidenschaft liefert er sich nie wieder aus. Er gebietet sich Vorsicht. Erfolgreich.

Die zweite Frau wird ihm »Lebenspunkt« seines »Friedens«. Genau das, was er als Poet braucht. Luise Rau, eine Pfarrerstochter; Mörike hat sie gezeichnet als Gretchen, kleines gebogenes Geschöpf mit Zöpfen. Er hat ihr Briefe geschrieben, vier Jahre lang, sie gelten als die schönsten Liebesbriefe in deutscher Sprache. Und sind es sicher auch. Aber meinen sie diese Frau? Wir können es kaum beurteilen. Die Trennung – nach vier Brautjahren – geht von ihr aus. Sie nimmt ihre Briefe zurück, vernichtet sie. Wir haben keinen Dialog vor uns. Wir haben Mörikes Liebesmonolog, ein glänzendes poetisches Werk. Briefe als literarische Werkstatt. Er ist sich dessen wohl bewußt. Als er später einem Freund die Briefe zum Lesen sendet, heißt es, es sei »auch nicht ein falscher Hauch darin«. Die von der Frau ausgehende Trennung empfindet Mörike als »gewaltsam«, fühlt sich »unter einer naßkalten Decke von Eis«. Er wird noch vorsichtiger.

Frauen als mögliche Geliebte, künftige Ehepartnerinnen spielen im nächsten Lebensjahrzehnt Mörikes keine Rolle. Als er seine erste Pfarrstelle in Cleversulzbach antritt, nimmt er Mutter und Schwester zu sich. Die Schwester Klara. Sie ist gerade achtzehn. Er dreißig. Klara wird seine engste Vertraute, seine Gefährtin. Nach acht Jahren Gemeinschaft von Bruder und Schwester tritt ein Mann in Klaras Leben. Mörike ist verwirrt, er könne »ohne Klärchen kaum leben«, gesteht er einem Freund, – aber, er werde zustimmen, »so groß und unersetzlich« auch sein eigener Verlust wäre. Ebenso apodiktisch und selbstbewußt wie Goethe, der noch nach fünfzig Jahren die Heirat der Schwester zu einem Mißverständnis erklärte, sie »wünschte ihr Leben in . . . geschwisterlicher Harmonie . . . zuzubringen«, – fügt Mörike hinzu: . . . »ich weiß sehr wohl, daß sie« – Klara – »eine höhere Zufriedenheit, als ihr die Gegenwart darbietet, nicht kennt, noch viel weniger sucht.« Klara heiratet nicht, von dem Mann ist nie wieder die Rede. »Liebste« nennt er die Schwester. »Wo ich sitze und gehe, denk ich an Dich . . . Sehnst Du Dich auch ein wenig? Leb wohl, Geliebtestes. »

Kaum zwei Jahre später ist von einem »Hirschlein« die Rede; »Gute Nacht, liebstes Hirschlein.« Eine neue Frau ist in Mörikes Leben getreten, Margarethe von Speeth. Freundin der Schwester und auch seine; er nennt sie »Schwesterchen«. Die Ausschließlichkeit, die Mörike von seiner Schwester erwartet hatte, galt nicht für ihn. Schwester und Liebste, er will beides, verlobt sich mit Margarethe. Briefe an beide: »Ich lieb Euch ewig . . . ich kann Beide nicht in mir trennen.« Er spricht von »Dreiheit, drei ist eine gute Zahl«. Die Frauen sehen die Spannungen voraus, reflektieren sie. Mörike nicht. Bei ihm ist weiter traumwandlerisch von »unserer Dreiheit« die Rede. Mit fast fünfzig heiratet er Margarethe. Zwei Töchter werden geboren. Die erwarteten Zerwürfnisse treten ein, Mörike zeigt keine Energie, zwischen den beiden Frauen zu vermitteln. Eine unglückliche Ehe. Zeitweilige Trennungen, dann Trennung auf unbestimmte Zeit, zwei Haushalte, zwei Wohnorte. Die Ehefrau lebt mit einer der Töchter. Mörike mit der anderen und der Schwester. Die Schwester bleibt ihm lebenslang die Nähere. War es, weil sie seiner Arbeit wohler tat?

Die poetische Arbeit und die Frauen. Wenn der »Dunstkreis« der Frauen »das einzige Element für die poetischen Saugorgane« bleibe, komme »kein Effekt zu Tage«. Seine vielen Männerfreundschaften, die er lebenslang schätzt und pflegt; sie sind der geistige Raum. Und die Frauen? In den Paralipomena zum »Maler Nolten« notiert er: »Reiz des Wohlgeruchs am weiblichen Geschlecht. Leise Aufforderung von der Person ausgehend – Bei den Meisten oder Allen, unwissentlich.« Wärme, Nähe, die elementaren Bedürfnisse, das waren für ihn die Frauen. Spiegel eigener Weiblichkeit und Lebenshilfe, daher die schwesterlichen, mütterlichen Frauen. Sie schufen ihm Raum, schirmten ihn ab, ihnen überließ er den Alltag. Vollständig. Er konnte sich noch nicht einmal einen Kaffee kochen, eine Tasse Milch heiß machen. Bewußter Rückzug auch. Als seine Mutter stirbt, bleibt er im Bett, überläßt alles der Schwester, bestimmt sogar noch den Zeitpunkt, wann sie es ihm sagen darf. »Du darfst mirs sagen, sprach ich, und so sagte sie mirs.« Auch als seine Kinder geboren werden, wartet er im Bett, bis alles vorbei ist. »Ich sollte noch erleben«, schreibt er, »daß einstmals in der Nacht das Klärchen vor meinem Bett erscheint und sagt: Du kannst jetzt kommen, du hast ein Mädchen!«

Fehlen deshalb manchmal bei Mörike die kleinen Bleigewichte in den Füßen seiner Dichtung? Aber wir, die Heutigen, können ja auswählen. Mörikes Werk enthält so Vollkommenes, daß selbst mit wenigen Gedichten von ihm zu leben – »Um Mitternacht« eines der meinigen – ein Gewinn sein kann, wenn wir es tun. Tun wir es?

Als ich darüber nachdachte, was ich in Fellbach über Mörike sagen möchte, las ich zeitgleich Ruth Klügers Buch »weiter leben«. Eine seltsame Entsprechung: Theresienstadt, meine fünfundachtzigjährige Freundin, Mörike. Ich kam in Ruth Klügers Buch an die Stelle, wo sie von der in Auschwitz ankommenden deutschen Studienrätin erzählt, die »mit Überzeugung dozierte«, daß das »Offensichtliche nicht möglich sei, denn man befinde sich im 20. Jahrhundert und in Mitteleuropa, also im Herzen der zivilisierten Welt«. Als Zwölfjährige, erinnert Ruth Klüger sich, habe sie die Studienrätin »lächerlich« gefunden. Und zwar »nicht«, weil die an den »Massenmord nicht glauben wollte«. Jeder Einwand wäre der »Lebenshoffnung« der Zwölfjährigen, »ihrer Todesangst« entgegengekommen. »Das Lächerliche«, schreibt Ruth Klüger, »waren die Gründe, das mit der Kultur und dem Herzen Europas«. Mit Kultur, Literatur vertraut, habe sie nie daran geglaubt – macht sie sich später bewußt – daß Dichtung »lehren oder bekehren könne«. Humanistisches Erbe, klassische Literatur, es sei ihr nicht verwunderlich gewesen, »daß die Deutschen nichts daraus gelernt zu haben schienen. Dichtung war nicht verbunden mit dem, was außerhalb ihrer vorging«.

Ein bitterer, wahrer Satz, an dem niemand vorbeikann und der – in anderer Weise – auch heute gilt. Literatur kann nichts ausrichten. Einzig: sie kann »trösten«. Ruth Klüger erzählt, wie sie als Zwölfjährige Verse, auch eigene, gegen »Trauma und sinnlose Destruktion«, in der sie unterzugehen drohte, hielt. »Wer nur erlebt, reim-und gedankenlos, ist in Gefahr, den Verstand zu verlieren...« Dichtung als therapeutischer Versuch, ein »sprachlich Ganzes, Gereimtes« der Zerstörung entgegenzusetzen, »also« – so Ruth Klüger – »eigentlich das älteste ästhetische Anliegen«. Und sie wendet sich gegen Adornos Satz, nach Auschwitz seien keine Gedichte mehr möglich. »Die Forderung«, sagt sie, »muß von solchen stammen, die die gebundene Sprache entbehren können, weil sie diese nie gebraucht, verwendet haben, um sich seelisch über Wasser zu halten.«

Bei meiner Beschäftigung mit Eduard Mörike haben mich Ruth Klügers Gedanken nie verlassen. Mörike sprach davon, daß Dichtung einzig dazu da sei, »Harmonie« zu erzeugen, einen Zustand, den es in der Welt nicht gäbe; auch bei ihm Sich-Berufen auf das älteste ästhetische Anliegen. Nehmen wir seine vollkommenen Verse, um in der pausenlos ins Nichts zerfallenden Welt zu leben: weiter leben.

(1994)

»den rückzug vor uns alle wege offen«

Die Dichterin Róža Domašcyna

Als ich, ermutigt von der schönen Geste der Stadt Fellbach, dem Mörike-Preis einen Förderpreis beizugesellen, auf die Suche nach einer Preisträgerin ging, fand ich Róža Domašcyna. Eine Dichterin, die etwas zu sagen hat: über die Liebe und den Leib, über das Absterben der Pflanzen und unserer Körper, über unsere Gier nach mehr, mit der wir die Natur und damit uns selbst zerstören. Sie sagt es ohne Anklage, ohne Koketterie: Selbstbefragung, Zweifel, eigenes Verschulden, den Dingen auf den Grund gehen.

Sorbin ist sie, gehört jenem kleinen Volk an, das seit 600 im Gebiet der Lausitz siedelt. Ein dörfliches Volk, das niemals einen eigenen Staat bildete. Als Slawen repräsentieren die Sorben den Osten des Westens. Heute leben etwa sechzigtausend Sorben dort, beheimatet nun im östlichsten Osten des Westens.

Zu DDR-Zeiten wurden die Sorben stark gefördert. Der Preis – freilich – war die Einordnung. Eine »übervorteilte Minderheit«? – »Zu Tode gefördert«, wie man jetzt hört? Ja und nein. Kultursimulation, gewiß, war vieles. Aber nicht alles war Maske, Schein. Es waren da Menschen.

Umgang mit Anderssein. »Ernstgenommen zu werden, auch wenn man klein ist, ist ein Menschenrecht«, sagt Róža Domašcyna.

Ihre Muttersprache, das Sorbische, verstehe ich nicht, aber ich habe ihren Klang im Ohr. Eine slawische Sprache, weicher, melodischer, von anderer Temperatur. Sie begegnete mir in den Stimmen, Gesängen der sorbischen Osterreiter. Dieses Osterreiten, in DDR-Zeiten ein magischer Vorgang. Jahr für Jahr zog es mich dorthin. Gesichter gab es da. Was für Gesichter! Und etwas, das über Jahrhunderte kaum Unterbrechung erfahren hatte. Im Frühjahr das Reiten über Fluren und Wege, ein heidnischer Brauch, von der Kirche übernommen, im Gebiet der katholischen Sorben um Hoyerswerda, Kamenz und Bautzen, bis heute lebendig. Am Ostersonntag nach dem Gottesdienst umkreisen die Männer in festlicher Kleidung auf dem Rücken ihrer Pferde mehrmals Kirch- und Friedhof, die alten Choräle singend. Dann reiten sie in die Nachbardörfer. Züge und Gegenzüge. Die Landschaft ist den ganzen Tag von den langen Prozessionen der Osterreiter erfüllt.

Dort, im Dorf Zerna, sorbisch Sernjany, wurde die Dichterin 1951 geboren. »Unter einem gewaltig mildtätigen horizont. Knapp über der hölle«; Nachkrieg, der Vater den »wandernden Granatsplitter« im Leib, der »kartoffelakker«, wo er seine »uniform verbrannte«. Die Mutter täglich in sorbischer Tracht. In »die sachen wachsen ... die die truhe füllten: brautkranz und schleifen das liederbuch / der rosenkranz«. Der Einbruch des »Neuen« in die festgefügte Welt: »ich ein Junger Pionier mit heiligenbild in der / hand SO IST ES BESSER FALLS ALLES ANDERS / KOMMT sagte vater«. Pionierhalstuch, FDJ-Hemd, Fahnenappell. Karfreitagssingen, Walpurgis. Die sorbische Vogelhochzeit. Sorbische Tracht. Als Kind habe es ihr gefallen, als »exotischer Ziervogel« vorgeführt zu werden.

Legendäre Herkunft und auf sie einstürzende Gegenwart. »Das kind / in mir bewegte sich hochrot in seiner hülle, als / ob es den sarg vergessen hätte, der mit ihm / wuchs.« Die

Lausitz, die Landschaft der Sorben, in der es noch »Reste stummen Einvernehmens von Mensch und Natur« gab, »Stille« noch »faßbar« war, wurde seit den zwanziger, gewalttätig dann in den fünfziger Jahren, Schauplatz eines ökologischen Exzesses. Großbauten des Sozialismus. Braunkohlenförderung. Abbaggern. Verwüstung. Devastation. Vom Siedlungsgebiet der Sorben wurden allein 78 Dörfer zerstört, der Kohle geopfert. Und es geht weiter, die nächsten sorbischen Dörfer werden Horno, Rogow, Rowno und Slepo sein. »Die heimat ist, wo wüste bleibt: na und?!« So in dem Gedicht »Isolationsgeschädigt«.

Der »exotische Ziervogel« kam aus den »jenseitigen dörfern« in die »schlafstädte«. Róža Domašcyna studierte, wurde Ingenieur-Ökonom im Bergbau, arbeitete lange Jahre im Senftenberger Braunkohlenrevier. Nicht Zuschauerin, Mitwirkende – »im roten kleid« – war sie. »Industriefest« schrieb sie sich ins »aderwerk, sah« was sie »sehen wollte«, was verordnet war, zu sehen. Aber das verordnete, selbstverordnete Fest (wo ist die Grenze?) trug schon das Menetekel.

Wie wird man eine Dichterin? Indem man das Sosein und Anderssein aushält? Zwiespalt von Herkunft und Gegenwart?

Bereits mit neun Jahren wollte Róža Dichterin werden. Aber sie hat warten können.

1990 erschien – in Sorbisch – ihr erstes Buch, ein Jahr später – sie war vierzig – das erste in deutscher Sprache. Der Titel: »Zaungucker«, ediert in Gerhard Wolfs Verlag Janus press.

Jedes ihrer Gedichte scheint mir gewachsen zu sein, vielfache Veränderungen erfahren zu haben. Zunächst schrieb sie nur in Sorbisch, später, als sie das Literaturinstitut in Leipzig besuchte, übersetzte sie ihre Texte, heute schreibt sie zweisprachig, korrigiert von der einen in die andere Sprache.

Eine spröde, fast herbe Modellierung der Gedichte. Sorgsamster Umgang mit dem Wort, mit Lautfolgen, Klangfarben. Kein Formenspiel, keine Wortakrobatik. Da ist auch nichts gefühlig, ausufernd. Klare sinnstiftende semantische Felder, kompositorische Logik.

Da hat eine – im Warten-Können – ihr Handwerk gelernt. In keiner Tradition zu Hause, wie sie sagt, steht ihr die sorbische Bilder- und Mythenwelt zur Verfügung, ist ihr die Dichtung der Bachmann, der Achmatowa, die von García Lorca und Paul Fleming nah.

Ihre Verse sind Botschaften, Anrufungen, ja: Besprechungen. Immer wieder – durchgängig – zwei Themen.

Das erste: Natur, die Folgen der Zerstörung. In ihren Gedichten jagt sie im Traum nackt an den Betonmauern der Hochhäuser entlang, von den Betonbalkonen flattern Papierbögen, bedecken ihren Körper. Bögen, »beschrieben mit fester blauer tinte die ... in die haut ätzt. Es sind seiten aus flurbüchern, testamente von ausgesetzten Landtieren, irr vor Fremdheit«. Im »dreckgebirge« des Tagebaus begegnet ihr Marhata, seit Jahrhunderten Beschützerin der unberührten Natur. Marhata »griff nach ihren augen, ... pflanzte sie in meine stirn«. Sie, nun mit dem Wissen Marhatas, schreit Zaubersprüche gegen das Kreischen der Bagger und Transportbänder, bis ihr die Stimme versagt: »Ich taumelte ... zum grubenrand. Dort pumpten / motoren in filterbrunnen pausenlos mein blut aus / dem erdkörper.«

Eine poetische Formel, die sich ins Gedächtnis prägt. Es

ist auch unser »blut«, das »pausenlos aus dem erdkörper« gepumpt wird. Die ökologischen Exzesse. »Überhebung; tilgung« ist »angesagt«. Aber die fatale Gier nach mehr wird sie nicht zulassen, nirgendwo in der Welt.

Ein zweites Thema: die Liebe. Diese Verse sind meist keine des Glücks, es sind Verse von Schmerzen und Unerfülltsein, männlichem Rückzug und aufstörenden weiblichen Ansprüchen.

Liebe, die der Dichterin »Religion und Erotik zugleich« ist, wird eingefordert, auf dringliche Art. Gegen die, die an Stelle ihrer Herzen »blechmarken« tragen, gegen »SICHLIE-BENDE / ichsager die untergehakt ausschreiten / mit dem hufeisen in der tasche...«

Die schönen starken Liebesgedichte der Róža Domašcyna legen Verwundungen von Leben und Schreiben bloß. Die Frau als Werbende, der Mann als Zögernder. Vergeblichkeit, Zurückweisung, Nichterkennen werden immer wieder thematisiert. Die bitterste Zeile wohl im Gedicht »Vom geteilten, dem doppelten leben«, wo Frau und Dichterin einander ausschließen: »und wenn ich schweig, klingt auch mein wort nicht fremd«.

Erkanntwerden als die, die man ist – die große Sehnsucht. »Zwiegesichtig sein ... ein stück von mir? / Mein liebgesicht, mein schmerzgesicht ... bis daß er sagt: komm jetzt, ich lad dich ein. / Dann will ich salbei tun und schachtelhalm / auf sein gesicht – den liebsten nur erkennen. / WIR: du und ich. SEIN: leben oder ruhn.« Das Gedicht trägt den Titel »Hingang«. Doppelsinn des Worts. Der Weg zum Geliebten. Hingang. Es könnte auch der Tod sein.

Liebe und Tod sind sich in vielen ihrer Verse nah. Auch in

»Aufruf ins Paradies«, einer Hommage für Mato Kosyk, den sorbischen Dichter, der nach Amerika auswanderte, seine Liebesgedichte an eine Indianerin richtete. Eine Zeile von ihm ist vorangestellt: »cuzbnika smej ty a ja«, Fremdlinge sind du und ich.

Oft habe ich beim Lesen von Róža Domašcynas Versen mit ihrem sanften, entschiedenen Gestus an jenen Indianer gedacht, der sagte, erst, wenn ihr den letzten Fluß ausgetrocknet, den letzten Baum gerodet habt, werdet ihr feststellen, daß man Geld nicht essen kann.

Daß die sorbischen Mythen mit denen der Indianer verwandt seien, davon sprach Erwin Strittmatter, der Halbsorbe, der sich dazu bekannte, seine dichterische Identität den slawischen Urmüttern, den sorbischen Frauen zu verdanken.

Die Stärke der sorbischen Frauen. Nicht nur mit ihren Trachten – ausschließlich Frauen tragen sie – sind sie diejenigen, die überliefern, sie sind es auch hinsichtlich der Sprache, Kultur. Aber die weibliche Tradition ist eine mündliche. Kaum materialisiert, kaum in schwarzen Lettern auf Buchseiten.

Dichterinnen sind im Sorbischen rar. Mit Róža Domašcyna ist eine gekommen, eine, die feministischer Gebärden nicht bedarf. Selbstbewußt nimmt sie »die stimmen« der »mütter« auf, sie, »nachgeburt« ihrer »großmutter«.

Ist es die »Unfraglichkeit sorbischer Zukunftslosigkeit«, »die gestundete zeit« der Sorben, die ihr die Zunge löste, sie trieb, Gedächtnis zu sein? »Ein echo rief mit der stimme der totenfrau / ICH HÖRE DICH und las mir hundert irdische / jahre aus der hand.«

Die Frage nach Untergang oder Überleben der Sorben ist so alt wie die Sorben selbst. Die Dichterin, befragt nach der Zukunft der Sorben, entgegnet: »Der einzelne muß sich zum Tun oder Nichttun entscheiden.« Sie sieht sich mit den Augen der Fremden. Verweist uns auf uns selbst. »Eine Enklave ist stets auch die Welt.«

Sensibilisiert durch die Geschicke ihres Volkes, bedrängt von der Zeit – Zeit kehrt als Motiv in ihren Gedichten immer wieder, oft als Gleichnis für den Tod – läßt sie sich Zeit. Ihre Frage ist immer die nach dem Überleben. »Ich grab die hand mir in die tasche, grab mich ein / und schließ den mund, um stumm herauszuschrein.«

Sie faßt Geschichte nicht mit kleinen hastigen Atemzügen als kurzen Prozeß: »Zwischen der tat und dem grund ist weder atem / noch geist.« Sie verteidigt Eigenes, auch Eigensinniges, Sonderbares gegen das Uniforme, gegen gedankenlose Anpassung, gefügige Einordnung. »Das ist der freiheit weite: uniform.« Die Verse, die die jüngste Zeit reflektieren, werden bitterer, sarkastischer: »den rückzug vor uns alle wege offen«.

Róža Domašcyna wird nicht den sorbischen Clown im mitteleuropäischen Käfig spielen, wir werden sie nicht auf der sorbischen Bekenntnisbühne finden, sie wird nicht die Tracht anlegen, damit die Kameras surren. Die exotischen Ziervögel als Attraktion, als Marktwert. »Das geld, es knistert und die kasse klingelt.« Ausverkauf. Die Gefahr für die Sorben jetzt. »Aussicht auf morgen: ... wir tauschen im fluge / den eigenen kindern / die zunge die zunge.«

Róža Domašcyna wird die Zunge nicht tauschen. Der Ort ihres Schreibens: die »spalte«, das Dazwischen, Eigenes – Fremdes. Ihr Lebensort, Budysin, Bautzen, östlicher Osten des Westens.

Noch viel, ich bin mir sicher, ist von dieser Dichterin, die warten konnte, zu erwarten. Wir können uns darauf freuen. Ich freue mich darauf.

(1994)

»Ach ja, da läßt Du mich nicht allein«

Christiane Goethe

Christiane Vulpius ist dreiundzwanzig, als Goethe sie zur Gefährtin wählt. Er achtunddreißig. Christiane wird die einzige Frau bleiben, mit der er einen Hausstand gründet und Kinder hat. Über ein Vierteljahrhundert leben sie zusammen, achtzehn Jahre in freier Liebe, zehn Jahre in der Ehe.

Goethes Kindheit und Jugend, seine Vorstellung von Weiblichkeit werden von der Mutter und der Schwester Cornelia geprägt. Zwei Frauen, die grundverschieden sind, den denkbar größten Gegensatz bilden. Folgt Goethe zunächst mit Charlotte von Stein dem Typ der Schwester, so wählt er als reifer Mann den der Mutter. »Frohnatur« nennt er sie, von »lebendiger Heiterkeit« spricht er, die solche Frauen »um sich her verbreiten, ohne weitere Ansprüche zu machen«.

Schiller scheint Wielands Ehefrau ideal: »äußerst wenig Bedürfnisse und unendlich viel Wirtschaftlichkeit«. Als er zwischen zwei Frauen schwankt, wählt er die zur Frau, die ihm ein toter Umgang ist, über die andere, künstlerisch-interessierte, resümiert er: Es würde »einer an den anderen zu viele Forderungen gemacht haben«. Nietzsche wünscht sich, um seine »überschwere Lebensaufgabe« zu bewältigen, eine Frau an seiner Seite. »Sie müßte jung sein, sehr heiter ... wenig oder gar nicht gebildet und ... eine gute Wirtschafterin, aus eigener Neigung. Für einen Menschen, wie ich es bin«, heißt es an seine Schwester, »gibt es keine Ehe, es sei denn im Stil unseres Goethe«.

Von Christiane Vulpius' »glücklicher Art zu sein« spricht Goethe. »Freu Dich des Lebens solang das Lämpchen glüht / Pflücke die Rose eh sie verblüht«, schreibt sie einem Freund ins Stammbuch. Es könnte ihr Lebensmotto sein. Das »kleine Erotikon« ist sie für Goethe, seine »liebe Kleine, sein Küchenschatz«, sein »Hausschatz; Bettschatz« fügt seine Mutter hinzu. »Belesen, politisch und schreibselig«, so Goethe an Christiane, dagegen seien »Eigenschaften, die Du Dir nicht anmaßest«. Für Wieland ist sie Goethes »Magd«, und ihre offizielle Bezeichnung achtzehn Jahre in Weimar ist: »die von Goethische Haushälterin«.

Als reifer Mann bedarf Goethe keiner Frau, der er wie der sensiblen intellektuellen Schwester alles Entstehende mitteilt, keiner Erzieherin wie Charlotte, die ihm durch ihre Liebe Teil seiner Selbstaufklärung wird, keiner Frau, die selbst schreibt, Gegenentwürfe zu seinen Gedichten macht, wie es Charlotte mit »An den Mond« tut.

In seiner Lebensmitte bedarf er einer Frau, die ihm körperliche Beglückung, Behagen, Behaglichkeit schafft: im Bett, am Tisch, im Haus. Er kehrt zu dem zurück, was er bereits als Student in Leipzig dem Kupferstecher Stock verkündete. Auf dessen Frage, worin er seine heranwachsenden Töchter ausbilden solle, hatte er geantwortet: »In nichts andern als der Wirtschaft. Laßt sie gute Köchinnen werden, das wird für ihre zukünftigen Männer das beste sein«. Es ist das Rousseausche Weiblichkeitsideal, das die jungen Stürmer und Dränger prägt. Als Herder seine künftige Frau für ein feinsinniges Kunsturteil lobt, entgegnet diese: »Habe ich jemals eine solche Mißgeburt von Frauenzimmer sein wollen? . . . Nein, das wäre abscheulich! Ich würde kein Buch mehr ansehen, wenn ich eine Kunstrichterin oder gar – ein gelehrtes Frauenzimmer dadurch würde«. Eine gebildete, schöngeistige Frau gilt als Abscheu der Natur. Nach Rousseau ist sie »die Geißel ihres Mannes, ihrer Kinder, ihrer Freunde, ihrer Diener, ihrer Welt«.

Als »dein kleines Naturwesen« bezeichnet sich Christiane Vulpius in einem ihrer frühen Briefe an Goethe. In der Lebensgemeinschaft mit ihr – es sind seine Jahre zwischen achtunddreißig und siebenundsechzig – schafft er ein großes Werk. Folgt seiner »Begierde...«, die Pyramide seines Daseyns« unablässig »in die Lufft zu spizzen«. Sein Werk ist ihm das Wichtigste, es steht stets an erster Stelle. Christiane erkennt das nach anfänglichen Widerständen an. Lebenslang ihm dienend, schafft sie ihm stets die Luft unter den Sohlen, die er für seine Kreativität braucht, gibt ihm Freiheit und Rückhalt für sein Werk. Ihr Anteil daran – größer als der jeder anderen Frau, bisher kaum gewürdigt – ist ausschließlich über den gelebten Alltag zu erahnen. Daß Christiane nicht »belesen«, nicht »politisch«, nicht »schreibselig« ist, schließt mögliche Gefährdungen, die von einer Frau für sein Werk ausgehen könnten, weitgehend aus. Goethes Wahl ist lebensklug im Sinne seiner eigenen Interessen, wohl aber auch im Hinblick auf die seiner Gefährtin.

Die Ehefrau des Dichters Tolstoi schreibt am 2. April 1898 in ihr Tagebuch: »Die ganzen letzten Tage war ich mit L. N.s Kleidung beschäftigt. Zeichnete mit Plattstich seine Taschentücher aus, nähte ihm einen neuen Kittel und will ihm jetzt noch Hosen nähen. Meine Bekannten fragen mich, warum ich so lasch, so schweigsam, still und traurig sei. Ich antworte ihnen: ›Schaut meinen Mann an, wie munter, fröhlich und zufrieden er dagegen ist.‹ Und niemand begreift, daß wenn ich lebhaft bin, mich mit Kunst abgebe, mich für Musik, Menschen, ein Buch begeistere – daß dann mein

Mann unglücklich, unruhig und verdrossen ist. Wenn ich aber, wie jetzt, ihm Kittel nähe, abschreibe und still und traurig verkümmere – dann ist er ruhig und glücklich, sogar fröhlich. Das ist es, woran mein Herz zerbricht! Um des Glücks meines Mannes willen muß ich alles Lebendige in mir unterdrücken, mein heißes Temperament eindämmen, einschlafen und – nicht leben, sondern ›durare‹, wie Seneca ein gehaltloses Leben genannt hat«.

Das war Christiane Vulpius' Problem nicht. Das hängt mit ihrer Herkunft aus der »Weimarischen Armuth« zusammen. Sie, am 1. Juni 1765 in Weimar geboren, auf den Namen Christiana getauft (nicht Christiane, Christiana steht auch im Weimarer Bürgerbuch, mit Christiana unterschreibt sie), ist die Tochter eines Juristen, der am Fürstenhof angestellt ist, mit äußerst geringer Besoldung. Das wenige Geld der Familie fließt, wenn es um Ausbildung der Kinder geht, in die des Bruders Christian August, er besucht das Gymnasium, studiert Jura. Als Christiane vier ist, stirbt ihre Mutter. Als sie siebzehn ist, wird ihr Vater wegen eines Amtsvergehens entlassen. Christiane muß Geld verdienen, sie arbeitet als Putzmacherin. Der Vater stirbt. Mit zwanzig ist sie Vollwaise. Hat für ihre Tante und ihre kleine Stiefschwester zu sorgen, lebt mit ihnen und dem Bruder, der sich als freier Schriftsteller durchzuschlagen versucht. Von Entbehrung und materieller Not ist Christianes Kindheit und Jugend geprägt. Nicht von Stickrahmen, Klavierspiel, schöngeistiger Lektüre, von Französisch- oder Italienischunterricht. Allenfalls Komödienbesuche, vermutlich mit dem Bruder. Und Lektüre seiner literarischen Arbeiten. Ihr Leben wird von der Kunst berührt, ist aber nicht einseitig auf intellektuelle und musische Abenteuer, sondern auf praktische Tätigkeit und Überleben im Alltag orientiert. So hat Christiane nicht den Fehler in der »Erziehung«, den Cornelias Ehemann beklagt, »sich zu wenig um Küche und Keller zu kümmern«. Muß nicht wie Tolstois Frau »Lebendiges« in sich »unterdrücken, still und traurig verkümmern«. Sie kann ganz naiv dem Leitspruch von Goethes Mutter folgen: »Sey eine gute Gattin und deutsche Haußfrau, so wird Deine innere Ruhe, den Frieden Deiner Seele nichts stöhren können«.

Die Hauswirtschaft ist Christianes Ehrgeiz. Sie kocht, bäckt, sticht Spargel, legt Kartoffeln auf dem Krautland, versorgt die Gärten, erntet Artischocken, weckt ein, dörrt Obst, rührt Mus, hält Geflügel, schlachtet, zieht Wein ab, füllt die Fässer im Keller mit Sauerkraut und Gurken, versorgt Küche und Keller. Auch als sie längst für alles Dienerschaft hat, legt sie immer selbst Hand an. Sie macht das freudig, es gibt nicht das geringste Anzeichen eines Widerwillens ihrerseits. Wenige Tage noch vor ihrem Tod säubert sie Goethes Arbeitszimmer. Achtundzwanzig Jahre sorgt sie für Behaglichkeit im Haus. Schmückt die Zimmer und die Tafel für die Gäste. Hat die Schlüsselgewalt. Kümmert sich um Goethes Kleidung und Wäsche. Näht ihm Nachthemden und Hemden. Vermutlich zeichnet sie auch seine Taschentücher. Als sie zusammenziehen, besitzt er – laut Wäscherinnenzettel – vierundfünfzig »Schnupftücher«, dreizehn davon sind mit »J. W. G.« gezeichnet, einige mit »W. G.«, andere mit »v. G.« Auch »Halsbinden«, zweiundvierzig Stück, »Strümpfe, leinerne, baumwollene« und »seidene« – 81 Paar besitzt er –, sind mit seinen Initialen versehen. Christiane wäscht stets selbst im Haus, läßt es nicht von fremden Wäscherinnen besorgen. Vom Waschen, Bleichen, Aufhängen, Bügeln und Wäschezählen ist bei ihr immer wieder die

Rede; »heute bügeln mir, und die Stähle glühen, da kann ich Dir nicht mehr schreiben«.

Eine »gute Wirtschafterin aus eigener Neigung«. Ist das das Geheimnis ihres Zusammenlebens? Goethe hat mehrfach von seiner »Liebe zu der Classe von Menschen«, die man »die niedere, die gemeine« nennt, gesprochen, von ihnen als »den besten Menschen. ... Da sind doch alle Tugenden Beysammen, Beschränktheit, Genügsamkeit, Grader Sinn, Treue, Freude über das leidlichste Gute, Harmlosigkeit, Dulden – Dulden – Ausharren...« Es könnte eine Charakteristik Christianes sein. 1808 äußert er über sie: »Sollte man wohl glauben, daß diese Person schon zwanzig Jahre mit mir gelebt hat? Aber das gefällt mir eben an ihr, daß sie nichts von ihrem Wesen aufgibt, und bleibt, wie sie war«. Ihre Prägung durch die »Weimarische Armuth«.

Ihre Herkunft, der soziale Abstand, die Tatsache, daß sie Waise ist, macht Goethe 1788 mit der Dreiundzwanzigjährigen die wilde Ehe überhaupt möglich. Kein Vater, keine Familie kann Einspruch erheben, Forderungen stellen. Als ein »Freiherr«, wie seine Mutter ihn nennt, entscheidet Goethe. Stellt sich außerhalb des Gesetzes. Die private Lebensform, die er vor den Augen aller in Weimar – letztlich vor den Augen Deutschlands und der Welt, er ist eine öffentliche Person – praktiziert, ist eine Provokation wie bei der Ankunft des Sechsundzwanzigjährigen in der Stadt sein Eintritt als Bürgerlicher in Hofkreise und Regierung des Fürstentums. Legt sich in einem Fall die Empörung schnell, der Herzog ist an seiner Seite, weist die Empörten mit den Worten über seinen Freund zurecht: »Einen Mann von Genie nicht an den Ort gebrauchen, wo er seine außerordentliche Talente nicht gebrauchen kann, heißt, denselben mißbrauchen...«, so hält im anderen – dem der wilden Ehe – das Ärgernis an. Bis heute. Ein »Verhältnis von herausfordernder Libertinage« nennt Thomas Mann ihr Zusammenleben, »das die Gesellschaft weder ihm noch ihr jemals verzieh.« Ihm verzieh man wohl. Goethe wird entlastet, indem man Christiane Vulpius zur Schuldigen erklärt. Es sind gerade die großen Goethe-Verehrer, von denen die abfälligsten Urteile über Christiane stammen. Für Thomas Mann ist sie »un bel pezzo di carne«, ein schönes Stück Fleisch, »gründlich ungebildet«, für Romain Rolland eine »nullité d'esprit«, eine geistige Null. Robert Musil läßt im »Mann ohne Eigenschaften« Bonadea von der »Frau mit dem halb unanständigen Namen«, der »bekannten Sexualpartnerin des alternden Olympiers« sprechen. Die Nachwelt ist sich einig.

Doch bereits die Mitwelt sieht es so. Charlotte von Schiller nennt sie »ein rundes Nichts«, Bettina von Arnim »eine Blutwurst«, die »toll« geworden sei. Goethes Freund und Mäzen Herzog Carl August akzeptiert Christiane nie. »Die Vulpius habe alles verdorben, ihn« (Goethe) »der Gesellschaft entfremdet«, äußert er noch 1824.

In letzterem steckt, wenngleich auf den Kopf gestellt, eine Wahrheit. Carl August spricht von der Adelsgesellschaft. Von ihr entfernt sich Goethe in der Tat durch seine Liebe zu Christiane Vulpius, dem »armen Geschöpf«, wie er sie seiner adligen Freundin Charlotte gegenüber nennt. Das geschieht 1788, im Jahr als Goethe mit Forderungen an seinen Mäzen aus Italien zurückkehrt. Kein Beamtendasein mehr, kein »Kriechen und Krabbel«, kein Teilen in Staatsmann und Dichter, »mit freyem Gemüte und nur als Liebhaber« wolle er »schaffen«. Er wählt Christiane Vulpius und die freie Liebe mit ihr entspricht in hohem Maße seiner nachita-

276

lienischen Existenzvorstellung, als »Künstler« und Gast in Weimar leben zu wollen.

Eine Ehe hätte ihn in die Norm gezwungen. So schafft er sich einen Freiraum, baut sich in gewisser Weise eine oppositionelle Existenz auf, zu der Hof und Adel, selbst seinem herzoglichen Mäzen der Zugang verwehrt ist. Mit Christiane wird er jener »andere Mensch«, den er in seinem Trennungsbrief an Charlotte beschwört, wenn »das Verhältniß« nicht »stehen bleibe wie es steht … bin ich ein anderer Mensch und muß in der Folge mich noch mehr verändern«. Als dieser »andere Mensch« wird Goethe auch ein »anderer« Dichter, die Berührung mit Christiane Vulpius' Schicksal, der mit ihr gelebte Alltag geht in sein Werk ein. »Die Römischen Elegien«, »Der Gott und die Bajadere«, »Die Braut von Korinth«, »Amyntas«, »Die Metamorphose der Pflanzen« sind ihre Lebensspuren in seinen Texten.

Goethes Experiment der freien Liebe – außerhalb von Recht und Gesetz – macht ihn der Geliebten gegenüber zur alleinigen Bezugsperson; er ist für sie Vater, Kirche und Staat in einem. Christiane Vulpius teilt – gefragt oder ungefragt, wir wissen es nicht – in jedem Fall aber mutig dieses Experiment mit ihm, in den achtzehn Jahren taucht das Wort Heirat nicht ein einziges Mal in ihren Briefen auf.

Bewußt schirmt Goethe Christiane ab, verbirgt ihre Person regelrecht vor den Weimarern, dem Adel, auswärtigen Besuchern, selbst vor seinem Freund Schiller. Indem er sich mit ihr »vor der Welt verschließt«, die Reibungsfläche mit der Gesellschaft so gering wie möglich hält, glaubt er, sich jenen Freiraum mit seinem »kleinen Naturwesen« unverletzt erhalten zu können.

Es wird sich als Illusion erweisen. Der Frauenplan ist keine Insel. Das Experiment ist in der Realität Ende des 18., zu Beginn des 19. Jahrhunderts schwer lebbar. Trotz Goethes exponierter Stellung, oder gerade, weil sie so exponiert war. Auf die erhoffte Entlastung von Konventionen reagiert die Gesellschaft mit Sanktionen. Offenen und versteckten. Gemeint sind beide. Goethe schützen Macht und Dichterruhm. Christiane trifft es. Die Urteile über sie sind weitgehend Stellvertreterurteile, sie interessiert nicht wirklich als Person; in den Meinungen kanalisiert sich der Unmut über Goethes Heidentum, seine Mißachtung des Ehesakramentes, seine »herausfordernde Libertinage«, in ihnen fließen Neid, Mißgunst und kleinlicher Hochmut zusammen. Es sind nicht allein die Höflinge und Gesetzeshüter, die so sprechen, es sind fast ausnahmslos alle; Nahestehende, Bekannte, Freunde, selbst engste Gefährten, Schiller eingeschlossen.

Welche Freiheit aber ist gewonnen, wenn die Waage sich von der Seite der Befreiung von Konventionen auf die Seite der Bedrückung durch Sanktionen neigt? Zudem: Der »andere Mensch«, der Goethe mit Christiane ist, ist nur eine Facette seiner Persönlichkeit, auf die Dauer ist ihre kleine Welt für ihn unattraktiv; er bleibt an den Hof, an Macht und Mächtige, an die große Welt gebunden, sie ist ihm unabdingbarer Teil seiner menschlichen und künstlerischen Existenz.

Daß Goethe rückblickend sein Lebensexperiment mit Christiane als gescheitert gesehen hat, dafür gibt es mehrere Indizien. Zum einen, daß er seinen Sohn an eine Adlige verheiratet. »Hof und Stadt billigt die Verbindung, welche recht hübsche gesellige Verhältnisse begründet«, kommentiert er; es ist genau das, was ihm während der achtundzwanzig Jahre mit Christiane nicht gelungen ist. Zum anderen seine Wertschätzung der Heirat Willemers. Dieser

lebte mit Marianne viele Jahre in freier Liebe, die Eheschlie-
ßung bezeichnet Goethe als Rettung der kleinen Frau, Willemers Tat als »ein großes sittliches Gut«. Schließlich sein
Brief von 1821. Ein junger Mann bewundert Goethe für sein
Leben in freier Liebe, seine Form, sich antik zu bewegen,
gesteht, er habe nicht den Mut, sei auch kein Künstler, er
werde den profanen Schritt einer schnellen Heirat gehen.
Goethe entgegnet ihm: »Zuvörderst aber will ich meinen Segen zu einer schleunigen Verehelichung geben ... Alles was
Sie darüber sagen, unterschreibe (ich) Wort für Wort, denn
ich darf wohl aussprechen, daß jedes Schlimme, Schlimmste,
was uns innerhalb des Gesetzes begegnet, es sey natürlich
oder bürgerlich, körperlich oder ökonomisch, immer noch
nicht den tausendsten Theil der Unbilden aufwiegt, die wir
durchkämpfen müssen, wenn wir außer oder neben dem
Gesetz, oder gar vielleicht Gesetz und Herkommen durch-
kreuzend (einhergehen) und doch zugleich mit uns selbst,
mit andern und der moralischen Weltordnung im Gleichgewicht zu bleiben die Nothwendigkeit empfinden«.

Sind es jene »Unbilden«, die Goethe dazu bringen, nach
Christianes Tod über sie zu schweigen? Sein Privatleben,
sein Intimstes nicht dem Publikum auszuliefern, ist ein na-
türlicher Selbstschutz. Auch über Charlotte schweigt er. In
seinem Schreiben aber nimmt die Autobiographie einen immer größeren Raum ein; von den vierzig Bänden seiner
Werkausgabe letzter Hand sind allein zwanzig autobiographische Schriften. Goethe drängt uns, den Nachkommen-
den, auf, wie er gesehen zu werden wünscht, nicht durch
Täuschung, sondern durch höchste stilistische Raffinesse,
durch Dichtung und Wahrheit. Die Hauptquelle für seinen
Ruf als Frauenheld ist Goethe selbst. Er erweckt den Ein-

druck, daß in seinem Leben sein Verhältnis zu Frauen ein überaus leichtes, heiteres war, sein Leben von vielen Liebesabenteuern begleitet wurde. Er glättet, poetisiert. Die Liebe zu den beiden Frauen aber, die sein Mannesleben über vierzig Jahre bestimmt hat und in der die tiefen Widersprüche und steten Spannungen, die Verluste und Gewinne, die seine Beziehungen zu Frauen lebenslang begleitet haben, ahnbar sind, spart er aus. Wie er, der auf Offizielles und Repräsentation Bedachte, bestimmte Räume seines Hauses abschirmte, sie nicht betreten ließ, so hielt er auch Erinnerungsräume geschlossen. Nicht zuletzt hat das im Falle Christianes zu Klischees und Legenden geführt. Um so wichtiger sind die authentischen Zeugnisse, die Briefe. Charlotte hat ihre Briefe vernichtet. Wir haben nur seinen Monolog. Im Falle Goethes und Christianes gibt es den Dialog.

Die überlieferte Korrespondenz von Christiane Vulpius bzw. von Goethe und Johann Wolfgang von Goethe umfaßt 601 Briefe. 247 Briefe Christianes an Goethe, 354 Briefe von ihm an sie. Es sind längst nicht alle, die sie einander geschrieben haben. Goethe hat 1797 in einem großen Autodafé Christianes frühe Liebesbriefe und seine bis 1793 geschriebenen vernichtet. So fehlen die Zeugnisse ihrer ersten glücklichen Zeit. Noch mehrmals gab es Verbrennungsaktionen; vermutlich sind auch Briefe späterer spannungsvoller Jahre dem zum Opfer gefallen. Über den Zeitraum von fast sieben Jahren, von 1804 bis Mitte 1810, ist z. B. nicht ein einziger Brief Christianes an Goethe erhalten.

Christianes Briefe sind erstaunlich. Gestisch genau sind sie und detailfreudig. Eine Frau findet eine Sprache für ihren Körper, ihre Weiblichkeit, ihre Sexualität. Ungewöhnlich für ihre Zeit. Ebenso ungewöhnlich ist, mit welcher Sprach-lust sie Alltagsarbeit beschreibt. Eine Frau tritt uns ent-gegen, couragiert, unablässig tätig, zwei Haushalte, ein Landgut, zwei Gärten, Krautland. Sie erledigt Erbschaft-sangelegenheiten, bereitet den Erwerb von Land und Kauf-abschlüsse vor, tätigt Geldgeschäfte. Sie kann einen Schlit-ten kutschieren. Sie reist allein, weite Strecken, trägt Pistolen bei sich. Wenn Soldaten ihr begegnen, läßt sie »die Pistolen ein bißchen weiter als sonst heraus gucken«. Sie ißt gern. Trinkt gern, am liebsten Champagner. Kann sich freuen, kann feiern. Mag Jahrmärkte, Vogelschießen, Feuerwerk, Kegelpartien. Tanzt ausgezeichnet, noch die Fünfundvier-zigjährige nimmt bei einem Tanzmeister Unterricht. Sie ist Männern nicht abgeneigt, äugelt, wie es in ihrer und Goe-thes Sprache heißt, bevorzugt Uniformen, hochgewachsene, schöne Männer, ihre Tänzer sind Offiziere und Studenten. Sie umgibt sich gern mit jungen Leuten. Ist mit Schauspie-lern befreundet. Liebt die Komödie. Goethes »Egmont«, die Szenen Egmonts mit Klärchen mag sie besonders. Weniger liebt sie das Lesen, das tut sie nur bei »üblen Wetter« oder aus »langer Weile«. Sie kann nicht lange still sitzen. Ausge-nommen, wenn Goethe ihr vorliest, den »Reineke Fuchs«, die ersten Teile von »Dichtung und Wahrheit«, er gibt ihr das Manuskript der »Wahlverwandtschaften«, will ihre Meinung hören. Ihr Brief, den sie ihm dazu geschrieben hat, ist nicht überliefert. Alle seine Aufträge erledigt sie mit größ-ter Akkuratesse. Als er einmal ein Paket vermißt, schreibt sie ihm: »Du wirst auch noch nicht gehört haben, daß ein Brief oder ein Packet, das Du mir schicktest, liegen geblieben wäre ... Daß es bei mir nicht weggekommen ist, davor wollt ich mit meinem Leben stehen«.

Christianes Briefstil ist heiter, witzig, pointiert, an den

Augenblick gebunden. Sich ihrem Liebsten mitzuteilen bereitet ihr kein Problem. Wohl aber, wie sie es aufs Papier bringt. Die Handschriften zeigen, wie schwer ihr das Schreiben fiel. Da läuft die Tinte breit, kratzt die Feder, ist schlecht angeschnitten, sie setzt erneut an, dreht den Bogen um, schreibt Worte zweimal, probiert sie zunächst auf Goethes Brief aus, der zur Beantwortung vor ihr liegt. Sie taucht den Federkiel zu tief ins Tintenfaß, Tintenkleckse. Sie schreibt ohne Komma und Punkt, ohne Anrede und Unterschrift. Die Zeilen laufen schräg nach unten, nur wenn im Büttenpapier die Rillen des Schöpfsiebes die Linien vorgeben, folgt sie ihnen. Mit der Rechtschreibung kämpft sie. »Daß das Bustawiren und gerade Schreiben nicht zu meinen sonstigen Talenten gehört – müßt Ihr verzeihen – der Fehler lage beim Schulmeister«, heißt es bei Goethes Mutter. Bei Christiane Vulpius liegt es nicht am Lehrer, sondern die Armut der Familie ist es, die Schulbesuch und Bildungsmöglichkeit einschränken.

Goethe stört das nicht. Für ihn ist Christianes Stil entscheidend, nicht ihre Orthographie. Er liest sich ein, hört vermutlich ihre Stimme, den leicht singenden Thüringer Tonfall, das t wird zu d, das p zu b: »dein gleinnes Nadur Wessen« schreibt sie, »Borzlan« (Porzellan), »Disch« (Tisch), »bar« (Paar) »griechen« (kriegen), »Kärschen« (Kirschen), »duhn« (tun). Zuweilen muß Goethe sich wohl ans »Bustawiren« halten, wenn sie »Efijenge« = Iphigenie, »Grüdick« = Kritik, »Iidaligen« = Italien schreibt oder französische Wörter wie »Eeckibbasche« = Equipage, »dehedansag« = Thé desant oder »Ecks Semblar« = Exemplar. Auch Fräulein von Göchhausen verleugnet bei der Abschrift des »Urfaust« die Thüringerin nicht, schreibt »blagen« statt plagen und »Malda« statt Malta. Heinrich Meyer, der

282

Schweizer Maler und Kunsthistoriker, behält in Weimar lebenslang mundartliche Ausdrücke seiner Heimat bei, bezeichnet die alemannische Kürze der Vokale durch Verdoppelung der Konsonanten, schreibt »schlaffen, Vatter, nemmen« und steht als Autodidakt mit Fremdwörtern stets auf Kriegsfuß. Es gibt keine einzige Unmutsäußerung Goethes über die Rechtschreibung seiner Lebensgefährtin.

Hat Christiane unter ihrem Bildungsdefizit gelitten? »Ich bin recht böse auf mich selbst, daß ich auch gar nichts kann«, schreibt sie einmal. Ein andermal: »Heute ist mein Brief gewiß besser geschrieben, denn ich habe mir sehr große Mühe gegeben ... wär der Brief nicht an Dich, ich hätte längst schon aufgehört«.

»Es geht schon wirklich mit dem schreiben, wenn Du es nur recht üben willst«, entgegnet ihr Goethe. Für systematisches Üben, Unterricht etwa (auf Goethes Kosten erhalten z. B. seine Diener Götze und Sutor zwei Jahre lang monatlich zwanzig Stunden Unterricht in Französisch) existieren im Hinblick auf Christiane Vulpius keinerlei Belege. Schien Goethe das für seinen »Haus- und Küchenschatz« überflüssig oder mangelte es ihr an Geduld? Wir wissen es nicht. Später diktiert Christiane ihre Briefe und Reisetagebücher dem Diener Gensler, ihrer Gesellschafterin Caroline Ulrich, Madame Kirsch; in den letzten Jahren steht ihr Goethes Sekretär Kräuter zur Verfügung. Sie fügt meist am Ende einige Zeilen mit eigener Hand hinzu, unterschreibt mit »CvG«, indem sie die Initialen von Vornamen, Adelstitel und Nachnamen in eins fügt.

Liest man in ihren Briefen zwischen den Zeilen, geht einem Halbsatz nach, überdenkt, was der Zensur der Liebe zum Opfer gefallen sein mag, vergegenwärtigt sich die überlieferten Fakten aus den Jahren, in denen ihre Korrespondenz mit Goethe vernichtet ist, zieht ihre sonstigen Briefe heran, dann tritt uns eine ganz andere Christiane entgegen. Eine Frau, die ständig überfordert ist. Die murrt, launisch ist. Stimmungen unterliegt. Depressionen hat. Deren Körper von fünf Schwangerschaften gezeichnet ist, die unter dem Tod von vier ihrer Kinder leidet. Nur der Erstgeborene wächst heran. Die anderen sterben alle wenige Tage nach der Geburt.

Eine Frau, die verletzbar ist. Und einsam. »Habe ... so gar Niemanden, dem ich mich vertrauen kann und mag. ... werde wohl so für mich allein meinen Weg wandeln müssen.« Zwei Sätze Christianes, 1803 und 1805 heimlich, hinter Goethes Rücken, ihrem einzigen vertrauten Freund, dem Bremer Arzt Nikolaus Meyer geschrieben.

Eine Frau, die nach fünf Geburten füllig wird. »Liebe Tochter«, schreibt ihr die Schwiegermutter, »Sie haben also wohl zugenommen. Sind hübsch Corpulent geworden, das freut mich, denn es ist ein Zeichen guter Gesundheit – und ist in unserer Familie üblich.« Eine Frau, die das Altwerden fürchten muß, die eifersüchtig ist, der in jungen intellektuellen Frauen eine Konkurrenz erwächst. Im Mai 1810 schreibt sie Goethe nach Karlsbad: »Ist denn die Bettine in Karlsbad angekommen und die Frau von Eybenberg? Und hier sagt man, die Silvie und die Gottern gingen auch hin. Was willst Du denn mit allen Äuglichen anfangen. Das wird zu viel. Vergiß nur nicht ganz Dein ältstes, mich, ich bitte Dich, denke doch auch zuweilen an mich«.

Eine Frau, die lebenslang von Krankheiten gequält wird, Bluthochdruck, Nierenprobleme. Hat sie zuviel getrunken? Nach heutigem Verständnis war Goethes und ihr Alkoholverbrauch hoch. Niemand nennt Goethe einen Trinker. In keinem seiner Briefe an Christiane findet sich der geringste Hinweis, eine Bitte um Mäßigung etwa. Beider Wein- und Champagnerbedarf ist stets unverstellt Gegenstand ihres Briefgespräches.

Goethes 354 überlieferte Briefe an Christiane sind zum Teil eigenhändig geschrieben, überwiegend aber seinen Sekretären diktiert. Goethes Briefton ist nicht der spitze, aufreizend intellektuelle seiner Mitteilungen an die Schwester Cornelia, nicht mehr der der faszinierenden, mit Liebeswerbungen durchwobenen intimen Ausbreitung seiner Gedankenwelt in den Schreiben an die geistige Freundin Charlotte von Stein. In den Briefen an Christiane ist die intellektuelle und künstlerische Selbstmitteilung weitgehend ausgeklammert. Der Ton der Alltäglichkeit herrscht vor, vor allem in der mittleren und späten Zeit, in der ersten dagegen der der liebenden Nähe.

Ihre ersten Jahre waren ihre glücklichsten. Das spiegeln die Briefe. 1792 schreibt Goethe vom Frankreichfeldzug an Christiane: »Es sind überall große breite Betten, und Du solltest Dich nicht beklagen, wie es manchmal zu Hause geschieht. Ach! mein Liebchen! Es ist nichts besser als beisammen zu sein«. Es sind jene Jahre, da er »des Hexameters Maß, leise, mit fingernder Hand, / Ihr auf den Rücken gezählt...«, da »... des geschaukelten Betts lieblicher knarrender Ton...« ihr Leben bestimmt. Christiane muß erotisch sehr anziehend gewesen sein. Von starker Sinnlichkeit. Begabt in der Liebe. Sie geben vermutlich einander, was Goethe über sein sexuelles Erleben in Italien bemerkt, das »Gemüth werde erfrischt« und der »Körper in ein köstliches Gleichgewicht« gebracht. Sie müssen ein sinnenfrohes Paar gewesen sein. Für ihre Liebeslust spricht, daß sich mehrfach

285

die Reparatur von Betten notwendig macht. »Bett beschlagen, 6 Paar zerbrochenen Bänder dazu mit Nageln ... ein Neu gebrochenes Bette beschlagen ... noch ein Neu Bette beschlagen...« steht auf den Rechnungen des Schlossers Spangenberg an Goethe.

Aber jenes »Ach! mein Liebchen! Es ist nichts besser als beisammen zu sein«, ist nicht von Dauer. Familie, häusliches Glück und Werk, Dichterruhm schließen einander aus.

Mit dem Beginn der Freundschaft zu Schiller verlegt Goethe 1794 seinen Arbeitsplatz nach Jena, um dem Freund nah zu sein. »Sie haben ... mich wieder zum Dichter gemacht, welches zu sein ich so gut wie aufgehört hatte«, gesteht er ihm.

Christiane ist allein in dem großen Haus am Frauenplan, klagt, will sich nicht abfinden: »die Abende ohne Dich sind unausstehlich, ich gehe aus oder ins Bette«. Goethe versucht sie brieflich am Fortgang seiner Arbeiten teilhaben zu lassen. Das endet mit Vorschriften von ihrer Seite. In eine Phase höchster schöpferischer Produktivität hinein – im Wettstreit mit Schiller entstehen 1797 die großen Balladen – rät sie ihm: »... der Schatz muß immer fleißig sein. Ich dächte aber, Du fingest nichts Neues an ... und machtest itzo eine Weile nichts mehr...« Um ihn bei sich zu haben, will sie ihn von der Arbeit abhalten. Auch gegen seinen Plan, nach Italien zu reisen, legt sie Widerspruch ein. Als er dennoch fährt, sie und das Kind zuvor testamentarisch sichert, sie bis Frankfurt mitnimmt, protestiert sie: »... wenn Du nicht da bist, ist es alles nichts. Und wenn Du nach Italien oder sonst eine lange Reise machst und willst mich nicht mitnehmen, so setze ich mich (mit) dem Gustel hinten darauf; denn ich will lieber Wind und Wetter und alles Unangenehme auf der Reise ausstehen, als wieder so lange ohne Dich sein«.

Ein bedrohliches Bild. Übertragbar auf anderes. Goethe reagiert mit der Elegie »Amyntas«, der Mann als Baum, die Frau als ihn umschlingender Efeu, der ihn zu ersticken droht. Aber er bricht die Reise ab, kehrt zurück; »daß ich nur um Deinet- und des Kleinen Willen zurück gehe«, schreibt er ihr. »Ihr allein bedürft meiner, die übrige Welt kann mich entbehren.«

Wiederum eine Selbsttäuschung.

Die folgenden Jahre müssen trotz liebender Nähe von tiefgreifenden Auseinandersetzungen bestimmt worden sein, obwohl die Briefe davon kaum etwas wiedergeben. Goethe muß Trennungsabsichten gehabt haben. Daß er für Christiane die einzige Bezugsperson ist, wird ihm zur Fessel. Eine »unabhängige Existenz« will er ihr schaffen. Christianes Trennungsängste sind durch einen Traum (er heiratet eine andere) belegt, bei dem sie »so geweint und laut geschrien« hat, daß ihre Schwester sie weckte und ihr »ganzes Kopfkissen naß« war.

Ende 1798 gibt es von beiden Seiten deutliche Zeichen einer Neuregelung ihres Verhältnisses. Eine Reise nach Leipzig im Mai 1800 scheint eine heimliche Hochzeitsreise gewesen zu sein. Nicht 1806, das Jahr der Heirat, sondern 1798 ist der Beginn ihrer Ehe im Sinn einer wirtschaftlichen Gemeinschaft. Christianes massive Einwände gegen sein Fernsein verschwinden, ihr Lernprozeß ist beendet, sie hat begriffen, das Dritte, das Werk, ist das Erste, sie muß dahinter zurücktreten. »Und wenn Du vergnügt bist« – und das ist gleichbedeutend mit produktiv –, »das ist mir lieber als alles«, schreibt sie ihm.

Er dagegen gibt ihr alle Freiheiten für ihre Vergnügungen: Tanz, Komödie, Kartenspiel. Ihre Ansprüche sind völlig verschieden. Was sie amüsiert, langweilt ihn. Aber er erhebt niemals Einspruch. Im Gegenteil. »Wie sehr von Herzen ich Dich liebe«, schreibt er ihr 1803 nach Bad Lauchstädt, »fühle ich erst recht, da ich mich an Deiner Freude und Zufriedenheit erfreuen kann«. Er bittet sie: »Schicke mir ... Deine lezten, neuen, schon durchgetanzten Schuhe ... daß ich nur wieder etwas von Dir habe und an mein Herz drukken kann«.

Er weiß ihre Vorlieben zu nutzen, läßt sie für Wochen zur Sommerspielstätte der Weimarer Komödianten reisen, sie berichtet über jede Vorstellung, bis hin zur Höhe der Einnahmen. Durch ihre Freundschaften zu den Schauspielern wird sie ihm Ratgeberin; »denn ohne Dich, weißt Du wohl, könnte und möchte ich das Theaterwesen nicht weiterführen«, schreibt er ihr, und ein andermal – es geht um Riemer, um dessen »lüsterne Liebelei« mit einer Nachbarin, deren Ehemann mit Scheidung droht –: »Du wirst durch Deine Klugheit und Thätigkeit alles zu vermitteln suchen«. Christiane wird in vielen Fällen Schlichterin. Sie wird ihm unentbehrlich.

Die juristische Legitimierung 1806 geschieht dann, um in die vollen Besitzrechte des Hauses am Frauenplan zu gelangen. Der Herzog hat Goethe das Haus zwar geschenkt, sich aber – wegen dessen wilder Ehe – den letzten Schritt vorbehalten, es ihm juristisch nicht vollständig übereignet. Die Heirat ist eine Reaktion auf die veränderten historischen Konstellationen nach der Schlacht von Jena und Auerstedt, ist Anerkennung des bürgerlichen Gesetzes nach dem Sieg Napoleons und dem mit ihm aufkommenden »Code civil«. Dafür, daß Goethe Christiane aus Dankbarkeit für ihre Rettung seines Lebens in der Nacht nach der Schlacht geheiratet hat, gibt es keinerlei Anhaltspunkte. Christiane gehört zu seinem Haus, seinem Leben, seinem Werk; seine Manuskripte sind es, um die er in der Nacht am meisten fürchtet: »In jener unglücklichen Nacht«, schreibt er sechs Tage später seinem Verleger Cotta, »waren meine Papiere meine größte Sorge«.

Nach der Heirat gestaltet Goethe sein Leben völlig unabhängig von Christiane. Monate-, halbe Jahre lang lebt er im Sommer allein in Böhmen, später in der Rhein-Main-Gegend. Er wendet sich anderen Frauen zu. In das Ehejahrzehnt fallen seine Freundschaften mit Minna Herzlieb, Bettine Brentano, Pauline Gotter und Caroline Ulrich, seine Leidenschaften zu Silvie von Ziegesar und Marianne von Willemer. Diese Jahre sind für Christiane wohl die schwierigsten. Sie sind von Goethes Seite nicht von Liebe, wohl aber von einer großen Dankbarkeit ihr gegenüber erfüllt. Geschenke immer wieder. Briefliche Dankbezeugungen, daß sie seine langen Abwesenheiten toleriert, ihn nach seiner Weise leben läßt, ihm alle Alltagswidrigkeiten abnimmt: »Was das Haus und Hauswesen betrifft, verlasse ich mich auf Dich in jedem Falle und gehe ruhig weiter«.

Die Heirat 1806 verändert für Christiane in ihrer gesellschaftlichen Stellung in Weimar zunächst nichts. Erst Ende 1808 setzt sich Goethe entschieden für ihrer Anerkennung ein. »... zum erstenmal Gesellschaft der ersten Frauen der Stadt, unter andern der Frau von Stein, bei seiner Frau«, notiert Achim von Arnim. Christiane berichtet ihrem Sohn, »habe ich müssen achtzehn vornehmen Damen Visiten machen«, und daß sie in der Komödie nicht mehr auf ihrer »alten Bank ... sitze, sondern in der Loge neben der Schopenhauern. Du kannst also aus diesem Brief ersehen, daß meine jetzige Existenz ganz anders als sonst ist«.

Die gemiedene Christiane, nach der Geburt von fünf Kindern immer noch das Fräulein, die »Demoiselle Vulpius«, die als Außenseiterin in Weimar lebt, den Blick durch die Ausgrenzung geschärft, von »steifen Kaffeevisiten« schreibt sie Goethe 1797, wo »kein vernünftiges Wort gesprochen« und »so gelogen« werde, »daß man erschrickt«, ist wohl die glücklichere als die »Frau Geheime Räthin von Goethe«, zuletzt die »Frau Staatsministerin von Goethe«, die »vornehmen Damen Visiten machen« muß, die ab 1808 Goethe genau berichtet, welche Prinzen, Prinzessinnen und Herrschaften in Weimar oder in Karlsbad ihr einen Blick gegönnt, sie gegrüßt, das Wort an sie gerichtet, Grüße an ihn aufgetragen haben.

Auffällig ist, daß sich im Jahrzehnt seiner Ehe Goethes negativ generalisierende Äußerungen über Frauen häufen. »Es ist unglaublich, wie der Umgang der Weiber herabzieht«, heißt es 1808. 1809: »Weiber scheinen keiner Idee fähig..., nehmen überhaupt von den Männern mehr als daß sie geben...« Seine »Idee von den Frauen« sei »nicht von den Erscheinungen der Wirklichkeit abstrahiert«, seine »dargestellten Frauencharakter« seien »alle besser als sie in der Wirklichkeit anzutreffen sind«, wird er später sagen. Verbergen sich dahinter Bitternisse und Bedrängungen seiner Erfahrungen mit Frauen, auch die seines achtundzwanzigjährigen Lebens mit Christiane? Steht für die Biographie, die Realität, – verkürzt – das Wort »herabzieht«, für die Idealität, die Dichtung – er konzipiere »das Ideelle unter einer weiblichen Form« – dagegen jener berühmte Schlußvers des »Faust II«: »Das Ewigweibliche / Zieht uns hinan«.

290

Welchen Preis jeder für sich in dieser Liebe, dieser Ehe gezahlt hat, läßt sich nur ahnen.

War es für Christiane die Zurücksetzung, das monate-, insgesamt jahrelange Alleinsein, war es jenes, was in Goethes Äußerung anklingt: »Ich suche jeden Untergebenen frei im gemessenen Kreise sich bewegen zu lassen, damit er auch fühle, daß er ein Mensch sei«. Er machte Christiane zu einer Privilegierten, ohne ihr jemals die Privilegien zukommen zu lassen, die ihr ihre Rolle erleichtert hätten. Er vertraute auf ihr »Dulden – Dulden – Ausharren«, beließ sie in ihrem »Naturwesen«.

Der Preis für ihn? Sein Schwanken, lebenslang, zwischen zwei grundverschiedenen Formen des Eros. Da sind Frauen wie Charlotte oder Kindfrauen, Musen wie Minna, Caroline, Silvie, Bettine, die ihm körperliche Ferne aufzwingen, die er durch seelische Nähe und Vertrautheit ersetzt. Zum andern Frauen wie die »Misels« seiner Frühzeit, wie seine römische Geliebte und in seiner Lebensmitte Christiane, deren körperliche Nähe ihm Beglückung bedeutet, die die geistige Ferne oder gar Fremdheit vergessen läßt. In seiner Beziehung zu Christiane ist das gewiß das ganze erste Jahrzehnt so. Mit Marianne von Willemer aber begegnet dem fünfundsechzigjährigen Goethe erstmals eine Frau, in der die beiden lebenslang getrennt erlebten Formen des Eros vereinigt sind, seelische und körperliche Nähe die Utopie einer vollkommenen Liebe schafft. Das von ihm 1797 in der »Amyntas«-Elegie gebrauchte Bild der Ungleichheit – der Mann als Baum, die Frau als ihn umrankender Efeu – wird im »West-östlichen Divan« im »Ginkgo biloba«-Gedicht abgelöst von der Blättersymbolik des mythenumwobenen Baumes, der mit seiner zweigeteilten Blattform des »Eins und doppelt« eine vollkommene Symmetrie darstellt und somit die gleichwertige Partnerschaft assoziiert. Die Grenzen seiner Beziehung zu Christiane müssen ihm schmerzlich bewußt geworden sein. Bereits in den »Wahlverwandtschaften« hat er Verzicht und Säumnis seines Lebens thematisiert; Bettine bemerkt, er habe in diesem Buch »wie in einer Grabesurne die Tränen für manches Versäumte gesammelt«.

Goethe hat in späteren Jahren seinen Lebensgang bezweifelt, ihn im Zeichen des Sisyphus, der Vergeblichkeit gesehen. Es »sei das ewige Wälzen eines Steins gewesen, der immer von neuem gehoben sein wollte«. Ein »poetisches Werk« habe er »auszuführen« und zur »verantworten gewußt, die Lebenswerke« dagegen hätten »ihm nie recht gelingen« wollen, resümiert er. Gehört dazu auch sein Vierteljahrhundert mit Christiane? Es bleibt, soviel Licht die Briefe auf Details werfen, im gesamten im Dunkeln.

Die schwierigste und für beide enttäuschendste Zeit waren wohl die Jahre 1813 bis 1816. Goethe gelingt inmitten der Zeitwirren der Napoleonischen Kriege mit dem »West-östlichen Divan« ein ihn beglückender Schaffensneuansatz, bei dem er sich auch körperlich verjüngt, er wird wieder schlank. An Christiane dagegen, der sechzehn Jahre Jüngeren, ist ein Nachlassen der Kräfte zu beobachten. Sie hat einen ersten Schlaganfall, ein weiterer folgt, sie ist »zwei Querfinger vom Tode«. Sie ist eine schwerkranke Frau und für ihren Mann eine Belastung. Ihre Krankheit bedeutet für ihn Arbeitsstörung. Er schickt sie nach Jena, nach Karlsbad. »Sorge für Erheiterung und Erneuerung alter angenehmer Bilder«, schreibt er ihr. Christiane, schwerfällig und korpulent, unter Lähmungen von dem Schlaganfall leidend und depressiv, antwortet: »Hier bin ich aber wie ein Vogel vergnügt. Dein treuer Schatz«. Bis zuletzt versucht sie dem Bild zu entsprechen, das er von ihr hat.

Sie geht den Weg allein. Am 6. Juni 1816 stirbt Christiane von Goethe unter qualvollen Schmerzen an Nierenversagen. Sie ist einundfünfzig.

Goethe, besessen von seinem Werk, unablässig die »Pyramide seines Daseyns spizzend«, war gewiß ein schwieriger Partner, er war, es ist vielfach belegt, ein Patriarch, war hypochondrisch und launenhaft, äußerst fordernd, autoritär, aufbrausend und ungeduldig, vor allem in Phasen ausbleibender Produktivität. Sein langjähriger Mitarbeiter Riemer schreibt, daß alle »die Affens« bei ihm machen müssen. Die vierundsiebzigjährige Charlotte von Stein beklagt sich: »Auf das Geringste, was man nicht ganz in seiner Vorstellung sagt hat man einen Hieb weg. Liebes Kind« nennt er sie, empört sie sich: »Als wenn ich ein Mädchen von zehn Jahren wäre«.

Christiane hätte wohl am meisten darüber zu sagen. Aber kein Wort enthalten ihre überlieferten Briefe. Im Gegenteil, ihre Grundhaltung bleibt: »Wie Du gibt es keinen Mann in der Welt«. Und: »Du sollst mich aber auch noch in der Ewigkeit dankbar finden«.

Der letzte überlieferte Brief Goethes an die schon schwerkranke Christiane, ein dreiviertel Jahr vor ihrem Tod, im September 1815 in Heidelberg im Glücksrausch der Leidenschaft zu Marianne von Willemer geschrieben, hat einen für ihn ungewöhnlich nachdenklichen, selbstkritischen Ton. Von »Duldsamkeit«, die er »lerne«, schreibt er. »Wenn man zu Hause den Menschen so vieles nachsähe, als man auswärts thut, man könnte einen Himmel um sich verbreiten...« Die Möglichkeitsform »könnte«. Heißt das, ich habe es nicht vermocht. Ist es Ahnung, Eingeständnis, wie schwer es für den ihm nächststehenden Menschen, für Christiane war? Dem letzten Brief kommt das Gewicht eines Abschiedsbriefes zu. Man könnte ihn auch als eine Bitte um Nachsicht und Verzeihung Christiane gegenüber lesen.

Berlin, im Februar 1998

Nachwort

Arbeiten aus zwanzig Jahren, entstanden zwischen 1978 und 1998, umfaßt dieser Band. Es ist die Zeit, seit der ich schreibe. 1978 wurde ich freiberuflich. Lösen aus Strukturen. Zusichselbstkommen. Atemzüge.

Lösen vom Hergebrachten. Mit meiner ersten Arbeit über Caroline Schlegel-Schelling – sie entstand in Zusammenhang mit der Herausgabe ihrer Briefe – löste ich mich von der Zunft, aus der ich kam, der Germanistik. Beim Schreiben dieses Textes hatte ich eine alte Frau vor Augen, die ich sehr mochte. Köchin war sie, stand täglich zwölf Stunden und mehr am Herd. Sie las gern. Für sie schreiben: ohne Fremdwörter, wissenschaftliche Unverständlichkeit, einfach, ohne zu vereinfachen; Leichtigkeit der Sprache; Schwere durfte nur aus dem Lebensschicksal der beschriebenen Gestalt kommen.

Der zweite Essay entstand sieben Jahre später. Die Ausgabe der Werke und Briefe von Jakob Michael Reinhold Lenz war abgeschlossen, das Buch »Vögel, die verkünden Land« beendet. An dem Tag, an dem ich die letzte Seite geschrieben hatte – in einem abgelegenen mecklenburgischen Dorf am 28. Juli 1984 – begann ich den Lenz-Essay; es war, als könne ich nicht aufhören, müsse die Spannung der langen Schreibzeit aufrechterhalten.

Die Rede vom August 1987 »Lenz – eine geheime Lernfigur« dann der Versuch, rückblickend zu ergründen, wie man in der Beschreibung des Lebens eines anderen zu sich selbst findet: die Sprache als Raum für Atemzüge. Vielleicht war es mein Glück, Freunde zu finden, deren Arbeitsbesessenheit ich bewunderte und die mir Rückhalt gaben: Erwin

Strittmatter und Franz Fühmann; Ermutigung zu erfahren von Günter de Bruyn, Alfred Wellms hochsensiblem Umgang mit dem Wort zu begegnen.

Franz Fühmann ist der Text »Am liebsten tät ich auf die Straße gehn und brüllen . . « gewidmet. Die Sprachverweigerung im »Bergwerk«, sein Leiden an der DDR, deren Untergang er nicht mehr erlebte, er starb im Sommer 1984. Er, der Tote, ist für mich lebendig, ist ein ständiger lauterer Gesprächspartner. Auch in den Jahren, als »Ich bin nicht Ottilie« entstand, war er das.

Die Idee dazu hatte ich 1987, als ich erstmals von den Grenzwächtern in den westlichen Teil der Welt hinausgelassen wurde. Lenz machte es möglich, ich las aus meinem Buch über ihn in Italien. Auf einer Steinbank vor dem rosamarmornen Dom und Baptisterium in Parma – Panik, nie wieder würde ich hierherkommen, nie meine Söhne – sah ich die DDR plötzlich von außen, sah sie als »Totenhaus« und als »mein wärmendes Ländchen«. Die Geschichte, die ich erzählen mußte, war da. Daß es mein Abschiedsbuch von der DDR werden würde, war noch nicht ahnbar.

1992 in »Der Kopierstift hinter dem Ohr des Soldaten« der Versuch – wiederum im Rückblick – meinen Umgang mit dem Authentischen zu bestimmen. Der Text zu Mörike: Dank für die Verleihung des gleichnamigen Preises. Der über Róža Domašzyna: eine Würdigung der sorbischen Lyrikerin.

Die letzte Arbeit der zurückliegenden zwanzig Jahre: »Ach ja, da läßt Du mich nicht allein«, ein Essay über Christiane Goethe, unmittelbar nach »Christiane und Goethe. Eine Recherche« entstanden. Wie beim Lenz-Buch der Versuch, die Anspannung der vierjährigen Arbeit aufrechtzuerhalten; die durch das Schreiben gewonnene Erfah-

rung nun reflektierend auf zwanzig Seiten zusammenzu-
drängen.

Für die Begleitung des Bandes »Atemzüge« mit dem
Computer danke ich meinem Sohn Tobias Damm. Jetzt, da
ich diese Zeilen schreibe, steht mein Arbeitstisch im Freien
inmitten wegschmelzender Schneereste. Tage und Nächte
sind lichtdurchflutet und ich habe ein neues Buch begonnen.

Roknäs/Nordschweden, den 20. Mai 1999

Textnachweise

»Die Kunst zu leben«. Caroline Schlegel-Schelling in ihren Briefen
Einleitender Essay zur Herausgabe der Briefe der Caroline Schlegel-Schelling. Erstveröffentlichung in: Begegnung mit Caroline. Briefe der Caroline Schlegel-Schelling. Reclam-Verlag Leipzig 1979.

Jakob Michael Reinhold Lenz
Erstveröffentlichung in: Lenz, Werke und Briefe in drei Bänden. Insel-Verlag Leipzig 1987.

Lenz – eine geheime Lernfigur
Dankesrede zur Verleihung des Lion Feuchtwanger-Preises der Akademie der Künste der DDR, gehalten am 27. August 1987. Erstdruck unter dem Titel »Unruhe« in: »Sinn und Form«, Heft 1, 1988.

»Am liebsten tät ich auf die Straße gehn und brüllen«. Zu Franz Fühmanns »Im Berg«
Funkessay. Im Auftrag des Saarländischen Rundfunks. Ursendung am 14. November 1992. Druck: in: »Sinn und Form«, Heft 2, 1993.

»Der Kopierstift hinter dem Ohr des Soldaten...«
Schriftsteller und Literaturarchiv. Vortrag, gehalten am 27. November 1992 in Weimar vor einer von den Weimarer und Marbacher Archiven gemeinsam veranstalteten Tagung über Archivarbeit. Erstdruck in: Literaturarchiv und Literaturforschung. Hrsg. von Christoph König und Siegfried Seifert. München, New Providence, London. Paris 1996.

Eduard Mörike: »... und möchte mein Schicksal mit Füßen zertreten«
Dankrede zur Verleihung des Mörike-Preises der Stadt Fellbach am 20. April 1994. Erstdruck in: »Sinn und Form«, Heft 6, 1994.

»den rückzug vor uns alle wege offen«. Die Dichterin Róža Domašcyna
Laudatio auf die Förderpreisträgerin zum Mörike-Preis der Stadt Fellbach, gehalten am 20. April 1994. Erstdruck in: Neue deutsche Literatur, Heft 6, 1994.

»Ach ja, da läßt Du mich nicht allein«. Christiane Goethe
Nachwort zu: Behalte mich ja lieb! Christianes und Goethes Ehebriefe. Insel-Bücherei Nr. 1190, Frankfurt am Main und Leipzig 1998.

Inhalt

Die Kunst zu leben. *Caroline Schlegel-Schelling in
    ihren Briefen*   9
Jakob Michael Reinhold Lenz   90
Lenz – eine geheime Lernfigur   190
»Am liebsten tät ich auf die Straße gehn und brüllen«.
    Zu Franz Fühmanns »Im Berg«   199
»Der Kopierstift hinter dem Ohr des Soldaten...«
    Schriftsteller und Archiv   224
Eduard Mörike: »... und möchte mein Schicksal mit
    Füßen zertreten«   249
»den rückzug vor uns alle wege offen«.
    Die Dichterin Róža Domašcyna   262
»Ach ja, da läßt Du mich nicht allein«.
    Christiane Goethe   270

Nachwort   295
Textnachweise   298

Biographien
im insel taschenbuch
Eine Auswahl

Alexander der Große. Von Johann Gustav Droysen. Mit einem Nachwort von Angelos Chaniotis. it 3038. 739 Seiten

Hans Christian Andersen. Märchen meines Lebens. Mit einem Nachwort von Johan de Mylius. Übersetzt von Richard Birkenbihl. it 2738. 240 Seiten

Johann Sebastian Bach. Von Charles S. Terry. Mit einem Nachwort von Klaus Peter Richter. it 2588. 302 Seiten

Der Buddha. Sein Leben, seine Lehren, seine Weisheiten. Von Nhat Hanh Thich. Aus dem Englischen von Ursula Richard. it 3247. 177 Seiten

Caffarelli. Das Leben des Kastraten Gaetano Majorano, genannt Caffarelli. Von Hubert Ortkemper. Mit zeitgenössischen Abbildungen. it 2599. 261 Seiten

Charles Darwin. Mein Leben 1809-1882. Vollständige Ausgabe der »Autobiographie«. Herausgegeben von seiner Enkelin Nora Barlow. Übersetzt von Christa Krüger. it 3370. 281 Seiten

Christiane und Goethe. Eine Recherche. Von Sigrid Damm. it 2800. 531 Seiten

Cornelia Goethe. Von Sigrid Damm. it 1452. 259 Seiten

Dich zu lieben kann ich nicht verlernen. Das Leben der Sophie Brentano-Mereau. Von Dagmar von Gersdorff. it 3235. 448 Seiten

Frauen im Rampenlicht. Lebensberichte berühmter Schauspielerinnen. Herausgegeben von Monica Steegmann und Ingrid Kaech. it 3048. 347 Seiten

Frauen mit Flügel. Lebensberichte berühmter Pianistinnen von Clara Schumann bis Clara Haskil. Herausgegeben von Monica Steegmann und Eva Rieger. it 1714. 402 Seiten

Geliebte Jane. Die Geschichte der Jane Austen. Von Jon Spence. Übersetzt von Ursula Gräfe. Mit zahlreichen Abbildungen. it 3312. 379 Seiten

Goethe. Der Dichter in seiner Zeit
- Band 1: 1749-1790. Von Nicholas Boyle. Übersetzt von Holger Fliessbach. Mit zahlreichen Abbildungen. it 3025. 884 Seiten
- Band 2: 1790-1803. Von Nicholas Boyle. Übersetzt von Holger Fliessbach. Mit zahlreichen Abbildungen. it 3050. 1114 Seiten

Goethes Mutter. Von Dagmar von Gersdorff. it 2925. 464 Seiten

Georg Friedrich Händel. Von Christopher Hogwood. Übersetzt von Bettina Obrecht. Mit Abbildungen. it 2655. 560 Seiten

Heinrich Heine. Mein Leben. Autobiographische Texte. Herausgegeben von Joseph A. Kruse. Mit zahlreichen Abbildungen. it 3154. 205 Seiten

Hermann Hesse. Sein Leben in Bildern und Texten. Mit einem Vorwort von Hans Mayer. Herausgegeben von Volker Michels. it 1111. 363 Seiten

Hermann Hesses Großvater. Die Lebenserinnerungen von Hermann Hesses baltischem Großvater Dr. Carl Hermann Hesse. Herausgegeben und mit einem Nachwort von Fritz Widmer. it 3216. 195 Seiten

Hölderlin. Chronik meines Lebens. Herausgegeben von Adolf Beck. Mit zahlreichen Abbildungen. it 2873. 270 Seiten

Hölderlin und Diotima. Von Beatrix Langner. it 2716. 226 Seiten

Königinnen auf Zeit. Katharina von Medici. Maria von Medici. Anna von Österreich. Von Anka Muhlstein. Übersetzt von Ulrich Kunzmann. it 3132. 351 Seiten

Das Leben des Friedrich Schiller. Eine Wanderung. Von Sigrid Damm. it 3232. 556 Seiten

Die Lebensgeschichte des Georg Forster. Das Paradies ist nirgendwo. Von Alois Prinz. it 3353. 249 Seiten

Marianne von Willemer und Goethe. Geschichte einer Liebe. Von Dagmar von Gersdorff. Mit zahlreichen Abbildungen. it 3150. 302 Seiten

Mathias Klostermayr oder der Bayersche Hiesel. Von Ludwig Tieck. Herausgegeben von Heiner Boehncke und Hans Sarkowicz. it 3077. 157 Seiten

Mozart. Leben und Werk in Texten und Bildern. Von Gernot Gruber. it 1695. 285 Seiten

Mozart. Von Wolfgang Hildesheimer. Mit zahlreichen Abbildungen. it 3126. 423 Seiten

NF 717/3/9.08